안동 시내버스
종점 기행

안동 시내버스
종점 기행

초판 발행 2023년 12월 22일
2쇄 발행 2025년 6월 30일
지은이 서미숙
이메일 haramsl@naver.com
블로그 blog.naver.com/haramsl
펴낸곳 도서출판 한빛
36703 경상북도 안동시 태사길140.
T. 054-855-0013 / F. 054-856-0111
han8550013@hanmail.net

* 이 책 내용의 전부 또는 일부를 재사용하려면 저자의 동의를 받아야 합니다.
* 잘못 만들어진 책은 구입처에서 교환하여 드립니다.

ISBN 979-11-92142-15-9 (03000)

안동 시내버스
종점 기행

서미숙

여는 글

 2015년 따사로운 봄날, 시내버스 타고 용정교를 건널 때였다. 옆자리에 할머니와 함께 탄 꼬마가 창가에 바투 앉아 강변 풍경에 심취했다. 문득 워킹맘 시절이 떠올라 슬며시 미소 지었다.
 아들이 백일 지나서부터 다섯 살까지 낮에는 이웃 아파트 할머니가 돌봐주었다. 한 걸음 두 걸음 걷기 시작하자 할머니는 가끔 아들을 데리고 시내버스 여행을 떠났다. 아무 버스나 닥치는 대로 타고 종점까지 왕복하는 여행이었다. 아파트에서 온종일 어린아이와 씨름하는 게 쉬운 일이던가. 할머니는 그렇게 콧바람을 쐬며 숨을 쉬었던 모양이다. 덕분에 아들은 차창 너머로 세상을 배우고, 더 넓은 세상을 꿈꾸게 되었다.
 시내버스 승강장에서 노선안내문을 훑어보았다. 내가 타본 노선은 다섯 손가락 이내였다. 그동안 안동을 좀 다녔다고 생각했는데 착각이었다. 먼 곳으로 눈을 돌리기 전에 내가 사는 지역부터 알아야 했다. 마침내 '안동 시내버스 모든 노선 타보기'를 버킷리스트에 추가하고 말았다.
 「종점 기행」은 2015년 봄부터 2019년 봄까지 안동 시내버스를 타고 스물네 곳의 종점 마을을 여행한 이야기다. 사람마다 생김새가 다르듯 마을마다 전해오는 이야기도 다양하다. 종점에는 그곳을 떠나지 못하는 사람들, 다시 돌아와야만 했던 사람들의 사연이 굽이굽이 서려 있다. 버스에서 내리면 곧바로 마을회관이 있는가 하면, 호젓한 산길을 몇 구비 돌아가야 마을이 모습을 드러내기도 했다.

몽실이가 떠나간 살강 마을 외딴집을 찾아가고, 금곡 시냇물에 발을 담그며 다슬기도 주웠다. 땡볕에 도라지를 캐면서 농부들의 노고를 조금이나마 헤아릴 수 있었다.

어디나 고향 같은 마을, 그 땅을 지키는 순박한 사람들을 만나면서 나를 만났다. 어르신들의 오래된 이야기, 요즘 세상에 대처하는 지혜를 들으며 고개를 끄덕였다. 꿈을 찾아 귀촌한 청년들의 참살이도 들여다보았다. 솟을대문집 종손, 종부들의 보람과 애환도 들었다.

마을에 남아있는 문화재도 돌아보고, 절집에도 들렀다. 스님과 인연이 닿으면 다담을 나누고, 여의치 않으면 부처님과 오래 독대했다. 청정도량 툇마루나 정자에서 먼 산 바라기만으로도 족했다.

구담 성당에서 주일예배도 봤다. 소박한 농운수련원에서 소울 스테이를 하며 치유의 시간도 가졌다. 강 건너온 저녁 종소리는 종교를 초월해 두 손을 모으게 했다. 아직도 햇곡이 나면 용단지에 갈무리하는 촌노들, 신내림 받은 젊은 무속인의 이야기에도 귀 기울였다.
 그곳에서는 하늘에 떠가는 구름과 새 소리 물소리 벗 삼아 느릿느릿 걷다 보면, 미움도 욕심도 내려놓게 된다. 먹을 만큼 나물을 뜯거나, 아무것도 하지 않을 자유를 누려도 그만이다.
 근교에 있는 유교랜드, 민속박물관, 숲속 도서관이 있는 단호 캠핑장도 돌아보았다. 가볍게 자녀들과 다녀오기에 좋은 곳이다.
 새벽안개를 헤치고 첫차로 떠나 종점 마을을 누비다가 초저녁 별을 보며 막차로 돌아오곤 했다. 길 위에 있을 때 가장 나답게 느껴졌던 소중한 시간이다. 낯선 곳에 대한 설렘이 배낭과 카메라 무게를 잊게 했다. 온종일 걸어도 지치지 않았던 그 시절이 그립다.
 백 세 넘은 월애 할아버지는 도가 통하셨을까. 서미 고샅길에는 아직도 비녀 지른 할머니가 마실을 가실까. 임동 아지매는 올 겨울에도 손두부를 만드실까. 골기와집 종손 종부님은 월동준비 잘 하셨을까. 사과꽃이 지천이던 백자리 아지매네 청계는 여전히 알을 잘 낳고 있을까. 산골 청년은 지금도 막걸리 빚어놓고 벗을 기다릴까. 나그네를 졸졸 따르며 쉼 없이 재잘대던 귀촌한 아이들은 얼마나 컸을까. 모두가 궁금하고, 보고 싶다.

이 동네 저 동네, 날마다 안부를 묻는 시내버스 타고 다시 종점에 가고 싶다. 포스트 코로나 시대에는 호젓한 종점 기행이 답이라 믿으며. 가끔은 핸들에서 해방되어 시민의 발에 편승해보자. 아무런 준비 없이도 훌쩍 떠나기 좋은 것이 시내버스 여행 아니던가. 그것마저 여의치 않다면 『종점 기행』을 열독하며 와유를 즐겨보시길 권한다.

여름날 장대비가 그칠 때까지 비를 피하게 해준 할머니, 막차가 올 때까지 따뜻한 아랫목을 내어준 할아버지, 한겨울에 징검다리 건너다 물에 빠진 운동화를 아궁이에 말려준 청년도 고맙다. 안전운행을 해주신 시내버스 기사님들, 기꺼이 시간 내어 이야기 들려주고, 마을 안내까지 해주신 분들께 고개 숙여 감사드린다.

종점 기행 첫해 길동무가 되어준 당시 《안동》지 편집자 백소애 님, 연재부터 한 권의 책이 나오기까지 마음 써 주신 도서출판 한빛에 고마움을 전한다.

2023년 봄처럼 포근한 겨울 아침
서 미 숙

차례

004 여는 글

봄

013 살강마을을 찾아서 / 38번 외천
027 호수가 보이는 산골에서 봄을 만나다 / 57번 절강
039 문향과 충절의 기상이 서린 무실 / 633번 무실
051 시사단에 올라 도산서원을 보다 / 59-1번 의촌
061 사과꽃 피는 백자리 / 28-1번 백자
073 무논에 내려온 구담성당 / 76번 구담
083 독립운동의 성지 오미마을 / 242번 오미

여름

097 금곡 시냇물에 발을 담그고 / 28번 금곡
111 하늘이 만든 감옥, 서미동 / 43번 서미
123 영혼을 치유하는 소울스테이 / 76번 구담
135 우물에서 정이 샘솟는 월애 / 38번 월애
147 인심 온후하고 인덕 있는 덕강 / 633번 덕강

가을

- 161 용단지 모시는 목현마을 / 43번 목현
- 175 외가 가는 길 / 34번 토갓·사시나무골
- 189 가재가 내려오는 영봉사 / 54번 옹천 압령골
- 199 늦가을 애련사에 올라 / 77번 천주마을
- 213 단호 캠핑장 가는 길 / 436번 단호
- 223 거문고 소리 그리워지는 개실마을 / 354번 개실

겨울

- 237 안동민속박물관은 살아있다 / 3번 시내순환
- 251 놀면서 배우는 안동문화관광단지 / 3-1 시내순환
- 265 오래된 참나무가 지키는 마을 / 33번 임동·대곡
- 277 선성현 예끼마을, 예술의 옷을 입다 / 67번 서부리
- 291 퇴계의 뿌리를 찾다 / 67번 온혜
- 307 석탑이 산재한 임하 / 11번 임하

부록 · 318 안동 시내버스 종점지도
319 안동 시내버스 신·구번호 변경내역

이맘때면 눈부신 신록보다
무논에 비친 산 그림자에 더 끌린다

못

고운사에서 20분을 쉬고 종점인 외천으로 향하는 38번 버스

종점 기행
1

시내버스 38번 종점, 외천

살강마을을 찾아서

안동에는 현재 32개 버스노선이 운행 중이다. 첫 여행지는 의성군 단촌면 구계2리 외천으로 정했다. 2007년 오월에 귀천한 권정생 작가의 대표작 『몽실언니』 첫머리에 나오는 살강마을이 그리웠기 때문이다. 살강마을은 안동과 의성의 경계이다.

'아직 언니라고 부르기엔 너무도 어린 꼬마 몽실이네는 아버지의 고향 근처 살강 마을 어느 농사꾼 집 곁방살이를 했다.' - 『몽실언니』 중에서

사월 초파일 다음 날, 10시 40분에 출발하는 외천행 38번 시내버스를 탔다. 버스 안에는 뜻밖의 풍경이 펼쳐졌다. 좌석버스를 일반 버스로 돌리면서 외곽지 노선에 투입한 터라 45인승이다. 평일이라 한산할 줄 알았더니 출발지 승객이 열 명 넘는다. 신시장 앞에서 제법 많은 승객이 더 탔다. 대부분 수수한

안동초등학교에서 출발해 외천마을까지 가는 38번 시내버스. 병원을 다녀오는 길이라는 할머니.

차림의 촌로들이다. 시골버스는 왁자할 거란 예상도 빗나갔다. 서로 낯익은 얼굴들끼리 소곤소곤 정담을 나누었다. 앞자리 어르신께 장날도 아닌데 무슨 일로 오셨는지 여쭈었더니 병원에 다녀가는 길이라고 하셨다. 태화동과 어가골 입구를 지났다.

5번 국도를 따라 한티재를 지날 때면 권정생 작가의 소설 『한티재 하늘』의 한 장면이 먼저 떠오른다. 정원의 짚신이 눈물겹다. 동학농민의병을 도왔다는 죄목으로 지아비 건재가 죽자 순흥 가래실에서부터 어린 삼 남매를 데리고 친정으로 걸어가는 길이다. 생면부지 남루한 여인에게 자신이 신었던 짚신을 벗어준 낙동강 나루지 노인의 측은지심이라니.

내 친구의 집은 어디인가

한티재를 내려가면 몇 년 전까지 남아있던 검문소도 없어졌다. 중앙선 기차가 지날 때마다 통행제한 하던 건널목도, 근처에 있던 친구 집도 모두 사라졌다. 대신 안동의 남쪽 관문인 남례문南禮門이 위용을 드러낸다. 남후면 소재지인 무릉1리로 내려간다. 나의 발자국이 무수히 찍힌 남후초등학교를 지난다. 슈퍼마켓이 생겨서일까. 비가와 고구마깡 사 먹던 학교 주변 구멍가게도 보이지 않는다. 지금쯤이면 작은 잎사귀 나부끼던 미루나무도 간 곳 없고 전봇대가 가로수처럼 박혀있다.

예전에 신작로에는 흙먼지 풀풀 날리며 버스가 다녔다. 합승이라고 했다. 합승에는 차비를 받고 승객의 안전을 보살피는 차장이 함께 탔다. 아가씨가 대부분이어서 안내양이라고 불렀다. 등하교 시간이면 안내양 역할이 막중했다. 자취생까지 합류하는 토요일이나 장날엔 더욱 빛을 발했다. 줄곧 선 채로 가는 승객들은 손잡이를 잡을 필요가 없을 정도로 복잡했다. 정원에 상관없이 승객의 등을 짐짝처럼 밀어 넣는 기술이 필요했다. 출입문에 묘기하듯 매달린 안내양이 밖으로 손을 내밀어 차체를 쾅쾅 두드리며 "오~라잇!"이라고 외쳐야 버스가 출발했다. 이제는 시스템이 보완되긴 했지만, 운전기사 혼자서 북 치고 장구 치느라 바쁘다.

　버스는 무릉유원지 쪽으로 방향을 튼다. 지난가을에 개장한 백조공원 조형물 앞을 돌아 다시 국도로 올라선다. 암산유원지는 무릉유원지와 지척에서 쌍벽을 이룬다. 남에서 북으로 흐르는 미천을 따라 높이 솟은 적벽 단애가 비경이다. 천연기념물 구리 측백나무가 자생하는 암산은 강 건너 고산서원에서 바라봐야 제격이다. 구안국도의 명물인 암산굴의 환상적인 프레임은 예나 지금이나 한결같다.

초가집이 있던 마을

　터널을 나오면 왼쪽 도로변에 보현사 표석이 보인다. 좁다란 골짜기 막다른 곳에 자리한 태고종 사찰이다. 미래불인 미륵보살을 친견할 수도 있다. 한편 그 깊숙한 골짜기는 한국전쟁 당시 피비린내 나던 곳이다. 1950년 9월 29일, 인민군 부역자 27명이 총살되었다는 과거사 진상조사 기록이 남아있다. 한국전쟁을 배경으로 한 권정생의 자전적 소년소설 『초가집이 있던 마을』에서도 이곳의 비극적인 이야기가 등장한다. 자암산 바윗돌이 붉은 빛을 띠는 것조차 무연히 연관을 짓게 된다.

　곳곳에 무논이다. 논물전쟁이 시작되었다. 버스에서 만난 어르신은 새벽 두 시에 논물 대러 나간다고 하셨다. 쌀 한 톨에 새겨진 의미를 다시 생각하게 된다. 길가에는 못단을 실어 나르는 트럭이 보이는가 하면 일찌감치 모내기를 끝낸 곳도 있다.

몽실이가 빚 갚을 차례

일직에서 대 여섯 분이 내렸다. 노인들은 중심을 잡기 힘들어 타고 내리는데 시간이 걸린다. 하차 벨이 선반 가까이 붙어 있어 불편해 보인다. 일직교를 지나 육교를 벗어나면 점곡·고운사 방면 79번 지방도로 접어든다. 굴다리를 나와 좌우로 펼쳐진 동네가 망호리다. 왼쪽 양지마을은 수은종택과 수옥정, 대산종택, 소산재 등 한산이씨의 세거지다. 길 건너 오른쪽 음지마을은 대구 서씨 약봉종택과 소호헌이 자리 잡았다.

소호헌 주차장을 지나 직진하면 '권정생 동화나라'에 닿는다. 폐교된 일직남부초등학교를 개축한 곳이다. 몽실이가 개가한 엄마와 댓골 김씨네 집에서 지내다가 고모 손에 끌려 돌아와 친아버지 정씨와 정착한 마을이다. 주민들은 노랫골이라 부르고 책 속에는 노루골로 표기되었다. 망호리 일대는 몽실 마을로 거듭났다. 소호리 교회 건너편에 농어촌 인성학교가 지난해 문을 열었다. 몽실권역 농촌마을 종합개발사업으로 주민들이 운영하는 체험학습장이다. 지난날 깡통 들고 운산장터까지 밥 얻으러 다니던 몽실이가 이제야 이웃들에게 진 빚을 갚게 된 셈이다.

불두화 꽃길 따라 고운사 가는 길

안동과 의성 경계인 팽목삼거리를 지나자 의성군 단촌면 구계리다. 구계2교를 지났다. 법계가 멀지 않은 듯하다. 도로 양옆으로 불두화가 한창이다. 뭉게구름처럼 풍성한 환대에 절로 가는 마음이 절로 환해지겠다. 경유지인 고운사 주차장에서 잠시 내렸다. 11시 30분이다. 20분 후에 출발한다기에 황급히 주변을 둘러보았다. 절의 규모를 가늠케 하는 산문이 웅장하다. 사찰에서 운영하는 고운노인요양원과 새뜻한 초가집 그리고 사찰음식체험관이 차례로 보인다. 초가집엔 커다란 가마솥 두 개가 걸렸다. 그곳에서 콩을 삶고 발효시켜 청국장과 메주를 만든다. 양지바른 곳에 된장독이 반들거린다. 나직한 담장을

외천마을 입구의 정자. 동네 사랑방 역할을 한다.

(좌) 재량휴업으로 외갓집에 놀러온 서울 사는 노암댁의 외손녀와 외손자 / (우) 남선면 원림에서 시집 온 노암댁

둘러친 장독대가 장맛을 궁금하게 한다. 잘되는 집은 장맛도 좋다고 했던가. 청국장 좋아하는 가족이 생각나서 잡냄새 없다는 청국장 몇 개를 샀다.

다시 버스에 올랐다. 갔던 길을 돌아 나와 제 2구계교 앞에서 왼쪽 길로 접어든다. 아랫마을에서 외천까지 통틀어 구계2리다. 도로 오른쪽으로 군데군데 실개천이 바닥을 드러낸다. 들판 가운데 기울어진 상엿집이 유폐된 고대의 유적처럼 담쟁이 넝쿨에 묻혀있다. 일 년에 한 번쯤은 낯선 곳으로 가보라고 했던가. 살강마을이 가까워지자 마음에 물결이 인다. 외천교를 지나자 이내 종점이다. 고운사에서 외천까지 10분이 채 안 걸렸다.

회화나무가 있는 외천 종점

『경상북도 지명유래총람』에는 살가리를 사갈리沙葛里라고도 했다. 외천外川 동쪽 갈라산 밑 산골짜기에 있는 마을이라고 나와 있다. 외천은 구계동의 머리 쪽에 위치하여 '머리기'라고도 한다. 실개천을 사이에 두고 산으로 둘러 싸인 마을이다. 남쪽이 고운사가 있는 등운산이고 북쪽으로 갈라산 줄기와 닿아 있다. 마을 뒤로 갈라산 등산로가 나 있어 가끔 관광버스도 들어온다. 고무줄처럼 꼬불꼬불한 고무재는 마을사람들이 읍내로 장 보러 다니던 옛길이다.

종점에서 내리자 커다란 회화나무가 먼저 눈에 들어왔다. 나무 아래 정자에 앉은 사람들의 눈길이 나그네한테로 쏠렸다. 몽실이가 살던 살강마을이 바로 '살가리'라고 하니 모두 신기해했다.

회화나무 그늘이 두텁다. 원림에서 시집온 노암댁(71세)이 시집왔을 때 이미 그곳에 자리 잡고 있었던 노거수다. 정확한 수령이나 유래를 아는 사람이 없어 아쉽다. 오랜 세월 주민들과 동고동락하며 마을의 모든 일을 지켜봤을 것이다. 회화나무 앞으로 개울을 가로질러 비스듬히 다리가 놓였다. 건너편 언덕에 조립식 건물이 경로당이다.

마을에 처음 들어온 사람은 채씨고 다음으로 안동 김씨가 들어왔다. 지금은 해주 오씨, 흥해 배씨, 풍산 류씨, 평산 신씨 등 각성바지 마을이라 할머니들은 마을 시집을 살지 않아서 편하다고 한다.

스물 다섯 가구에 전체 주민 수가 서른 일곱이다. 서로의 집안 사정을 제 손금처럼 꿰고 있다. 마을에서 제일 젊은 사람이 54세 총각이다 보니 평소엔 아

조용한 외천마을 전경

이들 구경하기가 힘들다. 제일 고령자가 82세이고 육칠십 대가 주류이니 시골치고는 비교적 초로의 노인이 많은 편이다. 아직 마음은 청춘인 어르신들은 가까운 곳에서 스포츠댄스를 배우고 싶어한다.

　개울을 사이에 두고 집들이 올망졸망하다. 고래 등 같은 고택은 찾아 볼 수도 없다. 고만고만한 개량 주택과 낡은 한옥이 어깨를 맞대고 서 있다. 돌로 지은 집과 콘크리트 블록 담을 파스텔 조로 칠한 집이 눈길을 잡는다. 개울 건너 남쪽 고샅길엔 잎담배를 말리던 황토 건조장이 고단한 노동의 역사를 증언한다. 허물어져 내린 흙돌담이 정겹다. 담장을 넘어온 연초록 감잎이 눈부시다. 잎사귀 아래 감꽃은 수줍게 웃는 산골 아이처럼 해맑다.

　과거에 외천은 오지였다. 시내버스 막차가 들어오면 기사가 마을에서 자고 아침 첫차를 운행해서 나갔다. 고운사 관광객이 늘어나고 도로포장이 되면서 교통이 좋아졌다. 요즘은 안동에서 출발하는 시내버스가 하루에 여섯 번, 의성에서는 두 번씩 운행한다. 마을 사람들은 안동시로 편입되길 원한다. 행정구역상 의성사람이지만 시장을 보거나 농협을 이용하는 등 생활은 다 안동에서 한다. 몇 년 전 부터 상수도 혜택도 받는다.

오랜 가뭄으로 개천이 메말랐다. 조금 흐르는 물에도 청태가 끼었다. 피라미와 버들 메기가 제법 보인다. 바다에 사는 물고기보다 민물고기가 예민하다더니 새끼를 떼로 거느린 어미들은 분주하게 움직인다. 이곳 사람들은 버들메기를 '중고기'라고 한다. 스님들이 기거하는 청정지역에 사는 물고기라는 뜻인가 보다.

왕재에 묵묘가 많은 까닭

어르신들이 정자로 모여들었다. 점심시간이 되어 일터에서 돌아오고 시내에 볼일 보러 갔던 분들도 다음 버스에서 내렸다. 버스 종점이 마을 입구라서 회화나무 쉼터는 참새 방앗간인 셈이다. 노인회장 김시박 씨가 왕재 전설을 들려주었다.

"옛날 지골에 이부자가 살았거든. 세도를 부리며 얼매나 교만했던지 형편이 모한 사람을 무시하며 너무 떵떵거렸던 모양이래. 한 날은 풍수 보는 사람이 그 집 안을 마훌라고 일부러 붓 끄트메

동네 모범청년으로 불리는 김시박 씨. 사과농사를 짓는 그는 인심 후하고 힘든 일도 마다않기로 유명하다. 별명은 '김씨박 씨'

기 거치 뾰족한 낭기(나무가) 서 있는 바우산을 바라보게 묘터를 잡아줬어. 그라고 나서 정말로 집안이 풍비박산이 나 버렸다는 이야기가 전해지고 있어. 여기 사람들은 왕재라 하는데. 거기에 아직도 묵묘가 여러 기 남아 있어."

산딸기 머루 다래 따 먹으며 학교 가던 길

살강마을 가는 길에 모자 쓴 여인을 만났다. 서울에서 친정아버지 제사 모시러 온 신분자(55세)씨였다. 그녀를 만난 건 행운이었다. 어릴 적 그녀가 살던 곳이 바로 살가리였다. 익숙한 길잡이를 따라 본격적인 살강마을 답사를 했다.

민가를 지나 살가리 가는 골짜기로 접어들었다. 청석이 깔린 개울을 바라보며 찔레꽃 그늘에 자리를 잡았다. 개울가에 갈대도 마른 잎이 사라지고 연초록 새 옷으로 갈아입었다. 구름 한 점 없이 청명하다. 볕은 따가워도 부드러운 바람이 불어 그늘은 시원하다. 먼 산에 빼곡이 들어선 참나무가 군무를 춘다.

개울을 끼고 논밭이 펼쳐졌다. 군데군데 정갈하게 매만져 놓은 논도 보인다. 구계리가 영양 못지않게 고추농사를 많이 한다는 말이 실감 난다. 밭고랑 끝이 보이지 않을 정도로 밭은 넓고 길다. 그 많은 고추를 심고 수확하는 것도 큰일이겠다.

정자에서 노암댁이 들려준 이야기가 생각할수록 절창이다.

"처음 시집와서 마을에 농토가 보이지 않아 대체 이 동네 사람들은 수껑 구워 먹고 사나 싶었다. 시누이한테 논이 어디 있나 물으니 저 우에, 밭은 어디 있나 물으니 또 저 우에 그랬다. 진짜 있는가 싶어서 멜롱 멜롱 뛰어다니는 철없는 시누이를 앞세워 산골짜기로 갔더니 참말로 논밭이 있더라."

개울을 따라 계속 걸었다. 신씨가 산딸기 머루 다래 따먹으며 학교 가던 길이다. 지금은 산딸기가 익어도 따는 이가 없는 모양이다. 안내판도 없는 허허벌판을 지나 산길을 올라가니 갈림길이 또 나왔다. 왼쪽 길로만 걸었다. 포장

된 도로도 끝이 났다. 외진 산길이라 동행이 있어 위안이 된다.
  왼쪽에 두충나무 숲이 나타났다. 오래전에 그녀 아버지가 심은 나무다. 그녀는 열여덟 살에 살강마을을 떠나 외천으로 이사했다. 육남매 맏이였다. 동생들 뒷바라지 하느라 중학교 졸업하고 스물다섯에 결혼할 때까지 농사를 도왔다. 개울을 건너고 우북한 잡초투성이 묵정밭을 지났다. 저만치 잡초 속에 나뭇가지 사이로 낡은 슬레이트 지붕이 보인다.

사람은 떠나고 폐가만 홀로 남았다

가까이 가보니 퇴락한 일자형 집이다. 방마다 문짝은 뜯겨 나가고 툇마루도 없어졌다. 벽이 허물어져 전설의 고향 세트장을 방불케 한다. 다만 기둥이 남아 있어 방앗간이며 솥을 걸었던 부엌과 방의 칸 수를 짐작할 수 있다. 오른쪽 끝 방에 일본에서 온 가족이 툇마루에서 풍로에 밥을 지어 먹으며 살았다. 감나무가 있는 자리에 이웃이 한 집 있었는데 저수지 안으로 이사를 했다고 한다. 오랜만에 고향 집을 찾은 신씨는 옛 추억을 더듬느라 분주하다. 토종벌을 치고 닭을 풀어놓고 키웠다. 소외양간이 있던 아래채 자리를 일러주었다. 메밀과 감자 고구마를 심었던 자리를 기억해냈다. 둑 위에 노란 돼지감자와 해당화가 피고 지던 두메산골이다. 일손이 부족하여 산나물을 뜯으러 오거나 물건을 팔러 오는 장사꾼들을 며칠씩 묵게 하며 일을 시켰다고 한다. 마당가에 있던 대추나무 엄나무는 사라지고 예전에 없던 복숭아나무가 자리를 잡았다.

아마도 권정생 작가는 이 집을 염두에 두고 〈몽실언니〉를 쓴 게 아닐까? 몽실이네도 해방 후 거지가 되어 살강마을 어느 농사꾼 집 곁방살이를 했다고 되어 있지 않은가. 몽실이가 우물 앞 대추나무 아래까지 끌려가다가 밀양댁 손을 뿌리치고 희숙이와 놀던 소꿉을 가지러 뒤란 담 밑으로 뛰어갔던 것처럼 그녀의 집에도 대추나무가 있었다. 권정생 작가 또한 해방 이듬해 일본에서 귀국하여 몽실이네와 비슷한 처지였다.

살강마을 가는 길목에 예전엔 나무 공장이 있었다. 이곳에서 생산된 목재들이 부산의 판자촌을 짓는 데 쓰이기도 했다. 한 때 신씨 외할아버지도 이곳 나무 공장에서 일하다가 신씨 아버지를 만났다. 골이 깊어 망호리 사람들도 예전에는 나무하러 이곳까지 왔다. 외촌 사람들은 나뭇짐을 지고 고무재 넘어 읍내 장터까지 팔러 다녔다.

몇 구비를 돌아 갈라산 등산로에서 내려오는 곳에 '살갈지 0.4km'란 유일한 이정표를 만났다. 발걸음이 빨라진다. 높다란 저수지 둑에 올라섰다. 가뭄에도 물을 어깨까지 채우고 있다. 머지않아 산골에도 저수지 물을 빼서 모내

안내판도 없는 외진 산길을 한참 걸어가야 나오는 살갈지(살강못)

기를 할 것이다. 산 그림자가 커다란 얼굴을 비추고 소금쟁이가 물무늬를 만든다. 새소리 외에 주위는 적막하다. 고요한 사원에 온 것 같다. 저수지를 끼고 옛 마을로 들어가는 오솔길이 이어졌다. 울창한 수림 사이로 햇살이 얼비친다. 들꽃 향기가 오솔길의 정취를 더했다.

과거엔 저수지 물이 마르지 말라고 중복에 동제를 지냈다. 외천과 살강마을 인근에 논농사를 짓는 집들이 돌아가며 제관이 되었다. 제관은 상가에 가도 안 되고 우환이 없는 깨끗한 사람이어야 했다. 못에는 물을 막고 수위를 측정하는 종이 있었다. 제사를 지내면 자라가 종위에 올라와 있곤 했다. 정월 열나흘에는 밤 11시에 갈라산에 올라가 동제를 지냈다고 한다. 작은 마을에도 공동체가 형성되었고 마을의 안녕을 비는 풍습은 이곳도 예외가 아니었다. 그녀의 생생한 이야기를 들으며 외천에서부터 저수지까지 걸어가는데 1시간 35분이 걸렸다. 그녀 덕분에 오래도록 그리워만 했던 살강마을이 그림으로 그려졌다.

해마다 오월이면

찔레꽃이 하얗게 핀 산길 들길을 되짚어 왔다. 해마다 오월이면 상복을 입고 서럽게 피어나는 꽃이 가슴을 저리게 한다. 오래전 날품팔이 일자리라도 구해보려고 몽실이 아버지 정씨가 터벅터벅 걸었을 길이다. 굶다가 구걸하다가 개가를 결심한 밀양댁이 방문 꼭꼭 걸어 잠그고 남들이 일하러 간 사이에 도망치듯 떠났던 길이다. 소꿉을 싼 치맛자락을 오불치고 엄마 손에 끌려가던 몽실이가 종종걸음으로 걸었던 그 길을 오늘은 내가 걷는다. 객지로 떠난 동생들 뒷바라지하느라 집에서 농사일을 거들었던 신 씨, 난세에 홀로 아이와 살기 위해 산나물을 뜯으러 온 산천을 헤맸던 마을 할머니 또한 이 시대의 또 다른 몽실언니다.

몽실이가 살던 살강마을을 찾아 떠난 길, 힘든 시간을 견뎌낸 순박한 사람들을 만나며 나 자신과 마주하게 되었다.

우리네 삶이 오월이라고 날마다 슬프기만 한 것이 아닌 것처럼 길섶엔 보랏빛 엉겅퀴와 꿀풀이 피었다. 군데군데 백선도 꽃대를 내밀었다.

세상살이가 팍팍하다고 느껴지는가. 아직도 시골 인심이 살아있는 외천행 38번 버스를 타보라. 자연에 기대어 정을 나누는 그들에게 세상이란 도저한 강을 건너는 법을 배울 수 있다. 청정한 공기와 새소리는 모두 덤이다. 사람에게 지치고 복잡한 일상에서 도망치고 싶다면 고요한 살강마을로 가라. 그곳에 가면 절로 마음이 넉넉해진다.

절강마을에서 내려다 본 안동호

종점 기행
2

시내버스 57번 종점, 절강

호수가 보이는 산골에서 봄을 만나다

　이름만으로도 사람의 결을 가늠해 볼 수 있다. 예외가 있긴 하지만, 대부분 이름엔 그 사람의 사주와 어울리는 염원을 담았기 때문이다. 올봄 지구촌의 관심을 집중시켰던 이세돌 9단의 이름을 보면서 그런 생각이 들었다. 한자를 찾아보니 세돌世乭이었다. '세상의 돌'이니 결국 바둑과 연관 있는 이름이 아닌가. 땅 이름도 마찬가지다. 안동 시내버스 시간표에서 '절강浙江'을 처음 대했을 때 아득하게 느껴졌다. 신선이 은거하는 깊은 골짜기가 떠오르기도 하고, 달밤에 고기를 잡다가 쪽배 위에서 한가로이 잠자는 홍득구(1653-?)의 동양화 한 폭이 스치기도 했다.

상사화 새싹이 돋으면 봄
　어릴 적엔 상사화 새싹이 땅을 헤집고 나오면 봄인 줄 알았다. 지난해 관리 소홀로 화분에 키우던 상사화마저 없어지고 나니 허전하다. 남녘엔 꽃소식이

산야 2리 시내버스승강장　　　　안개속으로 떠난 57번 시내버스

　무성해도 봄이 실감 나지 않는다. 양지바른 들녘에서 흙 내음 묻어나는 냉이라도 캐야 할까. 작은 호미 한 자루 챙겨 봄을 만나러 갔다. 삼월 중순, 어둑새벽에 집을 나섰다. 하루에 두 번 들어가는 절강 행 첫 버스를 타기 위해서다.
　아침 여섯 시, 교보생명 건너편에는 같은 시각에 출발하는 버스들이 줄지어 출발을 서둘렀다. 내가 탄 버스는 〈57번 자곡·절강〉이란 안내판 아래 〈3-1〉을 동시에 달았다. 알고 보니 기사님의 세심한 배려였다. 첫차는 안동댐 방향으로 돌아가기에 〈3-1번〉이다. 오후 2시 차는 〈57번 산야·절강〉 안내판을 달고 와룡면 소재지를 거쳐 간다. 승객은 예상대로 나 혼자뿐이다. 안동루를 지나 안동호를 끼고 굽이굽이 가파른 산길이 한참이나 이어진다. 커브가 심해 운전하는 기사들도 처음엔 어지러울 정도라고 한다. 버스 뒤로 멀어지는 배경은 희뿌연 안개가 삼켜버린다.
　버스는 산야 2리 삼거리에서 호수로를 버리고 도곡길로 갈아탄다. 차선이 하나밖에 없는 좁다란 산길이다. 몇 년 전까지만 해도 터덜거리는 콘크리트 길이었는데 최근에 아스팔트로 바뀌어 그나마 다행이다. 반사경이 서 있는 모퉁이를 수 없이 돌았다. 절강 노선이 안동에서 가장 힘하다고 하더니 구절양장이다. 산양삼을 재배한다는 산야 한실 마을길에 오르자 가까운 풍경들이 서

서히 드러난다. 초여름에는 이 시간에 일출을 볼 수도 있다고 한다. 도곡을 지나 몇 구비 돌아가니 공터가 나타난다.

절강 종점이다. 할머니 한 분이 길가에 앉아 첫차를 기다리신다. 내가 내리기 바쁘게 차에 오르신 할머니는 얼굴을 마주할 겨를도 없이 구부러진 등만 보인다. 버스는 이내 안개 속으로 떠났다. 출발지에서 40분 정도 걸렸다.

중국의 저장성과 같다 하여 절강, 절강촌

절강리가 한 눈에 들어오는 언덕에 섰다. 와룡면 남동쪽 끝이다. 예전엔 월곡면에 속했으나 안동댐이 생기면서 와룡면으로 편입되었다. 뒤쪽에는 수정산 준령이 뻗어있고, 앞으로는 안동호가 펼쳐진 남향마을이다. 면적은 넓지만 대부분 산지이고 저지대의 임야는 안동호에 수몰되어 경작지는 산비탈에 조금뿐이다. 자연 마을은 박실 한 곳만 남았다. 임진왜란 때 조선에 온 명나라 장수 이여송이 마을을 휘돌아서 흘러가는 낙동강 풍광을 보고 중국의 저장성浙江省과 같다 하여 절강, 절강촌浙江村이라 하였다. 골짜기가 깊어 예부터 피난민들이 많이 몰려들었다고 한다. 박실(일명 박곡, 박시골)은 지형이 박과 시루처럼 생겨 붙여진 이름이다. 풍수지리설에 따르면 이곳은 장군혈에 해당한다. 예전에는 모든 주민이 정월대보름에 동구 밖에서 줄다리기를 하였다고 전한다.'(와룡면지 / 안동문화원) 고려의 문신 '염흥방廉興邦이 여기에 별장을 지었다. 화禍가 일어나 재산을 다 몰수하였다.'(국역 영가지 선성지 / 안동문화원)는 기록이 보인다.

깊은 산자락에 폭 싸인 마을은 꿈꾸는 듯 고요하다. 마을 입구에는 봉분을 중심으로 여러 개의 표석을 세운 가족묘원이 자리했다. 민가와 이웃하고 있으니 산 자와 죽은 자가 동락하는 셈이다. 온전한 집보다 지붕이 거의 잿빛인 빈집이 더 많다. 허름한 집들 사이에 솟은 건물이 정겹다. 황토로 만든 담배건조장이다. 여느 시골과 달리 이곳은 작은 마을에 황토건조장이 대여섯 채나 남았다.

마을 앞에 아름드리 고목 몇 그루와 고즈넉한 정자가 마을의 정취를 더한다.

몇 걸음을 옮기자 동네 개들이 다투어 목청을 높인다. 골짜기가 울릴 지경이다. 용케도 외부인의 틈입을 눈치 챈 모양이다. 선잠 깬 할아버지가 내다보며 사진 찍으러 왔냐고 물으신다. 마을 풍광이 예사롭지 않다 했더니 이미 고수들의 발걸음이 잦은가 보다. 민가를 피해 정자 쪽으로 내려갔다.

호수를 바라보는 정자, 망호정

저만치 호수는 거대한 솜사탕 공장인가 싶다. 밤마실 왔던 안개는 미처 떠나지 못하고 고샅을 배회한다. 가녀린 꽃대를 머금은 광대나물과 빈 밭에 여

망호정 아침풍경

기저기 흩어진 봄동이 서릿발을 이고 앉았다. 정자 가까이 이르자 차가운 바람결에 청아한 향기가 감겨온다. 호수를 굽어보며 홀로 선 매화가 찬 서리 속에서도 해사한 미소를 머금었다. 예기치 못한 곳에서 오랜 친구를 만난 듯 반갑다. 닿을 수 없는 먼 곳의 구름 같은 매화보다 지금 내 앞의 한 그루 매화가 더욱 소중하다. 매화를 아끼던 고인들을 생각하며 주변을 오래 서성거렸다.

정자 옆 노송 한 그루가 곡진하게 행인을 맞이한다. 축대 위에 호위무사인 듯 서 있는 회나무도 우람하다. 허물어진 담 너머로 정자 현판이 보인다. 망호정望湖亭이다. 이름처럼 호수를 바라보는 정자다.

안동 김씨 입향조인 통훈공(휘 정보 1552~1596) 후손들이 지었다고 한다. 완공 연대가 1960년이라는데 선견지명이 있었던 걸까. 댐이 생기기 한참 전이었으니 말이다. 세 칸의 퇴락한 정자는 일각문마저 굳게 잠겨 있고 마당엔 마른 풀이 제멋대로다. 참나무숲과 느티나무 사이로 아침 해가 낮달처럼 고개를 내민다. 적막강산이다. 어디선가 딱따구리가 목탁을 두드린다.

호숫가 언덕배기 밭 가운데 또 다른 가족묘원이 자리를 잡았다. 어쩌면 물속에 잠긴 고향을 못 잊어 호수만 바라보는지도 모른다. 호수 가운데 길게 누운 산이 섬처럼 떠 있다. 양쪽 산자락이 호수를 감싸 안았다. 문전옥답과 마을을 송두리째 빼앗고도 시치미를 떼는 호수는 그지없이 평온해 보인다. 오리 한 마리가 물무늬를 그리며 날아갈 뿐이다. 저 멀리 수면 위에 피뢰침처럼 가물거리는 물체가 궁금증을 자아낸다. 나중에 알고 보니 물속에 잠긴 나무 우듬지였다. 마을 사람들은 그것으로 수위를 가늠한다. 강촌이라 아침엔 제법 차다. 낯선 풍경에 취해 연신 셔터를 눌러대었더니 손이 얼얼하다. 배터리도 충전할 겸 굴뚝에 연기가 오르는 집 문을 두드렸다. 내려갈 때 뵈었던 할아버지(김춘동)댁이었다.

"우리 식구가 병원에 가부랬니더. 노인이라 괜찮으이더. 아침부터 댕겨서 추우 겐데 안으로 들어오소."

투박한 사투리가 오히려 편안하다. 손수 농사지은 사과를 내어놓고, 밥을 좀 줄까 물으신다. 새벽밥을 먹고 김밥까지 싸왔다고 해도 믿기지 않는지 거듭 확인하신다. 시골 인심이 아직 살아있다. 따끈한 아랫목에서 할아버지 이야기를 청해 들었다.

할아버지는 79세 범띠다. 요즘 칠십은 한창이라더니 팔십이 가까운데 사과 농사를 할 정도로 정정하다. 이곳에서 태어나 마을을 떠난 적이 없다. 아들 둘 딸 하나를 두었다. 자식들만은 농사 안 짓게 하려고 공부시켜 모두 객지로 내보냈다. 마을 정자에 대해서 여쭈었더니 한창때 기억을 더듬으신다.

"우리 정자 지을 때 무주무(안동시 수상동)가서 기와를 짊어지고 왔어요. 그 때 기와공장이 거기 있었거든요. 우리 집안에 대목이 서(셋)이나 있어서 정자나 하나 지어놓자 그래서 졌(지었)어요. 이 마을에 안동 김가만 열여덟 집이 살았어요. 물 건너 낙동강에도 몇 집이 있었고, 기사에도 있었어요. 모둠을 해서 지은 거래요. 자손들이 마구 나가 부래 가지고 납사시러버요. 지붕은 새고. 그때도 낙동강 원줄기는 있었지만, 지나고 보니 물이 채서 망호정望湖亭이 되어부랬어요."

"한 고개 넘어가면 월곡이랬어요. 장터 있고 면 소재지랬는데 다 물이 들어부랬어요. 절강은 옛날에 산재부락이랬어요. 저 밑에는 송씨, 이씨, 정씨 너덧 성이 살았는데 열 집이 넘게 살았어요. 수몰되어 안동도 가고 대구도 가고 다 가부랬지 뭐요. 여기는 물이 안 들어 떠나지도 못하고."

할아버지도 아래에 있던 논 두어 마지기가 수몰되어 보상을 받았다. 위로 있던 밭은 남아서 어쩌지 못하고 농사를 짓고 있다. "옛날 농사짓든 게 요새는 마크 다 묵어 빠졌어요. 올라가면서 마구 토지랬는데. 인제 내만 없이만 마을이 비는데 뭐. 옛날에 할배네 따시고 좋다고 져 논 곳인데 지금으로 봐가주는 오지가 돼서."

고추모판 물주는 김춘동 씨

담배 모중했니껴

전화벨이 울린다.

"담배 모중했니껴? 안주 할 때 안됐지요. 딴 일은 밭에 다 했니껴. 신 것만 다 해놓으면 돼. 늦으면 늦은 대로 하면 되지 뭐. 뭐 이야기 있거든 하이소. 앉아 하는 거는 해준다 카디더. 할 줄 몰래 글치, 기별하만 해주께시더. 언제 하니껴? 며칟 날 정하만 맹 되지 뭐요. 장날 자 안가도 돼요. 17일날 하니껴? 비 오는 거사 워타이껴 뭐. 예, 그만 되는대로 이야기 하이소. 뭘요, 일하는 게 뭐 있니껴. 옆에 사만 정으로 사지, 일만 하는 게 아이고. 허허... 오기는 뭐하러 오니껴. 바쁜데 올 여게 어데 있니껴. 맹 서로 소식 다 듣고 사는데. 예, 드가입시더."

돗질에서 담배 모 이종 해달라는 전화였다. 산 너머 한참 떨어진 이웃 동네지만 서로 도와가며 농사를 짓는다.

할아버지께서 고추 종판 걷으러 나가야 할 시간이 되었다. 집 옆의 비닐하우스에 들어서니 봄빛이 가득하다. 한 쪽에는 한 뼘 크기로 자란 상추와 풋배추가 상큼하다. 할아버지는 긴 막대기로 고추 모판위에 씌워 놓은 덮개를 걷어내었다. 여린 모종이 빼곡히 모습을 드러내었다. 비닐하우스 안에서도 밤새 온도를 유지하기 위해 덮어 놓았던 것을 낮이면 다시 걷어 내고 날마다 물뿌리개로 물을 준다. 그렇게 몇 달을 아기 돌보듯 정성들여 가꾼 다음에 밭에다 모종을 하게 된다. 모판이 제법 많다 싶었더니 구천 본 정도라 했다. 비닐 한 바퀴에 삼 천본 정도 심는다는데 밭의 크기가 어느 정도인지 얼른 짐작이 가지 않는다. 모든 농사가 힘들지만 고추 한 포기를 키우고 수확하여 시장에 내다 팔기까지의 과정이 만만치 않다. 농사에도 기다림의 미학이 필요하다. 농작물 값이 너무 싸서 농사지어도 큰 재미가 없다고 한다. 그래도 이런 오지가 좋아서 찾아 드는 사람들도 있다.

오지가 좋아서 찾아 드는 사람들

이웃에 ㄱ자 집이 참하다. 농가의 한옥을 리모델링한 모양이다. 한옥의 단점을 보완하기 위해 대청과 주방에는 격자 유리문을 끼웠다. 그 위에는 단풍잎과 국화 꽃잎 그리고 나뭇잎으로 각각 장식했다. 옆으로는 툇마루를 두었다. 서정주 시인의 외할머니 집 툇마루처럼 먹오딧빛은 아니지만 툇마루는 무조건 정감이 간다. 옛집의 빛바랜 툇마루가 사뭇 그립다.

안채 옆 사랑채가 아담하다. 바람을 막기 위해 돌아가며 비닐을 덧대 놓았다. 정원에는 잔디와 정원수도 가지런하다. 곤줄박이가 심심한지 수돗가까지 내려온다. 그 집에는 돌확이며 맷돌, 시루 등 예전 농가의 생활도구들이 알맞은 곳에 자리 잡았다. 인기척을 하자 머리가 희끗한 바깥주인이 나왔다. 조주희 씨다. 안주인은 서울 아이들한테 다니러 갔다며 손수 커피를 타 주신다. 안개가 걷히니 볕이 포근하다. 봄날 마당에서 마시는 커피 맛도 괜찮다.

조씨도 한 때는 안동 시내 아파트에서 살았다. 아이들이 커서 떠나고 이전

절강의 아침

과는 다르게 살아보고 싶었다고 한다. 와룡면 소재지 근처에서 한 2년 시골 살이 연습을 거쳐 더 깊은 산골 마을로 옮겨 앉은 셈이다.

"십여 년 전에 버스를 타고 이곳에 온 적이 있었어요. 순전히 경치 때문에 들어왔어요. 특히 눈 오는 겨울이 참 좋아요."

아쉽다. 눈이 오면 교통이 두절될 터이니 마을에 거주하는 사람들만이 누릴 수 있는 특권이겠지. 내가 보기에 절강은 어느 계절이든 다 좋을 것 같다. 새 잎이 돋고, 꽃이 피고, 녹음이 우거지고, 집집마다 감나무에 빨갛게 홍시가 익어가는 마을 풍광이 그려진다.

사랑채 앞 담배 건조장에 관심을 보이자 내부까지 구경시켜 주었다. 황토방으로 변신한 모습이 신선하다. 한 때 이 마을엔 집집마다 담배 농사를 했다. 담배를 엮어 말리기 위해 흙으로 벽돌을 찍어 지은 건물이다. 고단했을 노동의 현장도 세월이 지나면 추억이 되고 역사가 된다. 전기 건조기가 대신하는 지금은 대부분 비어있는 실정이다. 조씨네 골목 앞에도 토벽건조장이 있다. 어느 날 조 씨는 아내를 기다리며 감나무 밑에 서서 황토 벽돌이 몇 개인지 일부러 세어보기도 했다. 절강에서 시간은 나뭇가지에 휘늘어진 달리의 그림 속 시계처럼 흐르고 있었다.

이웃에 사는 한태일 씨가 놀러 왔다. 그는 영천이 고향이다. 대구에 살다가 조용한 곳에서 지내고 싶어 찾아다니다가 절강에 낙점을 찍었다. 조 씨와 비슷한 시기에 이곳으로 와서 포도농사를 짓는다.

두 집 다 안주인들은 갑갑해서 요양보호사로 일하러 다닌다. 조 씨와 함께 한 씨의 집에도 가보았다. 길목에는 원추리 새순이 올라오고, 찔레 넝쿨에도 봄이 움트고 있다. 상사화 잎은 벌써 한 뼘 이상이다.

그 집엔 독특한 물건이 눈길을 사로잡는다. 커다란 배다. 마을에서도 맨 꼭대기 집 마당에 턱 하니 놓인 배는 노아의 방주를 연상케 한다. 사연인 즉 안동호에서 사용하던 고기잡이배를 폐기할 때 사 왔다. 물이 조금 담긴 배 안에는 조약돌을 깔아놓았다. 여름에는 물을 가득 채워 풀장으로 사용한다. 아직 젊어 보이는데 손자들을 유인하기 위한 미끼란다.

울도 담도 없는 집이다. 앞집 뒤란의 생강나무 꽃은 모두의 것이다. 한씨네는 마침 닭도 키운다. 토종닭과 오골계가 포도밭을 마음껏 쫓아다니며 모이를 찾아 먹는다. 한낮이건만 모처럼 듣는 수탉 울음소리가 우렁차다. 샛노란 생강나무 꽃과 수탉이 소설〈동백꽃〉과 겹쳐진다. 한 씨가 닭둥우리에서 오골계 알 하나 꺼내서 건넨다. 아직 온기가 남아있다. 아마도 이런 맛에 산골에서 사는 것일 게다.

포도밭 가장자리에 원두막이 서있다. 그곳은 절강 전망대라 할 만하다. 멀리 안동호 너머 낙동강을 돌아가는 물줄기 뒤로 겹겹의 산 능선을 조망할 수 있다. 한 여름에도 높다란 원두막에 앉아있으면 신선이 부럽지 않겠다.

마을에 혼자 사는 김씨(84세) 어르신은 뵙지 못했다. 지금 마을에는 집집마다 남자들만 덩그러니 남아있는 셈이다. 어느덧 점심시간이 훌쩍 지났다. 여름에 놀러 오라는 그들과 다음을 기약했다. 그때쯤이면 느티나무 그늘도 두터워지겠지.

그땐 그랬었지

골목 어귀 빈집 기둥에 '전보 전화 취급'이란 표지판이 건재하다. 강남 갔던 제비가 반가운 소식이라도 가지고 올까. 제비 마크가 선명하다. 아래는 한 시대를 풍미했던 조미료 광고도 겸했다. 휴대전화는 고사하고 집전화마저 귀하던 시절에 달아놓았을 것이다. 당시만 해도 시외전화는 통화료가 비싸서 간편한 전보를 많이 이용했다. 객지에 나간 자식들에게 '조모 사망, 급래'라고 기별하거나, 기다리던 손주가 반가워 간단명료하게 '득남 축하' 전보를 보내면 집배원이 전달했다. 오래전 객지의 전신전화국에서 시외전화를 신청하고 차례를 기다리던 순간이 아련하다.

마을 앞에서 밭이랑에 검은 비닐을 씌우는 부부를 만났다. 무얼 심을지 아직 생각 중이라 했다. 남편(김경동 66세)은 박실 출신이었다. 그는 철도 기관사로 퇴임했다. 부산 철도청 소속으로 경부선과 호남선을 주로 탔다. 기관차로 100만 킬로미터 운행을 돌파하여 방송에 출연하기도 했다. 아내(권기란 65세)는 나이에 비해 고운 편이다. 용상에서 시집온 그녀는 삼 년간 이곳에서 시집살이를 했다. 남편 따라 객지에 나갔다가 이제야 안동 시내에 안착했다. 전국을 많이 다녔기에 지금은 텃밭 가꾸기 좋아하는 남편과 절강에 드나드는 것이 여행이다.

나 또한 종점 마을에서 유유자적했다. 절강에서는 모두가 느긋하고 여유로워 보인다. 밭두렁에 제초제를 쳐서 냉이는 못 캤지만 봄의 전령들을 차례로 만났다. 잊고 지내던 풍경을 만나고 꿈을 실천하는 사람들을 만났다. 절강은 안동에서 인구가 가장 적은 마을이다. 농사철에만 이따금 오가는 김씨 부부까지 합쳐도 아홉밖에 되지 않는다. 예전 대가족 한 집 식구도 못된다. 주민들이 서로 소통하며 살기 좋은 마을로 가꾸어 갔으면 하는 바람이다. 감이 익을 때 꼭 오라던 권씨의 말을 되뇌며 박실 고개를 넘었다. 절강은 다시 이름값을 할 것만 같다.

무실 마을에서 바라본 임하호

종점 기행 3

시내버스 633번 종점, 무실

문향과 충절의 기상이 서린 무실

봄비가 속살거린다. 어서 떠나라고. 비 오는 날 버스여행도 나름 운치가 있다고. 낯선 마을에서 우산 위로 떨어지는 빗소리를 들으며 골목을 거닐고, 비 오는 산사에서 낙숫물지켜보는 재미도 괜찮지 않으냐고. 오월 연초록 잎에 가늘게 내리는 비는 그야말로 녹우다. 아침부터 우산을 들고 집을 나선다. 전주 류씨 집성촌 수곡마을과 봉황의 전설로 유명한 봉황사를 둘러볼 생각이다.

수곡에 가려면 임동행 버스를 타고 수곡교 앞에서 내려 걸어가거나, 하루 두 번 가는 덕강행 버스를 타면 마을 앞을 지나간다. 안동시 당북동 권씨 회관 앞에서 출발하는 덕강행 633번 버스에 올랐다. 아침 7시 30분 차 승객은 나와 할머니 한 분이 전부다. 버스는 신시장과 기차역을 지나 34번 국도를 달린다.

기사님께 봉황사 가려면 어디서 내리는지 여쭈었더니, 봉황사를 처음 듣는 듯 고개를 갸우뚱한다.

(좌) 수곡 버스 승강장 / (우) 633번 버스에서 만난 이명숙 씨

"내하고 같이 내리면 되니더."

옆 자리에 앉은 이명숙 할머니는 안동시내에 산다. 무실(수곡)에 그것도 전주 류씨 종가에 다니러 간다니 솔깃한다.

"종부가 96세인데 몇 년째 노환으로 형편없어. 종가니까 요양원에도 못 가고 입주 간병인이 와 있어. 간병인이 쉬는 날은 집안이라서 내가 가. 요양보호사도 다녀가고 목욕 봉사 오지, 한 사람 밑에 돈 많이 들어. 자녀들은 왔다 갔다 하고. 오늘도 그래서 가."

"저도 무실 종가 다녀온 지 오래되었는데 다시 가보고 싶네요."

"그럼 지금 바로 같이 가도 돼."

"겨울에는 종부가 서울 아들네 집에 갔다가 봄부터 내려 와있어. 요즘 젊은 사람들이 노인 수발을 못하잖아. 아들도 잘 몰래. 아들도 머리가 허여니까 할배라 그래. 인물도 있고 아는 것도 많았는데. 지금도 옛날 가사와 한문이 줄줄 나와."

남의 일 같지 않다. 생로병사를 자연스럽게 받아들여야겠지만 누구나 피해 가고 싶을 뿐이다.

완벽하게 아름다운 공동체 무실

수곡의 다른 이름은 무실이다. 마을 뒤 아기산 물줄기가 마을을 둘러싼 형상이라 붙여진 이름이다. 배산임수 명당으로 전주 류씨 400년 세거지였다. 한들, 원두들, 늘침, 도골, 밤나무골 등으로 구성되어 있었으나 임하댐 담수로 대부분 수몰되었다. 무실 사람들은 선산 해평의 신주거지로 이주하기도 하고

(좌) 무실 종가의 4남이자 아홉째인 류승무 씨 / (우) 수곡 류씨 무실 종택

몇몇은 인근 지역으로 흩어졌다. 대종가와 일부는 옛 무실 위쪽에 새로 형성한 이주단지로 옮겼다.

버스는 어느새 수곡교를 건넌다. 빗방울이 그렁거리는 차창 너머로 임하호가 펼쳐진다. 수곡마을 앞에서 내렸다. 명숙 할머니를 따라 종가로 향한다.

전주 류씨 수곡종택은 영남으로 온 수곡파 대종택이다. 정확한 건립연대는 알 수 없으나 17세기 말 18세기 초로 추측한다.

솟을대문을 통하지 않고 사당 앞 지름길을 택한다. 일각문을 들어서니 사랑채 앞으로 너른 마당이 펼쳐진다. 비에 씻긴 정원수들은 연초록 잎이 새뜻하고 선비들이 즐겨 가꾸던 작약이 망울을 터뜨리기 직전이다. 한 때는 대가족으로 북적거렸을 종택이 고요하다. 노종부가 아침 식사를 마다하여 걱정하는 소리가 문턱을 넘어온다.

마침 서울 사는 아들 류승무 씨 내외가 와 있었다. 10남매 중에서 아홉째(4남)인 승무 씨는 조계종에서 운영하는 중앙승가대학교에서 교수로 재직 중이다. 사회학 전공인 그는 사라진 옛 마을에 대한 애정이 각별하다.

"무실은 200여 호 되는 큰 마을이었어요. 뒤에 언덕이 그림처럼 펼쳐져 문을 열면 철마다 꽃이 피고 멋졌는데 수장이 되어버렸어요."

"아랫마을에 있을 때 동쪽에는 언덕이 있었어요. 좌청룡이 약해서 비보 역할을 하는 솔숲 무실쑤가 서있고 안에는 류 씨들이, 밖에는 타성이 살았지요."

"예전에는 담 너머에 텃밭이 몇 개나 있었어요. 종가 옆에는 집을 못 짓게 했으니까. 저 밑에 있을 때 집이 좋았어요. 위에서 보면 사전 田典자 형태 집이라 글을 많이 하는 집으로 알려졌지요. 1988년 이건 할 당시에 잘못해서 헛간채를 짓지 못했어요. 디딜방앗간과 안쪽 화장실이 있었는데."

"인간사회 유사 이래 그렇게 아름다운 공동체가 있었던가 싶어요. 200여 호 공동체가 완벽했죠. 질서와 문화 수준도 높았고요. 집집마다 책을 읽고, 가사를 짓고. 노인부터 아이까지 공동체 구휼이 가능했던 시기였죠. 인간들 사이에 신뢰가 형성되어 추호도 의심이 없었고. 온 마을이 한 형제 한 집처럼 지내고 어느 집에나 가서 밥을 먹었어요."

새마을 운동 이전, 산업화 근대화로부터 배제되어 전통이 온전히 살아있던 곳이었다. 모든 게 향촌 자치로 이루어졌다. 소유 개념보다 공유 개념이 높았다. 자연스럽게 형성되어 쭉 갈 수 있는 시스템이었는데 산업화 충격 때문에 다 무너졌으니 산업화가 애물단지다.

유년 시절을 무실에서 보낸 승무 씨는 재미난 추억이 많다. 그 중 횃불싸움을 꼽았다. 정월 대보름이면 웃마·아랫마 간에, 또는 무실과 한들의 한판 승부가 벌어졌다. 초등 고학년부터 중학교 남자아이들 100여명이 모였으니 대군이다. 반 전쟁놀이 싸움이랄까. 가시가 있는 아카시아 나무로 육탄전을 하고 불을 붙여 싸우기도 했다. 남자 아이들 담력 키우는 계기가 되었다. 과하다 싶지만 놀이로써 허용되던 시절이었다. 재미로 한 것이기에 후환도 없었다. 겨울이지만 횃불싸움 한 판 하고 나면 추위가 달아났다고 한다.

무실 가서 글 자랑하지 마라

수곡 류씨가 무실에 들어온 것은 16세기 말쯤이다. 파 시조 유윤선의 장남인 류성이 내앞 청계 김진의 사위가 됨으로써 처가의 세력권 안에 있던 무실에 정착했다. 류성은 28세로 요사하고 부인 의성 김씨는 열 살도 되지 않은 두 아들(복기, 복립)을 두고 남편을 따라 죽었다. 아이들은 외가에서 외삼촌인 학봉 김성일의 가르침을 받았다. 오늘날 번창한 수곡 류씨는 청계공의 외손들이다.

1937년경 편찬된 『교남지』 인물 편에 57명이 등재될 정도로 족세가 급성장했다.

400년 동안 무실이 반촌으로서 위상을 지켜온 것은 혼인을 통해 다른 반족과 연망을 구축함으로써 사회적 경제적 기득권을 유지해왔다고 볼 수 있다. 주로 의성 김씨, 진성 이씨, 안동 김씨, 안동 권씨, 동래 정씨, 재령 이씨 등과 혼인 했다.

수곡 류씨가 남긴 문헌은 151종 900여 권에 달한다. 문집류가 96종, 천문과 역서, 경서와 예서에 대한 주해서 15종 등이다. '무실 가서 글 자랑하지 마라'는 말이 실감 난다.

그중에서 가장 주목받는 『상변통고』는 동암 류장원이 편찬한 예서이다. 당대까지의 영남 예학을 집성한 예가의 표본으로 총 30권 16 책이다.

류장원은 이황 이래 학봉 김성일, 갈암 이현일, 대산 이상정으로 이어지는 퇴계학의 정맥을 계승하여 18세기에 학풍을 크게 진작시킨 학자이다. 19세기 정재 류치명에 이르게 되면 문운이 흥성하여 이 지역의 학문과 문화를 주도했다.

수곡 종가 사랑마루에 '월회당' 현판이 걸려있다. 안동 향내 선비들이 매달 모이던 장소이다. 오래전 소호리에서 풍산에서 내로라하는 안동 지식인들이 몰려와 학술교류를 하던 곳이 바로 내가 앉은 마루라니 감회가 새로웠다. 한편 월회당은 문중의 화목과 학문발전에 크게 공헌한 류원현의 호이기도 하다.

무실 종가를 나오니 자그마한 〈정려각〉이 보인다. 비석에는 '절부고유학유성처문소김씨지려'라 새겨놓았다. 마을의 류도번 씨가 어른들로부터 들은 이

(좌) 무실 종택 사랑마루에 걸린 월회당 현판 (우) 의성 김씨 정려각

야기는 이러하다.

"정려각에 모신 할매는 청계공 따님이래. 남편 죽고 삼년상 지내고 담제 때까지 머리도 안 감고, 낯도 한 번 안 씻고, 날마다 버선 한 켤레씩 만들어 산소에 올렸다 그래. 밥도 겨우 명될 만큼만 먹고, 그 어린 아들 둘 놔두고 담제 날 돌아가셨어. 굶어 죽은 거지. 요새 같으면 등신이지."

어쩔 수 없이 시대의 요구에 부응한 선택이 칭송받고 있으니 아이러니하다.

마을을 한 바퀴 돌아보았다. 집집마다 문패와 함께 무실댁, 청송댁 등의 택호가 나란히 걸려 정겹다. 김경오 이장은 "현재 수곡리에는 53가구에 105명의 주민이 살고 있고, 지금도 80퍼센트가 전주 류씨다."라고 전했다.

마을 앞에는 도로를 사이에 두고 작은 공원이 보인다. 실향의 아픔을 달래기 위한 망향정 누각도 물가에 서 있다. 오솔길 따라 가면 호숫가 숲 속에 고적한 당집이 자리한다. 풋굿 동제를 올리던 당집과 회나무도 옛 무실에서 옮겨왔다. 지금도 음력 칠월 농한기에 주민들은 풋굿 동제를 올리며 풍년을 기원하고 마을의 안녕을 빈다.

종가와 고택 체험 하는 수애당이 앞뒷집이다. 기와를 얹은 돌담길이 호젓하다. 수애당 솟을대문 앞에 명품고택 명패가 달렸다. 주말 이른 아침이라 그냥 통과했다.

한 굽이 돌아가면 기양서당이다. 기양서당은 수곡 류씨가 인물을 배출하고 학문의 배경이 된 곳이다. 유복기가 1615년(광해군 7)에 자신의 휴식과 자제들

(좌) 수곡리 공원에 있는 망향정
(우) 풋굿 동제를 지내는 당집

의 교육을 위해 아기산 남쪽에 10간 규모로 설립한 서재였다. 당시에 서당은 교육뿐만 아니라 문중 내의 대소사를 처리하는 공간이면서 단합과 결속을 다지는 상징이었다. 한편 지역 인사들과 학문적·문화적 교류, 향중의 문제를 논의하고 향론을 일으키는 회합의 장소 역할도 했다.

류복기, 류의손 위패를 모신 기양서당

들깨모종을 내는 수곡리 류도번 씨

후손들은 1780년(정조 4)에 추원사를 건립하여 류복기와 류의손의 위패를 차례로 추봉함으로써 서당에서 이사里事로 발전시켰다. 이사는 일종의 서원이다. 문중서원인 기양 이사는 전주 류씨의 학문적 정신적인 구심점이었다.

고색창연한 서당은 언덕 위에서 호수를 내려다본다. 빛바랜 출입문은 굳게 닫혀있었다. 담 너머로 추원사와 서당을 일별하고 돌아섰다. 내친걸음은 '기산충의원'으로 향했다.

도로변 밭에서 류도번 씨를 만났다. 무실 웃마에 살았던 그는 수몰되면서 서울살이를 하다가 낙향했다. 들깨 모종을 내다 말고 이야기보따리를 풀어놓았다.

"13대 외조부 청계공이 무실에 터를 잡아주면서 한 300년 터는 될다."고 했다는데 결국 물이 들었으니 맞힌 셈이다.

"서당에 모신 기봉 어른 고손자가 92명이래. 대수는 얼마 안 되는데 자손이 많이 퍼졌지. 우리 쪼맨할 때는 면장이고 면서기고 마구 우리 일가래."

오락가락하던 비가 그치고 초록은 더욱 선명해졌다. 임하호를 따라 가로수가 늘어선 신작로를 걷는 기분이 상쾌하다. 산비탈에서는 송홧가루가 휘날리고 숲 속에선 찔레꽃 등꽃 향기가 번진다. 자동차도 드문 길에 뻐꾸기만 속절없이 운다. 멀리서 보면 금방일 것 같은 길이 막상 걸어보니 만만치 않았다. 인내심이 바닥날 때쯤 호숫가에 범상치 않은 한옥이 위용을 드러낸다.

일가족이 목숨 걸고 나서다

'기산충의원 안동충의역사체험장' 표지판을 따라간다. 입구에 기념비가 서 있다. 임진왜란 때 의병장으로 활약한 기봉 류복기와 아우 묵계 류복립, 기봉의 다섯 아들 일가족이 목숨 걸고 의병에 나선 장한 뜻과 삶을 기리기 위한 곳이다.

1592년 임란이 일어나자 류복기는 "이 몸의 죽음을 어찌 아까워하겠는가?"(身死何惜) 하고 6월 1일 금역당 배용길, 운천 김용과 함께 안동에서 처음으로 의병을 일으켰다.

류복립은 외숙 학봉 김성일을 따라 경남 일대를 방어하고 1593년 6월 29일 진주성에서 북문장을 맡다가 순국하였다.

기봉의 장남 류우잠은 첫 의병 때부터 부친을 따라갔고, 차남 류득잠은 1596년 팔공산 회맹 때부터, 3남 이하 류지잠, 류수잠, 류의잠은 정유재란 때 부형을 따라 화왕산 전투에 참전하였다. 그 정신은 후손들에게 고스란히 이어져 300년 뒤 일제강점기에는 무려 80인 넘게 항일운동에 몸 바쳐 투쟁하였다. 이렇듯 전 가족이 나선 예는 역사상 드문 일이다.

수곡리 끝자락에 자리한 충의역사체험관 건물은 웅장하다. 기왕에 혈세로 지은 건물이 잘 활용되었으면 하는 바람이다.

기산 충의원 안동역사체험장

수곡까지 3km 정도 되는 길을 되짚어 왔다. 마지막 코스인 봉황사로 방향을 튼다.

봉황을 기다리는 봉황사 겹벚꽃

봉황사는 수곡 마을에서 1km 정도 거리다. 무실의 주산인 마을 뒤편 아기산 중턱에 자리한다. 초행이라 절로 가는 마음은 호기심으로 가득하다. 계곡이 그리 깊지는 않다. 작은 개울을 따라 흘러내리는 물소리와 뻐꾹새 소리를 벗 삼아 홀로 걷는다.

길옆의 어느 농막 앞에 발길이 절로 멈췄다. 뜰 앞에 남보라 붓꽃이 군락을 이루었다. 마음을 가다듬고 호흡마저 멈춘 채 허공의 화폭을 향하는 붓대가 가지런하다. 예기치 않은 선물을 받은 양 언덕을 오르는 발걸음이 가볍다.

모퉁이를 돌아 절집이 모습을 드러내자 아카시아 잎으로 점이라도 치고 싶어진다. '사월 말부터 오월 중순까지 핀다는 봉황사 겹벚꽃을 과연 볼 수 있을까?' 극락전 옆 벚나무는 기대를 저버리지 않는다. 너른 꽃자리를 곱게 펼쳐놓고 해맑은 미소를 짓는다.

고목의 벚나무는 아담한 키에 다부진 사람을 보는 듯하다. 도심의 벚꽃이 다 진 뒤에 홀로 핀 벚꽃이 귀하게 여겨진다. '먼저 된 자로서 나중 되고, 나중 된 자로서 먼저 될 자가 많으니라.'고 했던가. 봉황사 겹벚나무 아래서 성경말씀이 떠오르다니.

초파일을 앞둔 절집은 생기가 돈다. 미리 연등을 달러 오는 젊은 보살들도 더러 보인다. 법당에 참배하고 나니 2시가 훌쩍 넘었다. 인심 좋은 고양주 덕분에 민생고를 해결할 수 있었다.

조계종 16교구 고운사 말사인 봉황사는 예상보다 규모가 큰 절이다. 누각과 대웅전, 극락전, 삼성각, 칠성각, 그리고 요사채까지 갖추었다. 전성기 때는 현재의 건물 외에 관음전, 승당, 선당, 청풍당, 만월대, 범종각, 만세루 등 여

봉황사 겹벚나무꽃　　　　　　봉황사 가는 길에 만난 붓꽃

러 전각과 부속암자로 낙성암, 정수암까지 거느린 대찰이었다. 봉황사 사적비에 의하면 신라 선덕여왕 13년(664년)에 창건되었다. 임진왜란 때 전소된 것을 숙종 때(1624년) 중창하면서 황산사로 불리게 되었다.

전주 류씨 선비들과 봉황사

황산사로 알고 있던 봉황사는 1980년 사찰 옆 개울가에서 발견된 사적비를 통해 본래 이름인 봉황사를 되찾았다. 한 때 황산사는 수곡파 전주 류씨들과 인연이 깊었다. 그들의 휴식공간이자 독서처가 되었으며 문학의 소재가 되기도 했다. 또한 정재 류치명은 아기산에서 『중용』을 강의했으며, 수정재 류정문(1782~1839)은 아기산 절에 모여 류장원의 『상변통고』를 교정보고 간행하며 시를 읊었다는 기록도 보인다.

산신각 앞 노송 그늘에 앉아 절집의 뒤태를 굽어보았다. 넉넉한 터전에 적당히 들어선 가람이 여유롭다. 새로 지은 칠성각은 아직 솔향기가 날 듯하다. 대웅전과 극락전 뒷벽이 단정하다. 텅 빈 아름다움이랄까. 화려한 앞모습과 달리 반전의 미를 연출한다.

봉황사에는 봉황의 전설이 전해진다. 대웅전을 중창한 후 봉황이 아무도 보지 않는 시간에 단청을 했다. 정면과 좌우 측면을 끝내고 건물 뒷면 단청을 할 때 사람들이 쳐다보자 봉황이 끝내지 못하고 날아 가버렸다고 한다. 그 이후에는 다시는 나타나지 않아서 결국 오늘날까지 대웅전 뒤쪽은 단청을 하지 못한 채 남아있다. 이러한 연유로 절 이름도 봉황사라는 이름이 붙여졌다고 한다. 얼마나 기다려야 봉황이 다시 돌아올까.

수곡리 류승기 씨

비 오는 산사도 스님과의 다담도 수포로 돌아갔다. 매스컴은 좋아하지 않는다며 스님은 등산복으로 갈아입고 산으로 향했다. 스님의 체력단련 시간을 방해하고 싶지 않다. 그저 겹벚나무 아래 서성이다 돌아올 수밖에.

봉황사에서 내려오는 길, 마을에서 류승기 씨를 우연히 만났다. 서울에서 건설 회사를 운영했다는 그는 문중을 아끼는 마음이 남다르다.

알고 보니 유인촌 문화부 장관 시절에 충의역사체험관 시작부터 완공까지 관여한 1등 공신이었다. 그 일을 계기로 그 또한 낙향하여 호수가 보이는 언덕에 둥지를 틀었다.

삶이 늘 계획대로만 살아지는 것은 아니다. 봄비 속에 떠난 여행도 그랬다. 종점 기행이지만 지나가는 마을에 오래 머물다 보니 하루해가 짧다. 문향과 전통문화와 충절의 기상이 드높은 수곡에서 충만한 시간이었다.

집집마다 글 읽는 소리가 끊이지 않고 기록을 소중히 여겼던 무실 류씨들, 그들에게는 특별한 DNA가 있는 걸까. 나라가 어려울 때 전 가족이 발 벗고 나섰던 웅혼한 충정이 큰 울림으로 다가왔다. 오월의 신록과 꽃향기는 덤이었다.

버스 시간에 맞추느라 산사의 저녁 종소리를 듣지 못해 아쉽다. 덕강 종점은 다음으로 미루고 돌아오는 버스에 올랐다. 라디오에서 때마침 1980년대 히트곡이 흘러나온다.

"그댄 봄비를 무척 좋아 하나요~."

봉황이 단청을 그리다 만 아기산 봉황사

의촌마을에서 본 시사단과 도산서원

종점 기행
4

시내버스 59-1번 종점, 의촌

시사단에 올라 도산서원을 보다

한 나라의 흥망성쇠는 올바른 인재 등용이 관건이다. 「로마인 이야기」를 쓴 시오노 나나미는 "나라가 망하는 비극은 인재가 부족해서가 아니라 인재가 있어도 그 활용 시스템이 제대로 작동하지 않을 때 일어난다."고 했다. 조선왕조가 오백 년이 넘게 명맥을 유지했던 비결 또한 과거제도를 통한 인재등용이 큰 역할을 했으리라.

이번 종점 기행은 경북 안동시 도산면 의촌리로 떠났다. 조선시대에 특별히 지방에서 과거시험을 치른 도산 별시를 기념한 '시사단'에 올라 도산서원을 바라보는 여정이다. 영남에서 규모가 제일 큰 번남댁도 돌아보고, 한 해 농사를 시작하는 마을 사람들까지 만났다.

차가 기다리게 하면 어예니껴

시사단에 오르는 길은 여러 가지다. 도산서원 앞에서 새로 난 잠수교를 건

정산 종점에 대기하는 59번 버스

너가는 길, 갈수기에 도산면 의촌리에서 들길 따라가는 길, 그리고 댐이 만수위가 되면 행정선 타고 섬처럼 떠 있는 그곳에 닿을 수 있다.

2월 마지막 날, 혼자 새벽안개 속으로 스며들었다. 안동 교보생명 앞에서 여섯 시에 출발한 예안행 59번 버스에 올랐다. 35번 국도를 따라 가다가 와룡삼거리에서 933번 지방도로 접어들었다. 무진의 명품인 안개가 안동에 자리를 내주어야 할 듯했다. 잔뜩 긴장한 운전기사는 한 명뿐인 승객을 정산 종점에 무사히 내려주었다.

정산은 월곡면 소재지다. 이른 시간이라 갈 곳이 마땅치 않았다. 인근 지역에 관한 정보를 구할 겸 파출소에서 갈아탈 버스를 기다렸다.

7시 50분 출발하는 부포 행 버스에 다시 올랐다. 대여섯 명 되는 승객을 태우고 출발한 버스는 골 깊은 동천(불미골)에 잠시 정차했다가 돌아 나왔다. 고시촌을 지나 좌회전 할 때였다. 승객 중 누군가가 외쳤다.

"저기 할매 뛰 오니더!"

숨이 턱에 찬 할머니가 차에 오를 때까지 한참을 기다렸다. 기사가 한 마디 했다.

"할매요, 사람이 차를 기다려야지 차가 기다리게 하면 어예니껴?"

시골버스에서만 만날 수 있는 풍경이다. 산모퉁이를 돌면서 언뜻 물길이 보이더니 부포 마을이다. 안동호가 생기며 마을 대부분이 물속에 잠겨버린 부포는 독립투사가 많이 배출된 충절의 고을이다. 늘 깨어있으란 뜻으로 퇴계 선생이 호를 지어준 제자, 성성재惺惺齋 금난수琴蘭秀 종택을 지났다.

조선시대 예안현에 설치되었던 부라원역의 누각인 부라원루浮羅院樓도 스쳤다. 부포에서 고개를 넘으면 도산면 의촌리다. 몇 구비 돌자 의촌리 마을회관이 모습을 드러냈다. 의촌 종점에서 나를 내려준 버스는 바로 돌아나갔다.

어진 사람들이 사는 마을

의촌은 하루에 두 번 시내버스가 들어가는 오지다. 예전에는 윗마을인 의인宜仁과 아래의 섬마剡村로 나뉘어 있었다. 1915년 행정구역이 통합되어 의촌리宜村里가 되었다. 의인은 '어진 사람들이 사는 마을'이란 뜻이다. '낙동강 물이 두 갈래로 흘러 마을이 섬 같이 보인다.'고 하여 섬촌이라 불렀다. 예전엔 140여 호의 양반 고을이었으나 1973년 안동댐 건설로 대부분 마을을 떠났다. 현재는 21가구가 남아 마을을 지킨다.

종점에 내려도 안개는 걷히지 않았다. 이른 아침이라 나뭇가지와 풀잎에는 서리꽃이 피었다. 번남댁 안내 표지판을 따라 윗마을로 갔다. 희뿌연 안개에 휩싸인 번남댁은 솟을대문이 굳게 잠겨있다. 왼쪽 긴 담장 밖에는 참나무 고목이 몇 그루 서 있고, 겨우살이만 푸릇하다. 참나무 뒤로 이끼 낀 고기와 지붕이 보인다. 수월헌水月軒 이집李集(1672~1746)의 정자인 강정江亭이다. 관리가 소홀하여 아래채는 많이 허물어져 아쉽다.

태평연화의인촌

마을의 동쪽 끝에는 일자형 고택이 마당을 사이에 두고 앞뒤로 나란히 자리한다. 진성이씨 의인파 종택이다. 현재 집을 관리하는 이동기 씨(79세)는 종손의 아우다. 그에게 6대조인 이병순이 청안 현감을 지내 청안댁으로 불렸으며, 예전 당호는 은졸재隱拙齋였다. 은졸재는 퇴계 이황의 6세손인 이수홍李守弘의 호다. 안동댐에 물이 차면서 칠십 여 칸이던 집을 줄여 사랑채만 옮기었다고 한다. 세월의 무게를 견딘 기왓장과 빛바랜 툇마루가 반가웠다. 바깥

채 벽에는 과객이 써 주었다는 '태평연화의인촌太平煙火宜仁村'이란 편액이 걸려 있었다.

"강 건너 도산에서 보면 의인촌은 불 때는 연기가 피어올라 평화로운 마을이다." 란 뜻이다.

"예전에는 이 동네 기와집이 한 서른 채 있었는데 수몰되는 바람에 영남대학교에도 한 채 가 있고, 안동댐 야외민속박물관에도 가 있어요. 안동대학교 안에 있는 역동서원도 이 동네 재목을 갖다 지었어요."

이동기 씨는 대구 공장에서 일하다가 IMF 때 명퇴했다. 도시가 싫어 홀로 낙향해 농사를 짓고 있다.

"의촌리 들녘이 예상보다 넓어 보이네요."

"안동댐 안에서 우리 마을 앞들이 제일 넓을 걸요."

"여기는 농사를 하기는 하는데 물이 들오면 고만이고 물 안 들어오면 그냥 사용료 주고, 댐 안이라 국가재산이래요."

작물도 장마철이 되기 전에 수확하는 감자, 참깨, 옥수수 등을 주로 재배한다. 고추와 사과는 비교적 고지대에 심는다. 옛 기억을 더듬으며 멀리 빈 들녘에 눈길을 주는 그의 마음이 얼마나 허허로울지. 농가에선 음력 이월 초하루가 지나면 한 해 농사가 시작된다. 오지 마을에서도 고소작업차 위에서 사과나무 가지치기를 하고 포크레인으로 거름을 섞는다. 우리 농촌도 예전의 농촌이 아니다. 기계화가 이루어져 한결 수월해진 대신에 농기계 구입비도 만만치 않겠다.

윗마을 백기학 씨 비닐하우스에는 봄이 한창이다. 2월 초에 뿌린 고추 씨앗이 빼곡하게 싹이나 연초록빛이다. 주인 내외분과 이웃 아주머니 세 분이 손을 맞춰 고추모종을 옮겨 심는 중이다. 인건비가 비싸 농사를 줄여가는 중이라 한다. 백씨가 번남댁 관리인 이원모 씨를 소개한 덕분에 고택 내부를 둘러볼 수 있었다.

(좌) 번남댁 사랑채
(우) 번남댁 사랑채에서 안채로 이어지는 통로

사대 연등과한 번남댁

　기와를 얹은 반듯한 판담이 유난히 길다. 솟을 대문 행랑채에서 사대부가의 위엄이 느껴진다. 번남댁이다. 고종 연간 대원군 시절에 지은 집이다. 창덕궁을 모방해 지은 아흔아홉 칸 집이었으나 전란으로 소실되고 지금은 칠십 여 칸만 남았다.

　최근 삼 년에 걸쳐 번와를 하고 구들도 거의 해체 수준으로 말끔하게 보수 공사를 했다. 고가에 어울리는 도배와 창호지로 단장하고 전등까지 교체해 새 집이 되었다. 마당에는 풀 한 포기 찾아볼 수 없을 정도로 흙을 매끈하게 정돈하고 뒤뜰 화단에 매화 몇 그루도 심어 놓았다.

　사랑채 대청에 올라 판문을 열었다. 담 너머 집 뒤로는 늠름한 노송이 서 있다. 까마귀와 솔개가 참나무 고목을 오가며 요란하게 우짖었다. 멀리 시사단과 강 너머 도산이 한 눈에 들어오는 명당이다. 마을에서도 높은 지대에 자리 잡은 덕분에 수몰을 면했다.

집의 전체 구조는 성戌자 형이다. 바깥사랑채에서 안채로 건너가는 통로가 실내에서 연결되어 건축학적으로 가치를 인정받는다. 햇살이 환하게 비쳐 다양한 한옥 창살의 멋이 한껏 느껴진다.

퇴계 15대손이자 번남댁 주손 이동익 씨는 "의인에 터를 잡은 진성이씨는 퇴계의 큰 아들 이준의 둘째인 이순도의 후손들입니다. 번남댁은 주손가의 작은 집으로 사대를 연이어 등과한 집안입니다. 6대조가 호조 참판 번엄 이동순 李同淳, 5대조가 삼척 부사, 고조부가 상주 목사, 증조부가 고종 때 승지를 했습니다. 조선 오 백년사에 의인동네 대과가 여덟 장인데 우리 집에서 대과가 세 장, 사마가 두 장 나왔어요."

"수몰 전 의인마을에만 ㅁ자 고택이 열네 채 있었는데 유일하게 마을에 남은 집은 우리 집뿐입니다."라고 했다.

번남댁은 삼대에 걸쳐 지은 집이다. 정침은 樊广 이동순李東淳이 내직에 있을 때인 1810년경, 북편 사랑채는 아들 치옹癡翁 휘부彙溥가 아버지를 위해 1857년에 건축했다. 1870년에 손자 좌산左山 만윤晩胤이 남측 사랑채를 지었는데 늦게 지은 열 두칸 정도가 소실되었다.

주방과 화장실 등 기반 시설이 완비되면 단체 세미나 공간으로 개방할 계획 중이라고. 가문에 대한 자부심과 옛집의 원형을 복원하여 지키려는 의지가 느껴져 다행이다.

"저는 수몰 전에 이미 집을 떠났어요. 서울에서 학교 다닌 후 생업에 종사하느라." 현재 대구에 거주하는 그는 기반시설을 완비한 후 조만간 낙향할 계획이다.

집안을 둘러보고 사랑채 일각문 앞에 서자 감탄이 절로 나온다. 솟을 대문과 직선으로 연결되는 문틀이 액자처럼 포개진다. 대문 너머 문 밖 세상으로 나가는 길이 펼쳐지고 멀리 서있는 소나무까지 한 폭의 그림으로 담긴다. 이토록 아름다운 문화유산을 잘 가꾸어 다음 세대에게 전수하는 것 또한 후손의 책무이리라.

　번남댁을 나서자 바람은 차가워도 담장 아래 양지에는 봄이 먼저 찾아왔다. 가녀린 꽃다지와 광대나물이 배시시 웃음을 머금었다.

　섬마 비닐하우스 안에서는 씨감자 눈을 따느라 분주하다. 작은 칼로 감자 씨눈을 살려 여러 조각을 내는 작업이다. 비닐하우스 바닥에 사방으로 울타리를 치고 씨감자를 가득 쌓아놓았다. 워낙 숙련된 솜씨라 마을 할머니들은 하루에 씨감자를 각각 스무 상자 가까이 깐다. 신덕기 할머니(71세)는 귀농한 막내아들과 삼 만평 정도 감자 농사를 한다. 마을에는 오 만평 정도 하는 집도 있다니 가히 감자 집산지라 할 만하다.

　들길을 가로질러 마지막 목적지인 시사단으로 향한다. 오지 마을에 이렇게 넓은 평원이 있다는 게 놀랍다. 시사단은 들길이 끝나는 강가에 자리 잡았다. 멀리서는 거대한 왕릉처럼 보이다가 가까이 다가가면 한 마리 거북이 엎드린 것 같다.

도산에서 과거 시험을 보다

　도산서원 쪽에서 바라보기만 하던 시사단에 올랐다. 퇴계 이황의 학덕을 귀하게 여겨 직접 제문을 지어 보낸 정조 임금의 마음이 애틋하다. 규장각 신하 이만수를 보내어 특별 과거시험인 도산별시를 통해 지방의 인재를 선발한 것은 파격적이었다. 퇴계 선생 가신지 222년 만(1792)이다. 당시 도산서원이 협소해 많은 선비를 수용할 수 없어 장소를 이곳 강변으로 정하였다 한다.

　도산별시를 치르는 모습은 그야말로 야단법석이었을 것이다. 의관을 정제하고 구름떼처럼 모여든 선비들이 시제를 받아 수십 년 갈고 닦은 실력을 발휘했으리라. 무려 7,228명의 영남 일대 선비들이 참여하여 답안지를 낸 선비가 3,632명이라니. 시험지는 서울로 봉상하여 왕이 친히 급제 2명, 진사 2명, 초시 7명을 뽑아 시상하였다 한다.

역사 속의 그날을 기념하기 위해 4년 뒤(정조20년, 1796년)에 단을 만들고 비각을 세웠던 장소가 시사단이다. 비문은 당시 영의정이었던 채제공이 지었다. 본디 강바닥에 있던 것을 수몰되면서 단을 높이 쌓아 올렸다. 시사단은 도산서원의 풍광을 한층 그윽하게 만든다. 소나무가 둘러선 시사단 비각 앞에서 도산을 바라본다.

이른 봄 옥빛 강 건너 영지산이 우뚝하다. 산 그림자와 노닐던 오리 떼가 인기척에 물을 가르고 날아오른다. 동취병, 서취병으로 둘러싸인 골짜기가 아늑하다. 오래 전 퇴계 선생은 도산서당 앞의 막힘없이 탁 트인 풍광에 매료되었다. 주변의 봉우리와 계곡들이 모두 도산을 감싸고 숙여드는 것처럼 보인다고 했다. 세 칸 작은집에 우주를 담고 경敬과 의義를 실천했던 꼿꼿한 선비, 벼슬에서 물러나 말년에 후학을 양성하고 자연을 벗하며 도산에 사는 즐거움을 노래한 시가 여러 편 전해온다.

연하煙霞로 집을 삼고 풍월風月로 벗을 삼아

태평성대에 병으로 늙어가니

이 중에 바라는 일은 허물이나 없고자.

「도산에 사는 즐거움」 중에서

시사단

우거진 송림과 고목 사이로 조선 성리학의 요람인 도산서원이 보인다. 멀리서도 유생들의 글 읽는 소리가 들릴 듯하다. 머지않아 매화향기 골짜기를 덮으면 매화나무 주변을 서성이며 잠 못드는 선비를 만날 것 같다. 안동에선 매년 도산별과 기념 과거 재현행사가 열린다. 올해도 그 날을 기다리는 선비들이 도포 자락 휘날리며 전국각지에서 몰려올 것이다.

시사단을 둘러싼 소나무 아래 묵은 솔잎 사이로 냉이가 파릇하다. 흙이 헐거워 돌로도 잘 뽑힌다. 석기소녀처럼 돌로 캔 냉이가 한 움큼이다. 과거시험을 보던 시사단 앞에서 냉이선발대회를 열어본다. 긴 뿌리를 보니 땅속에서 겨울을 지낸 냉이다. 겨울 냉이는 인삼보다 약효가 좋다 했던가. 무려 30cm가 넘어 보이는 것이 단연 장원감이다. 봄 향기 가득한 냉이를 들고 버스에 올랐다.

종점은 어디나 고향 같다. 의촌 종점 마을에는 물밭이 된 고향을 떠나지 못하는 사람들이 남았다. 떠날 형편이 안 되거나, 잠시 떠났다가 결국은 다시 돌아온 사람들이다. 의촌 강마을의 옛 정취가 그립다. 감자꽃 피는 계절에 다시 그곳을 찾고 싶다.

시사단에서 본 도산서원

상전의실 종점에서 하전의실 가는 길목 사과밭에도 사과꽃이 흐드러졌다.

종점 기행
5

시내버스 28-1번 종점, 백자

사과꽃 피는 백자리

　상갈현 고개를 넘고 싶었다. 안동에서도 가장 오지라니 더욱 그랬다. 지난해 어느 시내버스 기사님 말씀이 뇌리를 떠나지 않았다.
　"사과꽃 필 때 상갈현 고개에서 내려다보면 골짜기가 볼만하지요."
　백자리에도 사과꽃이 피었을까? 조바심이 생겼다. 사과 주산지인 안동시 길안면 백자리 이장님께 전화를 했다. 그곳은 산골이라 이제 한 두 개씩 꽃이 피기 시작한다니 다행이었다. 그렇다고 안심하기엔 일렀다. 사과꽃은 기온이 높고 바람 불면 며칠 못가 금방 끝나버릴 수도 있다니.
　백자리는 길안면의 남쪽에 있는 마을이다. 길안면사무소 사거리에서 영천 방면의 국도를 따라 만음리로 접어들어 서쪽으로 3km 정도 가면 나타난다. 백자리는 약 520년 전 선방재 아래에 마을을 개척할 당시 잣나무가 많아 백자 栢子라 하였다. 1914년 행정구역 변경에 따라 전의곡, 우음산, 신방동을 합하여 백자동이라고 하면서 현재로 이어져 왔다. 원백자 서남쪽으로 3㎞가량 떨

28-1번 마을버스가 황학산 상갈현 승강장에 서있다. 곡예하듯 꼬불꼬불한 산길을 내려가야 한다.

어진 곳에 선방재가 있고, 듬산 뒤에 황학산이 있다.

  사월도 끝자락이다. 안동 교보생명 앞에서 28번 버스를 탔다. 학가산 온천에서 출발해 시내를 관통하여 길안으로 가는 버스다. 임하면 오대리에 이르자 주위가 환하다. 도로를 사이에 두고 양쪽으로 과수원이 즐비하다. 아침 빛살에 투영된 연초록 새잎이 산뜻하다. 잎사귀와 대비를 이룬 하얀 사과꽃이 흐드러졌다. 사과꽃 피기를 오래 기다려서일까. 기다린 시간만큼이나 만남 또한 각별하다. 사과꽃은 길안 초입 네거리까지 이어진다. 내가 탄 버스는 길안 버스정류장이 종점이다. 평일 아침 시골 정류장은 한산하다. 벽에 칠한 페인트가 벗겨지고 정류장이란 글자마저 희미한 그곳이 한편으로는 편안하다. 8시 55분에 출발하는 백자행 28-1 버스로 환승했다. 차창에는 '상갈현'이라고 손글씨로 쓴 안내표지가 붙어있다.

  승객은 우리 내외와 할머니 한 분이 전부다. 원 백자 마을에 사는 김옥자 할머니다. 아침 첫 버스로 길안 장터에 나와 토마토 모종을 사 가지고 가는 길이다. 창밖으로 흐드러진 사과꽃을 보며 할머니가 혼잣말을 한다.

  "올해 적과하려면 죽었다. 꽃이 한경 없다."

  "예전에는 버스가 백자에 들어와서 자고 아침에 나갔어요. 지금은 백자까지는 하루 네 번 들어와요."

길안 장터에서 토마토 모종을 사가지고 백자리 집으로 돌아가는 김옥자 할머니다. 사과꽃이 많이 피어 적과하기 힘들겠다고 걱정했다.

백자리 초입에 있는 원 백자 마을만 해도 오지였다는 얘기다. 그런데 28-1번 버스는 상갈현을 지나 상전의실이 종점이다. 원 백자 마을을 지나자 도로는 1차선이다. 버스 한 대가 들어서니 도로가 꽉 차버렸다. 차창 밖으로 손을 뻗으면 사과나무에 닿을 듯하다.

두음산 마을 초입에 자그마한 저수지가 보인다. 저수지 주변에 늘어선 나뭇잎들이 햇살을 받아 반짝인다. 명암을 달리 한 모든 초록이 저수지 주변에 모인 듯하다. 노란빛이 도는 연두색이 유난히 생기가 넘친다. 고요한 저수지가 평화롭기 그지없다. 낚싯대 드리우고 유유자적하면 세상을 잊을 수 있을 것 같다. 저수지를 지나자 구절양장 가파른 비탈길이다. 버스 기사의 운전 실력을 믿을 수 밖에.

경사진 산골짜기는 온통 사과밭이다. 흐드러진 사과꽃은 멀리서 바라보면 초록 잎새 위에 함박눈이 내린 듯하다. 가까이 다가가면 물오른 여인처럼 온 몸을 열고 유혹한다. 더러는 수줍은 아가씨가 홍조를 띤 듯한 연분홍 꽃망울도 보인다. 꿀벌과 나비는 때를 만났다. 이 꽃 저 꽃 탐하느라 분주하다. 아무리 애를 써도 사랑을 골고루 나눠주기엔 역부족이다.

길안면 소재지를 벗어나 상갈현 고개에 올라설 때까지 30분 이상 내내 사과꽃길이다. 황학산 북쪽 상갈현 고개마루에 올라서니 시야가 트인다. 2011년 이곳에 첫 버스가 올라오던 날 경안일보에 실린 기사가 실감난다.

상전의실 종점에서 하전의실 가는 길에 핀 사과꽃이다.

꼬불꼬불 산길 따라… 금곡리 상갈현 버스 운행

2011년 04월 03일 [경안일보]

안동시 길안면 금곡리 상갈현(황학산), 까마득한 700m 고지대에 시내버스가 올라갔다. 믿기 어려운 일이지만 탱크도 아닌 시내버스가 가파른 산악지대를 5km나 꼬불꼬불 돌아서 산꼭대기까지 올라간 것이다. 지난 2008년부터 상갈현 주민들이 갈망해온 버스 운행을 위해, 대중교통 활성화대책 추진해 21일 드디어 꿈에 그리던 마을(순환)버스가 시운전을 위해 하늘아래 첫 동네에 올려 보낸 것이다. 지난 21일부터 시운전을 시작해 1일부터 정식운행에 들어가 길안면 금곡리 상갈현 주민들은 버스 개통으로 반가움을 감추지 못했다.

- 임서규 기자

상갈현을 지나 황학산 북쪽 내리막길을 몇 구비 돌아가면 상전의실이다. 그 골짜기에도 사과밭이 있었다. 버스는 몇 집 안 되는 마을의 좁다란 골목길을 지나 언덕배기 삼거리에서 멈췄다. 그곳이 상전의실 종점이다. 종점에서 내려다본 마을은 깊은 산골이라 사과꽃이 막 피기 시작했다.

버스기사 황재훈(47세)씨는 종점에서 잠깐 휴식을 취했다. 그는 한 때 출판유통 관련 일을 하고 개인 사업을 하다가 어려움을 겪었다. 서울에서 6년 전에 안동으로 내려왔다. 퇴직 후 안동에 먼저 정착한 부모님 덕분이었다. 사무직으로도 일하다가 1년 반 전부터 버스기사가 되었다. 그에게 짧은 기간이나마 버스기사로서의 소회를 물었다.

"옛날에는 버스기사님들이 어느 정도 벌이도 되고 대우도 받는 직

시내버스 기사에 대한 처우와 인식이 부족하다며 버스기사를 막장에 비유한 황재훈 씨다.

장이었다고 그러더라고요. 요즘은 거의 막장이죠. 버스기사의 처우나 인식이 그렇다는 거죠."

"기사입장에서 보면 마을 사람들 욕심이예요. 사실 노선버스가 여기까지 온다는 거는. 차량 파손도 많고. 한 지 얼마 안 된 사람들은 돌 같은 데 긁히거나 하면 퇴사해야 해요. 슬쩍 나가도 백만 원씩 하니까. 버스 기사 중에서도 운전이 서툰 사람은 여기로 보내지도 않아요."

버스가 떠났다. 종점에서 상전의실 마을로 내려가는 길도 사과꽃이 핀 과수원길이다. 마을에서 처음 만난 분이 우옥자(70세) 할머니와 전병인(73세) 할아버지 부부였다. 할머니께서 길손에게 차 한 잔 하고 가라며 권했다. 마당에 들어서자 싸리로 만든 발 위에 고사리를 삶아서 말리는 중이다. 아침에 갓 꺾은 것이라 풋풋하다.

전의실은 한때 스물댓 가구가 있던 마을이 지금은 다섯 집 밖에 남지 않았다. 할아버지는 전의실에서 태어나 평생 사과농사를 지으며 살고 있다. 솜씨가 좋아 현재 살고 있는 집과 닭장도 손수 지었다. 두 분이 전의실에 살면서 어려운 점이 궁금하다.

"겨울에 눈 쓰는 게 힘들어요. 눈 오면 차가 못 댕기니까 마을 사람들이 다 같이 원 백자까지 눈 쓸고 점심 사 먹고 와요."

앞으로 전의실 종점에서 원 백자까지 도로가 2차선으로 확장된다고 했다. 다행이다. 전병인 할아버지는 오래전 집 앞으로 도로가 날 때 거저 들어갔던 토지도 이번에 한꺼번에 보상해준다고 해서 기대를 하는 눈치다.

영주 안정에서 시집 온 할머니는 "처음에는 산골이라 시장가는 게 많이 불편했는데 이제 차도 있으니 괜찮아요." 하면서 현재 생활에 만족했다. 3남 2녀 낳아 대처에 내보내고 둘째 아들만 데리고 있다. 종점 마을엔 가는 곳마다 노총각이 있다.

이웃 노총각이 우옥자 할머니 댁에 잠깐 들렀다. 올해 쉰셋이라는데 다행히 혼인날을 받아 놓았다. 그는 고추모종 심으러 가야 한다며 식혜 한 그릇 비우고는 서둘러 가버렸다. 각시 될 사람은 삼 년 전부터 이미 함께 살고 있었다. 우리농촌의 현실이다.

오골계가 방금 낳은 날계란이 고소하다며 내놓으신다. 보통 계란보다 자그마한 알이 귀엽다. 평소에 시골생활을 싫어하는 남편도 날계란은 잘도 먹는다. 오히려 그 반대인 나는 선뜻 먹기가 꺼려진다. 자연인으로 동화되기가 쉽지는 않다. 날마다 둥우리에서 계란 꺼내는 재미가 쏠쏠하다는 할머니를 따라 담장 너머에 있는 닭장 구경을 나섰다.

오골계라 해서 검은색 닭을 연상했는데 의외다. 하얀 몸통에 주둥이 부근은 파란 빛을 띤 백봉이다. 닭이 예쁘단 생각을 처음 했다. 닭장 안에 들어서자 낯선 사람의 틈입에 놀란 닭들이 꼬꼬댁 거리며 이리 저리 몰려 다닌다. 짚으로 만든 둥우리에는 암컷 두 마리가 사이좋게 들어앉았다. 알을 품고 부화를 기다리는 중이다. 행여 알을 헤칠까 싶어서인지 암컷들은 미동도 않는다. 길 건너에도 닭장이 하나 더 있다. 그곳에는 흰 오골계 몇 마리와 토종닭 암컷 한 마리가 함께 있다. 그러고 보니 할머니는 날마다 챙겨야 할 식솔들이 제법 많다.

상전의실 종점 옆 과수원에 할아버지가 혼자 사과나무를 손질하고 계셨다. 탁용균(82세) 할아버지다. 고향은 길안면 구수리. 젊을 때 객지에 나갔다가

전병인 씨 부부

오골계가 갓 낳은 날계란과 우옥자 할머니가 손수 만든 식혜이다.

1969년에 귀향했다. 2~3년 후에 사과나무를 심었다. 지금 본가는 길안 천전리다. 일철에는 상전의실 집에 며칠씩 묵으며 사과농사를 짓는다. 3남 1녀 자녀를 두었지만 당장 농사지을 형편이 안 된다. 직장 다니는 장남은 나이 70되면 사과 농사하러 오겠다고 한다. 아내와 이십여 년 전에 사별했다.

"사십여 년 해오던 밭을 놀릴 수도 없고 고스톱 치는 것보다는 농사짓는 게 낫다."

"혼자서 사과 농사하랴, 밥해 먹으랴, 빨래하랴, 또 길안 놀러도 가랴. 바빠요. 농사도 시간 계획을 세워서 해야 해요."

사과농사 소출이 어느 정도 되는지 조심스럽게 여쭈었다.

"나무도 고목이고 사람도 고목이고 요즘 장비가 잘 나오지만 투자할 수 없어요. 전에는 한 칠팔백 짝 땄는데 이제는 사백 짝 될까 말까예요. 소일거리로 왔다 갔다 하지요. 사람 하나 사면 사과 세 상자를 줘야 하는데 요즘 시세로는 공판장에 갖다 줘서는 타산이 안 맞아요. 그나마 아들이 택배로 직거래를 하니까 좀 나은 편이죠. 나는 머슴 살아요." 하면서 웃으신다.

탁할아버지는 십여 년 전 오토바이 사고가 났다. 요즘은 길안까지 시내버스로 오고 간다. 부지런히 움직여서일까. 연세에 비해 몸도 목소리도 정정해 보인다. 지금이라도 허전한 시간을 함께할 짝을 만났으면 싶다.

상전의실 과수원에서 탁용균(82세) 할아버지가 불암병이 든 사과나무를 돌보고 있다.

전병인 씨네 닭장에 백봉 두 마리가 한 둥우리에 나란히 들어앉아 부화를 기다리는 중이다.

골짜기가 한 눈에 내려다보이는 언덕에 섰다. 어깨동무한 먼 산들이 겹겹이 다가와 안대가 시원하다. 고개 너머 하전의실 가는 길에도 산골마다 사과밭이다. 사람도 민가도 보이지 않는 골짜기에 사과꽃이 저 혼자 피고 졌다. 쾌청한 날씨건만 바람이 몹시 불었다. 바람 따라 꽃가지가 쉼 없이 흔들린다. 흔들리지 않고 피는 꽃이 없다는 걸 증명이라도 하듯. 일찍 핀 꽃 이파리가 눈처럼 휘날린다.

사과꽃 그늘에 앉아 점심식사를 했다. 소박한 머위 쌈밥도 풀밭 위에서 먹으니 성찬이 부럽지 않다. 무엇보다 호젓해서 더 좋다. 산비둘기 소리, 꿀벌이 윙윙대는 소리, 심지어 나비가 날갯짓하는 소리마저 들릴 듯하다. 그곳에서는 우리가 자연의 손님이다.

몇 구비 돌아 언덕길을 내려가니 드문드문 집이 몇 채 보였다. 하전의실이다. 주민이라야 네 가구 밖에 안 된다. 마당가에 오가피나무가 울타리를 대신한 집에 들어섰다. 양지녘에 모자를 눌러쓴 아주머니가 고사리를 뒤집고 있었다. 안강에서 시집 왔다기에 안강댁이라 부르기로 했다. 안강댁은 이미 제법 많은 고사리와 당귀 잎을 갈무리해 두었다며 사과창고에서 꺼내 보여주었다.

사과는 가을에 이미 다 팔고 작은 크기만 조금 남았다고 한다. 저장고에서 시원한 사과를 꺼내 맛을 보여주었다. 고랭지 사과라 과육이 아삭하고 달다. 안강댁은 시내에서 출퇴근하는 아들과 함께 만 여평의 사과농사를 짓는다.

나물바구니를 들고 집으로 가는 고부의 뒷모습이 다정하다.

"처음에 이런 골짜기에서 어예 살까 싶었는데 이제는 여기 떠나면 못살 것 같다." 고 했다.
"봄에는 나가면 나물 천지다."
라는 안강댁처럼 눈이 밝으면 심지 않아도 수확할 나물이 많다. 그녀는 마당가에 있는 오가피나무 새순을 한 줌 따서 이것도 나물이라며 건네주었다. 내가 나물에 관심을 보이자 밭에 나물하러 간다며 같이 가보자고 했다. 듣던 중 반가운 소리다. 시내에서 온 안강댁 며느리도 바구니를 들고 따라 나섰다. 과수원길을 걸어 나물 뜯으러 가는 고부의 뒷모습이 다정하다. 강아지도 쫄래쫄래 뒤를 쫓았다. 산모퉁이 연달래도 흐뭇한 미소를 보낸다.
안강댁은 유난히 붉은 빛을 띤 사과꽃을 사랑스럽게 바라보며 가장 비싼 사과 양광이라고 알려주었다. 양광은 부사보다 먼저 수확을 한다고.

사과밭 옆에 조그만 연못이 있었다. 연못가에는 두릅과 취나물 그리고 알맞은 크기로 자란 머위가 빼곡하다. 아담한 체구에 몸이 가벼운 안강댁은 손도 재바르다. 얼마 지나지 않아 나물바구니가 그득하다. 저절로 자라난 어수리며 잔대 등 나물이름을 친절하게 가르쳐 주었다.

나물 뜯기 좋아하는 친정어머니 덕분에 나 또한 쌉싸름한 봄나물을 즐긴다. 사서 먹기보다는 봄볕을 쬐며 직접 뜯어야 봄을 제대로 보내는 것 같다. 올해도 이미 쑥을 뜯어 쑥설기며 쑥버무리와 도다리쑥국까지 끓여 먹었다. 그래도 내가 아는 봄나물 종류는 제한적이다. 안강댁 덕분에 살아있는 자연공부를 했다. 사진 찍느라 어수리 뜯는 걸 깜빡해서 아쉬웠다. 기어이 왔던 길을 되돌아 혼자 어수리를 뜯으러 갔다. 이미 다 뜯어버려서인지 찾는 어수리는 보이지 않고 그 사이에 똬리를 튼 뱀이 스르르 지나가는 게 아닌가. 나물이고 뭐고 혼비백산해서 도망쳤다.

하전의실 마을 꼭대기에는 빛바랜 지붕 아래 노부부가 집을 지키고 계셨다. 고사리가 제철인 모양이다. 할머니(이영남 74세)는 처마 밑 그늘에 앉아 수북이 쌓아놓은 고사리를 다듬고, 머리가 희끗한 할아버지(심상진 75세)는 방안에서 물끄러미 지켜보는 중이었다. 고사리가 제법 통통하다 했더니 사연이 있었다. 집 뒤가 바로 산이라 멧돼지가 수시로 내려와서 파헤쳤다. 지난 해 옥수수를 심었는데 하나도 못 먹게 되어 하는 수 없이 고사리를 밭에다 심었다.

"집 모테까지 돼지가 와요. 낮에도 산에 나물하러 가면 갈 때마다 보니더. 산등에 돼지가 콱콱 하면서 올라가는 소리가 나요. 한 떼서리 데리고 댕겨요. 호루라기 하나 가지고 댕겨야 돼요."

"어떤 건 돼지 심술이라 카디, 마구 먹는 거 보다 더 많이 구불어부고……."

"짐승들이 저지래를 해서 할 게 없어요. 제구 텃밭이나 일구지요. 서마지기 논을 작년에 추수 못했어요. 돼지 때문에. 쌀을 받아먹어요."

할머니께 살면서 언제가 가장 좋았냐고 여쭈었다.

"좋을 때도 별로 없어요. 이 000의 팔자는 한 평생 이래밖에 못사나 싶어요."

"주변에 사과밭이 많은데 젊어서 사과 농사도 하셨어요?"

"사과 농사, 아주 안했어요. 골병 들거러 대구 끌뻐들 일 뭐 있노. 자식도 머리 굵으마 저 복에 사지."

할머니는 산 너머 원 백자마을에서 가마타고 시집왔다. 얼마 전에 노인정에 가서 하소연을 했다.

"내가 그 데베기에 뽀끈 갇해 가지고 꼼짝 달싹 모한다."

"우리도 주인이 운전만 할 줄 아면 큰 고상 안하겠데. 꼭 가야할 일 있으면 구체 없이 버스타고 가고, 안그러면 아예 안가요. 이런 데 어예 사람 사거러 돼 있는 동 몰래요."

"댕기는 거도 힘들어요. 여는 오르막 아이만 내리막이거든."

할아버지는 지금이 최고 살기 어렵다고 했다. 요즘 나이로는 그리 많지 않지만 늙고 병드니 삶이 심드렁한 모양이다. 그래도 혼자 보다는 두 분이 함께여서 다행이다. 이런 산골에 살면 아무 걱정 없을 것 같았는데 그렇지만은 않은 모양이다. 산골에서도 문명의 혜택을 다 누릴 수 있는 세상이다 보니 상대적 빈곤감 때문이 아닐까.

해는 중천인데 막차 시간이 가까워졌다. 오르막길을 숨이 차도록 걸었다. 도로를 넓히려고 곳곳에 세워둔 붉은 깃발이 눈길을 끌었다. 전의실 가는 길이 하루 빨리 안전한 길이 되어 마음 졸이지 않았으면 싶었다. 땀 흘려 농사짓는 농민이나 소비자 모두 함께 웃을 수 있는 세상이 되면 얼마나 좋을까. 고요한 백자리 골짜기, 사과꽃이 분분한 꽃길을 되짚어 왔다. 우리 앞에 펼쳐진 길이 마냥 꽃길이길 바라면서.

구담성당에서 바라본 무논

종점 기행
6

시내버스 76번 종점, 구담

무논에 내려온 구담성당

나는 혼자서도 잘 논다. 누구에게도 방해 받지 않는 고요를 즐긴다. 가끔은 시계를 보지 않고 하루를 보낼 수 있길 열망한다. 낮과 밤이 교차하는 시간이면 해 저무는 하늘에 눈길이 자주 머문다. 하루에 마흔 네 번이나 해지는 걸 구경했다는 어린왕자처럼 세상이 쓸쓸해질 때면 더욱 그렇다. 노을은 다시 돌아오지 않을 오늘이 우리에게 보내는 작별인사라 했던가. 문득 구담성당의 저녁노을이 궁금하다.

안동초등 앞에서 구담 행 76번 버스에 올랐다. 기왕이면 주일 미사도 한 번쯤 참석해보고 싶어 서둘렀다. 가톨릭 신자는 아니지만 다른 종교에 대한 이해의 폭을 넓히는 것도 나쁘지 않을 것 같다.

다시 오월이다. 차창 너머로 하얀 꽃이 지천이다. 아카시아, 찔레꽃, 이팝꽃, 그리고 불두화까지. 그 옛날 왕실에선 상복을 몇 년 동안 입어야 하느냐로 예송논쟁까지 벌였다지만, 오월의 꽃들은 적어도 그런 싸움은 하지 않을 것 같

76번 시내버스

다. 아무리 오래도록 예를 갖추어도 지나치지 않을 테니까.

76번 시내버스는 안동시외버스터미널과 풍산 읍내를 거쳐 구담장터가 종점이다. 시간대별로 인근의 암천, 청운, 신평, 광덕, 지보, 금릉, 도양을 경유하기도 한다. 내가 탄 버스는 구담 종점을 지나 지보를 거쳐 가는 시간대였다. 소산 마을 앞에 이르자 너른 풍산들이 펼쳐진다. 언젠가부터 이맘때면 눈부신 신록보다 무논에 비치는 산 그림자에 더 끌린다.

구담교 네거리를 지나 구담 성당 승강장에서 내렸다. 국도 옆에 구담 성당과 농은 수련원 입간판이 보인다. 멀리 오른쪽 언덕위에 십자가를 세운 붉은 벽돌 건물이 성당이다. 성당 진입로의 가로수들은 이어달리기를 하는 듯하다. 은행나무로부터 출발해서 메타세쿼이아가 바통 터치를 한다. 수로에 내려가는 물소리가 수상음악보다 경쾌하다. 남의 논에 들어가는 논물 소리에도 마음이 푸근해진다. 성당 아래 물을 넉넉히 가두어 둔 무논이 해자垓字가 되었다. 수면에 비친 성당과 나무 그림자가 데칼코마니처럼 짝을 이룬다. 논두렁에 금계국이 무리지어 피어나고 민들레 홀씨가 길 떠날 준비를 한다. 물오리가 제 세상을 만난 듯 유유자적이다.

진입로에서 한참 올라가면 갈림길이다. 왼쪽이 농은 수련원과 가톨릭 상지대 수련원이고 오른쪽으로 가면 구담 성당이다. 갈림길에서부터 벚나무가 이

무논에 내려온 성당

어지고, 모퉁이를 돌아가면 크리스마스트리처럼 잘 다듬어진 주목이 최종 주자이다.

안동교구 구담 성당은 행정구역상 예천이다. 안동 목성동 성당 소속의 농민사목 전담 본당이었다. 근처 공소 일곱개가 합쳐져서 1995년 7월 16일 구담 본당으로 승격되었다. 6대 주임신부이신 안드레아 신부님은 2013년 9월부터 구담성당에 오셨다. 이곳의 주보성인은 성 이시도르이다.

성당 외관은 단아하다. 마당 앞 빗돌에 적힌 '기쁘고 떳떳하게'란 안동교구 사명 선언문을 읽어보니 저절로 "아멘"이 나온다.

아늑하게 나무로 둘러싸인 동산 위에 성모자상이 서있다. 한복 치마저고리에 쪽머리를 한 성모님이 아기예수를 안고 있다. 자애로운 우리네 어머니를 보는 듯하다. '성모 마리아님 농민들을 위해 빌으소서.'라는 글귀가 순박하다. 마침 어버이날이라 누군가는 카네이션을 바쳤고, 또 누군가는 불두화를 올렸다.

승합차에서 노인 몇 분이 내렸다. 한 손엔 지팡이를 짚고 다른 한 손은 난간 보조대를 잡고 계단을 힘들게 오르는 할아버지 뒷모습이 눈에 익었다.

지난 해 저 세상으로 가신 친정아버지가 생각나 달려가 보았다. 서른두 살 때부터 성당에 다니셨다는 김수현 할아버지(85세), 옆에 계신 황경애 할머니(84세)와 부부였다. 할머니는 태중교인이라 뼛속까지 신자였다. 시어머니부터 당신의 아들, 손자, 증손자까지 사대 째 가톨릭 집안이다.

조심스레 성당 안으로 들어섰다. 입구에 성수대가 놓여 있다. 정면 앞의 제단 위에 신도들을 대신해 십자가에 못 박힌 예수님이 내려다본다. 창문마다 햇살을 받은 모자이크가 눈부시다. 그리 정교하지는 않지만 검박한 모습이 오히려 친근감을 준다. 양초와 꽃으로 장식된 제단에서 흰 제복을 입은 사제가 미사를 집전했다. 옆에는 복사를 맡은 소년이 충실하게 사제의 시중을 든다. 미사에 참여한 신도 수는 예상보다 많다. 하얀 미사포가 신비감을 더한다.

주님 승천 대축일이다. 독서 소임을 맡은 신도 두 분이 교대로 나와 성경 중 한 부분을 읽었다. 일방적으로 설교를 듣기만 하는 것보다는 신도들이 직접 참여하는 쪽이 이해하기에도 좋을 것 같다. "내 탓이로다, 내 탓이로다." 하며 스스로를 돌아보는 모습이 신선하게 다가온다. 잘되면 내덕이요, 못되면 남 탓으로 돌리기 십상인 세상이 아니던가. 신자들은 복음을 듣고 줄지어 제단 앞으로 나아가 성체를 영했다. 2층에서 울려 퍼지는 오르간 소리가 천상의 소리처럼 그윽하다. 시골 성당이건만 숫자는 많지 않아도 성가대까지 갖추었다. 예배를 마치고 나오자 신부님이 현관 밖에서 신도들과 일일이 인사를 나누었다. 하늘색 환한 자켓을 입은 금성임 (89세)할머니는 세례명이 소피아였다. 후덕하게 보이는 인상과 달리 한 때 마음고생을 했다.

"내가 사람한테도 위로를 못 받고, 부모한테도 위로를 못 받고, 가장한테도 위로를 못 받고, 그래 가주고 하느님께 의지해야 되겠다 싶어 내 스스로 나왔어. 사람하고는 상대가 안 돼. 위로가 안 돼. 어디 가서 풀도 뜯다가 그래그래 마음을 잡아서 아들 둘 데리고 오늘까지 왔어. 영감님은 16년 전 구십에 돌아가셨고. 예전에 일제시대 때 우리 아베가 날 보국대 안 보내려고 일찍 시집보내 부랬어."

"교회가려고 뻐덕한 광목 치마저고리 입고 나서니 할아버지께서 어디 가냐고 물어. 그 집이 종손이라 제사 모셔야 하니 가려면 교회 가지 말고 성당 가거라." 해서 다니게 되었다고. 처음엔 신풍 가정집에서 예배를 보다가 공소를 지었다. 예천 본당에 불이 나서 주변 공소를 합병했다가 다시 구담성당으로 합병되었다.

구역별로 차량봉사 담당자가 노인들을 모시고 떠났다. 농촌이라 주일에도 들에 나가서 일을 해야 하는 분들이 많아 예배 마치기 바쁘게 다들 귀가하는 분위기다.

성당 마당에는 한 가족이 남아 자동차를 앞에 두고 모여 있었다. 신부님이 승용차를 한 바퀴 돌며 차 안과 트렁크 속까지 성수를 뿌린 후 기도 했다. 짐작대로 새 차를 마련해서 무탈하도록 축복해주는 의식이다. 알고 보니 성수는 정화의 의미도 있었다. 항상 지켜주는 누군가가 있다는 건 마음 든든할 것이다.

(좌)예배 마치고 집으로 가는 길 / (우)차 축복식

(위) 구담 장터 / (아래) 기름방

해넘이를 보려면 한나절을 기다려야 했다. 주일이라 신부님이 바쁘셔서 면담도 어렵고 슬슬 구담장터를 둘러볼 계획이었다. 쏟아지는 한낮의 햇살속으로 걸어가는 모습이 안타까웠을까. 송현 성당에 가는 길이라며 신부님께서 구담버스종점까지 차를 태워 주셨다.

구담은 낙동강의 흐름에 의해 생긴 아홉 개의 깊은 소(沼)가 있다고 붙여진 이름이다. 구담 1,2리를 합쳐 현재 950여명의 주민이 생활하는 풍천면에서 가장 큰 생활중심지이다.

고소한 냄새가 거리를 가득 메웠다. 진원지를 찾아보니 낡고 오래된 기름방에서 참깨를 볶고 있었다. 요즘은 시골에도 노인들이 대부분이라 참깨농사를 많이 안 지어 수입산을 가져오기도 한다고. 국산 참기름 들기름을 사려면 지보 농협으로 가보라고 했다. 몇 집 건너 기름방 간판이 또 보인다. 시골 마을에 어울리는 예스런 가게들이 흥성했던 지난날을 대변해주는 듯하다.

허기를 채우기 위해 눈에 가장 먼저 들어오는 구담반점으로 갔다. 발 도장을 처음 찍어보는 거리, 처음 들어간 음식점이다. 나그네란 해방감 때문인지 혼자 먹는 간짜장도 맛은 괜찮다. 식당 주인한테 물었다. 면소재지도 아닌 리 단위 마을에 상가가 이렇게 많으냐고. "이 주변이 특용작물을 많이 해서 그래요. 딸기, 수박, 메론 등 많이 하죠. 돈이 몰리니까 사람이 모인다고 봐야죠. 지금보다 예전이 오히려 더했어요." 최근에 경북도청이 가까이 이전해 오면서 다시 경기가 살아나지 않을까 내심 기대를 하는 중이었다. 구담반점 뒷문은 구담장터로 이어진다.

구담 장은 4일, 9일이다. 평일이라 장터는 잔치가 끝나고 손님이 다 돌아간 뒤에도 차일을 거두지 않은 큰일 집 같다. 평상에는 산나물을 데쳐서 널어놓았다. 한가로운 봄볕과 바람이 그 주위를 기웃거렸다. 승용차 몇 대가 빈 장터를 차고처럼 차지하고 있었다. 신기하게도 장터 주변에는 돌아가며 한 집 건너 다방이다. 골목에서 다방을 운영하는 아주머니 말로는 구담에만 다방이 열일곱 군데라 한다. 사과농사를 많이 하는 길안 장터와 비슷한 실정이다.

구담장터는 안동시 풍천면과 예천군 지보면이 만나는 곳이다. 장터를 벗어나 삼각지에 이르면 '구담 배나들길' 표지판이 나온다. 그곳에서 한 집 건너면 예천 땅으로 접어든다. 구담교가 보이는 제방에 올라서니 낙동강이 넉넉하게 펼쳐진다. 조금 더가면 낙동강을 가로지르는 구담교 네거리다. 직진하면 낙동강과 어깨를 나란히 해서 대죽 신풍을 지나 지보로 가는 길이다. 신풍리 앞으로 옛 주막이 있던 자리에 제방을 쌓아 낙동강의 마지막 나루였다는 본포나루터가 사라졌다니 아쉽다. 곧은 직선의 제방 위엔 자전거도로가 나 있다. 해질녘이 되어도 햇살은 따갑기만 하다. 다시 성당 쪽으로 올라갔다. 성당 아래 비닐하우스 앞에서 참외밭에 물을 주는 김동득 씨를 만났다.

사명선언문

신협에 다니다가 퇴임했다는 그도 구담교회 신자였다. "이곳이 예전엔 못 쓰는 밭이었는데 안동교구에서 사들였어요." 멀리 낙동강이 휘돌아가는 곳 너머에 보이는 높은 산 이름의 내력을 소상히 알려주었다. "지보면, 호명면, 풍천면까지 3개면이 옛날에 홍수가 졌을 때 산꼭대기만 조금 남았다 해서 '잘미산'이라 하고, 대국사 절이 있어 '대국산'이라고도 해요. 산 정상에 소방 헬기장이 있고, 내가 어릴 적엔 멀리 대구 소방서의 사이렌 소리도 들었어요." 지도에는 '비봉산'이라 표기되어 있었다.

한나절을 기다렸건만 하늘은 쉽사리 마음을 열지 않았다. 낮에만 해도 멀쩡하던 하늘이 저녁때가 되자 심술을 부리는 듯 했다. 먹구름 사이로 넘어가는 석양이 오히려 천지창조의 순간처럼 역동적이다. 해질녘 성당은 고요하다. 내 발걸음 소리를 의식할 만큼. 이따금 뻐꾸기 소리, 무논에 개구리 소리가 옛 기억을 환기시킨다. 배꽃이 하얗게 피어있던 친구네 집, 토담 너머 무논에서 들려오던 개구리소리는 해마다 오월의 노래로 되살아난다.

얼마나 지났을까. 스모그에 가려진 잿빛 하늘에도 바람결에 실려 오는 꽃향기는 달콤하다. 낮은 곳을 찾아 무논에 내려온 성당처럼, 온 종일 무논에 자신을 비춰보는 나무처럼 살아갈 수 있으면 좋으련만. 어스름이 내리면서 점등인의 별인 양 무논에 가로등 하나가 켜졌다.

내 마음 속에도 희망의 빛이 스며들었다. 어디선가 저녁 종소리가 은은하게 울려 퍼졌다. 예기치 못한 종소리가 내 어깨를 가만가만 토닥인다. 괜찮아, 다 괜찮아질 거야.

1차 조선공산당 초대 책임 비서를 지낸 김재봉 어록비다. 1922년 모스크바 극동민족대회에 참석하며 남긴 친필 문장을 2005년, 생가인 오미리 학암고택 앞 기념비에 새겼다.

종점 기행
7

시내버스 242번 종점, 오미

독립운동의 성지, 오미마을

  태극기가 환하게 거리를 밝힌다. 삼월의 거리에 나부끼는 태극기는 각별하다. 태극기 높이 들고 대한 독립 만세를 외쳤던 기미년의 함성이 들리는 듯하다. 3.1운동과 임시정부수립 백 주년이 되는 올해는 감동의 무게가 사뭇 다르다.
  빼앗긴 나라를 되찾기 위해 독립운동을 했던 투사들은 어떤 사람일까? 안동은 전국에서 가장 많은 독립운동가와 자정 순국자를 배출했다고 한다. 독립운동기념관이 자리한 내앞 마을을 비롯해 오래된 전통마을, 내로라하는 문중들이 독립운동에 앞장섰다.
  이번 기행은 그동안 비교적 덜 알려진 독립운동의 성지, 안동시 풍산읍 오미1리를 찾았다.
  주말 아침에 242번 버스를 탔다. 안동초등학교 앞에서 8시에 출발하는 버스는 '호명'이란 안내판을 달았다. 종점은 예천 땅이지만 안동에서도 시내버스를 운행한다. 242번 버스는 평일에는 병원 가는 어르신들이 주로 타고, 장날이면

오미리 마을 입구 구시나무 거리는 유연당 김대현의 아홉 아들을 상징하는 버드나무를 심은 곳이다.

장 보러 가는 장꾼들이 탄다. 병원이 문 닫는 주말이면 오히려 한산하다.

시내버스는 도열한 태극기의 전송을 받으며 시가지를 벗어난다. 안동시외버스터미널에 들렀다가 34번 국도를 달린다. 풍산 읍내에서 탄 할머니 세 분이 앞뒤로 나란히 지리를 잡았다. 연신 뒤돌아보며 담소를 나누는 모습이 정겹다. 괴정삼거리를 지나 호명 방면으로 접어들었다.

출발지에서 오미1리 승강장까지 40분가량 걸렸다. 마을 입구에 내리자 표지석에 마을 유래가 새겨져 있다. 도청 신도시 둘레길 6코스, 광석산 산등성이길 방향이 시작되는 곳이기도 하다.

오미마을은 태백산의 지맥인 동쪽의 아미산과 서쪽의 도인산, 안산인 남쪽의 검무산, 배산인 죽자봉 가운데에 위치한다. 마을은 네 개의 자연부락으로 이루어졌다. 본동은 동녘골과 서녘골이며 남쪽 검무산 아래는 뱅계미, 동남쪽이 미나미다.

조선조부터 6백여 년간 수많은 인재

풍산 읍내에 다녀오는 오미 할머니들

를 배출한 풍산 김씨 집성촌이다. 한 마을에 대과 급제자 51명(문과 21, 무과 30), 생원·진사 77명이다. 마을 사람들은 역사의 고비마다 몸을 사리지 않고 앞장섰다.

안동에서 가장 먼저 자정 순국을 택한 김순흠(1840~1908)이 오미 출신이다. 한국독립운동사에서 일본 왕을 처단 대상으로 삼은 첫 인물 김지섭도 이 마을을 대표하는 투사이다.

재력가의 자손들도 발 벗고 나섰다. 만주, 중국, 러시아에서 1930년대 초반까지 줄기차게 투쟁을 이어 간 법조인 김응섭이 영감댁 자손이다. 그는 임시정부수립에 법무위원으로 참여하기도 했다. 그의 형 정섭과 아우 이섭이 응섭의 활동을 적극적으로 지원했다. 제1차 조선공산당 초대 책임 비서를 지낸 김재봉은 학암고택 자손이며, 군자금을 지원한 김창섭은 풍산 김씨 허백당 16대 종손이다.

600여 년간 인재를 배출한 오미리 표지석

하얼빈에서 일본군에 맞서 싸우다 장렬하게 순국한 김만수, 고려 공산청년회 일본부 오사카지회에서 노동운동을 하다가 최후를 맞은 김병국 등 모두가 한국 근대사를 대표할만한 큰 인물이 아니던가. 그 밖에도 많은 사람이 3.1운동·광주학생운동 · 군자금 지원 활동·대중 운동 등 다양한 분야에서 나라를 위해 희생했다.[1]

그늘에 가려졌던 오미 사람들

이러한 업적에도 불구하고 오미 사람들은 한동안 그늘에 가려진 채 숨을 죽

---

1) 오미마을 사람들의 민족운동/김희곤·강윤정, 지식산업사, 2009.

여야만 했다. 오미에서 사회주의를 가장 먼저 수용한 김응섭과 확산시킨 김재봉, 고려 공산청년회 오사카지부 회원 김병국, 조선공산당 재건 운동을 한 김상섭 등이 사회주의 독립운동 노선을 걸었기 때문이다. 제1차 조선공산당 책임 비서였던 김재봉은 당시로선 드러내놓을 처지가 아니었다.

마을길로 들어서자 논두렁 밭두렁에서 풋내음이 코끝을 스친다. 찬바람 속에서도 꽃다지, 냉이, 지칭개 등 봄나물이 빼곡하게 올라왔다. 봄내음을 맡으며 동구에 이르자 우람한 버드나무가 반긴다.

구시나무 거리다. 아미산 자락이 잘려 허함을 보완하기 위한 풍치림이다. 1600년에 허백당 14대손인 유연당의 아홉 아들을 상징하는 버드나무 아홉 그루를 심고 거리 이름을 구수목가九樹木街라 하였다.

구시나무거리 정자 옆에 청천 김진섭 문학비가 서 있다. 고교 국어 교과서에 실린 '백설부' 저자 김진섭, 수필을 문학으로 한 차원 끌어 올렸다고 평을 받은 작가이다. 월북작가로 알려진 그 또한 풍산 김씨 후손이다. 그의 부친이 살던 집은 마을 가운데 빈터로 남아있다.

마을회관 앞에서 길잡이가 되어줄 김성민 씨를 만나 본격적인 마을 탐방에 나섰다. 그는 서울에서 사업을 하고 사진작가로도 활동했다. 귀촌한 지 몇 년 되지 않았지만 마을에 대한 애정이 남다르다. 선조들의 업적과 마을을 알리기 위해 둘레길을 만드는 데도 힘을 보탰다.

청천 김진섭 문학비

먹기와집 여러 채가 남아있는 마을을 빙 둘러싼 산길에 올랐다. 동녘골 언덕을 조금 오르면 마을 사람들이 풍북초등학교로 오가던 지름길이 나온

유연당 김대현이 자제들을 가르치고 후학들이 글을 읽던 죽암서실

다. 지금은 다니는 사람이 없어 길이 구분되지 않을 정도이다.

 아직도 가랑잎이 쌓여있는 숲길을 한참 올라갔다. 숨이 찰 즈음에 풋풋한 대나무 사이에 검은 바위가 여기저기서 얼굴을 내민다. 저만치 언덕 위에 죽암서실이 보인다.

 회벽에 주칠을 한 정자가 근엄하다. 계자난간을 두른 마루는 세월의 더께가 내려앉아 거칠다. 유연당 김대현(1553~1602)과 그의 여덟 아들, 그리고 후학들이 글을 읽던 곳이다.

 잃어버린 나라를 되찾기 위해 배워야 산다는 마을의 계몽운동이 이곳에서 시작되었다. 교육 구국운동으로 설립된 오릉학술강습회의 초기 교사로도 사용했다. 오릉학술강습회는 도림강당으로 옮겼다가 마을회관 옆 화수당으로 이전하였다. 김재봉과 김지섭이 전통 한학과 신식교육을 함께 가르쳤다. 8년간 지속하다가 처분하여 1925년 괴정리에 풍북사립보통학교를 열었다. 석 달 뒤 일제는 풍북공립보통학교로 바꾸었다. 지금 풍북초등학교의 전신이다.

 겹겹이 펼쳐진 연봉과 멀리 풍산들까지 눈 앞에 펼쳐진다. 마을의 독립투사들도 이곳에 올라 답답한 마음을 달래며 나라를 걱정했을 것이다. 새해 해맞이 명소로도 알려진 듯 펼침막이 그대로 걸려있다.

대나무와 바위에 둘러싸인 죽암서실을 지나면 산허리에 장판재가 나온다. 장기 한판 두면서 쉬어갈 수 있도록 튼튼한 장기판을 마련해 놓았다. 장판재에 전해오는 이야기가 그럴듯하다.

오미리 장판재에서 장기 두는 김성민 씨

풍산 김씨 10세 휘손공이 하양 현감으로 있을 때 안동 고산에 성묘차 왔다. 산 너머 예천 땅 음산리에 사는 부호 박씨 노인이 찾아와 내기 장기를 제의했다. 자기가 지면 십 리쯤 되는 대지산 전역을 바치고, 공이 지면 타고 온 흰 나귀를 주기로 하고 장기를 두었다. 한판이 끝날 무렵에 박씨 노인이 일부러 져주는 듯하면서 품고 있던 한 폭의 산도를 바치기에 사양치 못하고 받아들였다고 한다. 그리하여 대지산 전역이 풍산 김씨 선영으로 되었는데, 대지산은 학가산 낙맥으로 원효·의상대사가 머물다 간 길지로서 회룡 고조형인데 주인이 될 현인을 찾아 바쳤다는 설이다.

숲속에도 봄이 찾아왔다. 장판재 내려가는 길목에 생강꽃이 몽글몽글 피어났다.

장판재에서 내려가면 마을에서 올라오는 골짜기와 만나는 곳에 지형이 움푹하다. 그곳에는 마을 지명과 관련된 이야기가 전해진다.

산 아랫마을 문중에서 대를 이어 출중한 인물들이 나왔다. 마침내 한 집안에서 팔 형제가 소과에 급제하고, 오형제가 대과에 급제하는 경사에 이르렀다. 주위에서 이를 시기한 무리들이 역모의 지형을 우려하는 상소를 올렸다. 어명으로 지관을 보내 조사하도록 하였다. 지관이 어명을 중히 여겨 일단 혈을 끊고 후에 자세히 살피니 멀지 않은 마을에서 산혈이 끊어져 있어 역모의 징조가 아님을 아뢰니 오히려 팔련 오계를 칭하하시면서 오미라는 마을 이름을 내려주셨다.

다시 미끈한 소나무 숲길을 지나간다. 오래지 않아 갈림길이 나온다. 직진하면 광석산 전망대 가는 길로 이어

오미마을 지명 유래가 된 산혈이 끊어진 터

지고, 오른쪽 고개를 넘어가면 행갈(예천군 호명면 직산리)이다. 풍산 김씨 입향조 김양진을 추모하는 대지재사가 그곳에 자리한다. 그곳 또한 대지주였던 허백당 농토였기 때문일 터이다.

왼쪽은 도림강당으로 내려가는 길이다. 유연당과 여덟 자제의 위패를 모신 추원사가 고즈넉하다. 오래된 배롱나무가 묵묵히 사당을 지킨다. 담장을 따라

원사 부속건물인 도림강당 지붕이 향교나 서원에서 볼 수 있는 공工자 형이다.

부속건물인 도림강당 뒤 언덕에 섰다. 도림강당을 제대로 보기 위해서다. 향교나 서원 건축에서 볼 수 있는 공工 자형 지붕을 확인할 수 있다. 죽암서실에 이어 인근 자제들을 교육하던 곳이다. 조선 후기 건물로 원형이 잘 보존된 편이다.

시댁은 찢어지게 가난했어요

도림강당에서 한 굽이 돌아가면 서녘골 민가로 가는 갈림길이 나온다. 왼쪽으로 방향을 잡았다. 1924년 4월, 하얼빈에서 순국한 김만수(1894~1924) 열사 생가터(미동길 134-17)로 가기 위해서다. 산 아래 자리한 생가터에는 표석을 세워놓았다. 아깝지 않은 목숨이 어디 있으랴만, 서른이란 나이가 먹먹하다. 서른 즈음에 나는 무엇을 했으며, 요즘 청년들은 어떻게 사는지 돌아보게 된다. 주말이라 손자 내외가 다니러 와 있었다. 손부 박춘자(77세) 씨는 "시할아버지는 사진이 한 장도 없어서 얼굴도 몰라요. 내외분이 함께 지낸 시간이 많지 않아 자식이 남매뿐이었어요. 손주는 7남매인데 캐나다에 이민 간 사람도 있고, 전국에 흩어져서 살아 자주 만나지도 못해요."라고 했다.

"시할아버지가 독립운동을 해서 자랑스럽기도 하지만 후손들은 좋기만 한 것은 아니었어요. 남편 하나 보고 시집왔는데 시댁은 찢어지게 가난했어요. 예전에 이곳에 초가집이 있었는데 너무 허술해서 뜯어버렸어요."

손자 김홍재 씨(85세)는 판사를 거쳐 80세까지 변호사 일을 했다. 두 분은 분당에 살면서 틈날 때마다 고향을 찾는다.

오미리 미동길 126-4, 김지섭 생가터는 표석도 없이 비닐하우스에 가려져 있어 안타깝다. 서녘골에서 동녘골로 넘어가는 북경재로 발길을 옮겼다.

북경재 고개에 김지섭(1884~1928) 열사 묘비가 서 있다. 뜻을 이루지 못한 채 도쿄 지바 형무소에서 생을 마감한 그의 넋은 죽어서도 니주바시 근처를 서성일 것만 같다. 북경재 주변엔 밭갈이 해 놓은 땅빛이 유난히 붉은 건 왜일까?

세상이 바뀌다

마침내 세상이 바뀌었다. 2005년 광복 60주년을 맞아 김재봉(1891~1994)이 독립유공자로 포상되었다. 6.10만세운동을 주도한 권오설을 비롯한 안동의 사회주의 인사들과 함께 독립운동의 공적을 인정받은 것이다.

김재봉 생가인 학암고택 앞에는 '조선독립을 목적하고'란 김재봉 어록비가 세워졌다.[2] 1922년 모스크바에서 극동민족대회에 참가한 목적을 밝힌 친필 글씨에 결기가 묻어난다.

2008년 북경재 언덕에는 문중에서 기금을 조성해 오미광복운동기념공원도 만들었다. 당당하게 선열들의 뜻과 삶을 기리기 위해서다. 공원에 새겨진 마을의 독립투사는 무려 24명이나 된다.

500년 뒤 후손들이 조상의 삶을 상고할 수 있도록 타임캡슐도 묻었다. 풍산 김씨 세보와 세적, 마을의 책과 사진, 화폐와 오곡의 씨앗을 넣었다.

김병택 생가인 삼벽당, 김창섭 생가인 허백당 풍산 김씨 종택, 김정섭, 김응섭, 김이섭 형제의 생가인 영감댁, 김재봉 생가인 학암고택

(위) 학암고택 솟을대문에 태극기가 돋보인다.
(아래) 추강 김지섭 의사 묘비

---

2) 오미마을 사람들의 민족운동/김희곤・강윤정, 지식산업사, 2009.

3.1. 운동 백 주년을 맞아 안동시 풍산읍 오미리 광복운동기념공원에 풍산김씨 후손들이 모여 조국 독립을 위해 목숨 바친 선조들의 뜻을 기렸다. (사진: 김성민 씨)

을 둘러보며 마을을 한 바퀴 돌았다.

일신의 안위를 구하지 않고 나라 위해 분연히 일어나 노블레스 오블리주를 실천한 그들의 기개에 감읍할 따름이다.

그간 후손들이 겪은 고통은 이루 형언할 수 없다. 세상이 바뀐 지금도 그들은 말을 아낀다. "우리 동네 같은 데는 한 집 건너 이산가족이 있다고 봐야 한다."는 마을 사람의 넋두리로 미루어 짐작할 수밖에.

풍산 김씨 학암고택 후손 김탁 씨(울산대 명예교수)는 "한때 우리 집안에서는 취직하기 어려우니까 어른들이 기술을 배우라 했어요. 그래서 집안에 인문학 쪽으로 공부한 사람은 거의 없어요."라고 했다.

김길 씨는 풍산 김씨 심곡공파 13대 주손이다. 평생 마을을 지키며 문중 일을 도맡아 한다. 그는 "이제 밖에 나가면 어깨를 펼 수 있게 되었다."며 미소를 지었다.

김병성 씨는 마을 이장답게 주민들을 훤하게 꿰고 있다. 한때 150가구였던

(좌) 오룡학술강연회를 열었던 화수당
(우) 하얼빈에서 순국한 김만수 의사 생가터

마을이 지금은 63가구밖에 안 된다. 다문화 가정 덕분에 초등학생이 다섯 명이다. 농사짓는 오십 대도 대여섯 명이나 된다. 그래도 고향을 찾아 귀촌하는 사람들이 날로 늘어나는 걸 보면 오미는 살만한 곳이 아니겠는가.

역사를 잊은 민족에게 미래는 없다고 했다. 분단과 좌우 냉전의 논리에 밀려 한동안 겨레의 양심이 제대로 평가받지 못했다. 가는 길은 달라도 목표는 모두가 조선 독립이었다. 늦게나마 역사를 복원하게 되어 다행이다.

마을에서는 해마다 삼일절, 광복절이면 피붙이들이 광복운동기념공원에 모여 선조들의 뜻을 기린다. 올해 3.1절에도 60여명이 모여 기념행사를 했다. 그 모진 세월을 견디고 우리 민족이 하나가 되었던 3.1운동의 시대정신은 영원할 것이다.

오미리 화수당 앞에서 만난 봄처럼 해맑은 어린 남매에게서 새 희망을 보았다. 학암고택 솟을대문에 꽂힌 태극기를 떠올리며 막차에 올랐다.

흔적없이 여행하기!
Leave No Trace!

여름

종점 기행
8

시내버스 28번 종점, 금곡

금곡 시냇물에 발을 담그고

　다산 정약용의 시 '소서팔사消暑八事'에는 더위를 없애는 여덟 가지 방법을 일러준다. 소나무 숲에서 홀로 활 쏘기, 홰나무 그늘에서 그네 타기, 깨끗한 대자리 위에서 바둑 두기, 서쪽 연못의 연꽃 구경하기, 동쪽 숲에서 매미소리 듣기, 비 오는 날 시 짓기, 빈 정자에서 투호 놀이, 달밤에 탁족하기이다. 그 밖에도 여러 가지 피서법이 있겠지만 옛 선비들은 책을 읽으면서 더위 잊는 방법을 가장 선호했다고 한다. 올여름 안동이 정점을 찍었다. 39.3도로 전국 최고 기록을 경신해 여기저기서 안부를 물어온다. 아직도 늦더위가 주춤거린다. 지혜롭게 여름을 났던 옛 선비들의 풍류를 따라해 보면 어떨까?

대흥마을 시내버스 경유
　'7월 20일부터 금곡행 시내버스가 대흥마을을 경유한다.'는 따끈한 소식에 솔깃했다. 어떤 마을이기에 여태 시내버스 혜택을 받지 못했을까. 금곡, 대흥

(좌) 오대1리 대흥마을 시내버스 개통을 축하하는 펼침막
(우) 종점인 금곡마을에 도착한 28번 버스

모두 생소한 이름이다.

중복 즈음에 금곡행 28번 시내버스를 탔다. 아침 6시50분, 교보생명 앞에서 출발하는 시간에 맞추려니 첫 새벽부터 잠을 설쳤다. 간밤에 흩뿌린 세우細雨 탓일까. 법흥교는 안동댐의 물안개에 휩싸여 몽롱한 분위기를 자아낸다. 이른 아침이라 승객은 달랑 네 명밖에 없다.

34번 국도를 따라가는 버스는 송천에서 반변천을 가로질러 천전교를 건넌다. 35번 국도와 만나 임하 금소를 지나 오대리 입구에서 왼쪽 골목으로 꺾어든다. 오대교를 건너자 '오대1리 대흥마을 시내버스 운행'을 축하하는 펼침막이 걸렸다. 좁은 들길을 따라가니 멀리 마을이 보이고 이내 회차지에 닿았다. 사과밭으로 둘러싸인 마을이 고요하다. 아직은 타는 사람도 내리는 사람도 없어 버스는 곧장 돌아서 나온다. 하루에 두 번 들어가는 버스일망정 주민들에겐 오랜 바람이었을 것이다. 버스로는 잠깐이지만 마을에서 국도까지 버스를 타러 나오려면 1.5km 정도를 걸어야 했으니까.

길안 버스정류장에 잠시 들렀다. 흐릿하게 낡은 정류장 간판조차 정겹다. 장터 마을에 돌아가며 보이는 것은 옛날식 다방 간판이다. 정다방, 파도다방, 은성다방……. 길안 면소재지에 다방이 무려 열두 개나 있다니 가히 놀랄만하다.

길안면 소재지를 벗어나자 버스는 영천 방향으로 시원하게 달린다. 묵계를 지나 고란교를 건너면 미내다. 〈용담사〉안내 표석과 '미내소일길' 도로 표지판이 오른쪽 언덕을 가리킨다. 차선도 분리되지 않은 좁은 길이다. 시내버스 한 대가 도로를 다 차지한다. 시멘트 포장이라 달리는 버스 소리가 타달타달 요란하다. 높은 언덕길 모퉁이를 돌아갈 땐 "까딱 잘못하다간 차 띠까분다"면서 기사님은 단련된 운전솜씨를 과시한다. 지금은 군데군데 도로를 확장하여 마주 달릴 수 있어 그나마 다행이다.

용담사까지는 초행이 아니다. 절집 앞을 지나면서부터 펼쳐질 풍경이 궁금해진다. 무성한 수풀 사이로 뒹구는 계곡 바위가 범상치 않다. 예상보다 골이 깊다. 그 깊은 계곡에도 이미 누군가 다녀간 흔적이 보인다. 황급히 떠나야 할 사정이 있었을까, 아니면 아무 생각 없이 그냥 가버린 걸까. 커다란 바위 주변에 쓰레기가 널브러졌다. 올 여름 가뭄이 심한 탓인지 물이 가득 흘러야 할 계곡에 잡풀이 우북하다.

그 많던 가재는 다 어디로 갔을까

소일교를 지나면 느티나무 두 그루가 서 있는 삼거리다. 적산과 소일 신기로 갈라지는 곳이다. 사과와 송이 그림을 넣은 '소일'이라 새긴 마을 표석이 길손을 반긴다. 소일은 미천에서 서쪽으로 5km 정도 떨어진 마을이다. 서향이라 해가 넘어가는 광경을 보기 때문에 소일消日이라 한다. 소일은 440년 전에 경주이씨 이인광이 달성판관으로 계시다가 임진왜란 때 피난을 와서 입향조가 되었다. 지금은 경주 이씨, 경주 최씨, 의성 김씨, 청송 심씨 등 열여섯 가구에 서른여섯 명의 주민이 어울려 산다. 귀촌한 사람들도 대부분 이곳에 연고가 있는 분들이다.

호두나무가 늘어선 소일 골목을 따라가면 좁다란 공터가 나온다. 금곡리 종점이다. 버스 한 대 돌리기도 빠듯하다. 버스에서 내리자 나들이옷으로 단장한 할머니와 할아버지 한 분이 첫 차를 기다리고 계셨다. 금곡 버스는 평소엔

금곡마을 입구에 위치한 길안면 소일경로당

승객이 별로 없다. 마을 사람들은 주로 5, 10일에 오일장이 서는 길안장을 본다. 병원 갈 때는 안동 시내로 간다. 두 사람을 태운 버스가 떠났다.

금곡은 오지 마을이다. 예전엔 막차가 들어오면 하룻밤을 마을에서 묵고 아침에 나갔다. 종점에 차를 세워두고 기사님은 도랑에서 가재를 잡기도 했다. 그 많던 가재는 다 어디로 갔을까. 도랑 치고 가재 잡는 기분을 다시 누려보면 좋으련만. 산골에서 흐르는 냇물은 여전히 맑다.

금곡종점에 도착했을 땐 8시경이다. 얼굴을 숨긴 매미 소리가 시원스럽다. 아침부터 마을구경을 나섰다. 새로 지은 집들이 대부분이다. 도로며 마을이 정갈하다. 나직한 담장에 조롱박이 달렸다. 천사의 나팔 소리가 들릴 듯한 커다란 꽃과 자미화도 한창이다. 울 밑에 선 봉선화를 바라보는 마음이 처연하다. 시골에도 화분이나 비료 포대에 고추를 심어놓은 집이 더러 보인다. 마을엔 빈집이 딱 한 채뿐이다. 빈집 마당은 텃밭으로 변신하여 갖가지 농사를 알토란같이 지어 놓았다. 웃자란 어수리가 씨앗 맺을 채비를 하는 중이다. 할머니 한 분이 피마자 잎을 따고 계셨다. 삶아서 말렸다가 정월 대보름 나물로 갈무리하기 위해서이다.

청정마을 소일 표지석

풋사과 익는 마을

산골 마을이 온통 과수원이다. 길안은 90% 이상이 사과농사를 짓는다더니 골골이 사과밭이다. 동구 밖까지 갈 것도 없다. 담 너머로 사과나무가 보인다. 과원엔 가지가 휠 듯이 풋사과가 여물어간다. 농부들의 소망 또한 날로 부풀어갈 것이다. 사과밭에서 일하는 부부를 만났다. 적과摘果 시기가 끝났는데 무슨 일을 하시나 궁금했다. 열매를 가리는 잎을 일일이 제거하는 중이었다. 금곡리는 지대가 높아 사과 당도가 좋다. 이곳엔 홍로와 부사가 주력품종이다. 아오리도 더러 있다며 아직 덜 익은 사과 하나를 따서 건넨다. 손 안에 든 풋사과 한 알은 마트에서 산 것과 다른 무게로 다가온다. 이른 봄부터 수확할 때까지 농부들의 기도와 땀으로 이루어낸 결실이 아니던가. 사과 농사는 아무나 하는 게 절대 아니다. 영농 장비를 마련하는 데만도 엄청난 비용이 든다. 그뿐인가. 병충해 방지를 위해 수 없이 치는 농약값도 만만치 않다. 햇볕이 쏟아지는 과수원 길을 따라 걷는다. 풋사과와 농약과 풀내음이 묘하게 어우러져 진한 여름향기를 내뿜는다. 사과 꽃이 환하게 필 무렵이면 이 마을은 별천지가 되리라.

같은 듯 다른 금곡마을 삼동서

언덕 위에 커다란 감나무 밑에 흙집이 발길을 끈다. 오동댁(77세)이 혼자 거처하는 집이다. 할머니는 마당에 퍼질러 앉아 강낭콩을 말리고 계셨다. 허리가 아파 서서 하는 일은 못한다. 가을에 사과 따면 사과 꼭지 치는 일은 종일이라도 한다. 열여덟에 선도 보지 않고 시집 왔다. 일곱 살 위의 남편과 사별한 지 25년째다. 오남매를 다 출가시키고 장남이 새로 집을 지어 마을로 분가했다. 아들이 함께 살자고 하지만 당신이 마다한다. 살아오면서 할머니 인생의 봄날은 언제였는지 여쭈었다.

"요새가 최고 좋으이더. 몸이 불편해서 글치. 요새 만게 걱정 없거든. 옛날에는 영감이 빚 지어 놓으면 그 비지 갚느라고 쇠띠 빠지도록 해가 갚아야 되지요. 약 먹고 죽을라꼬 약병도 뚜껑 땄다가 내가 이걸 먹으마 이 아-들 고아 된다 싶으고, 내 하나가 희생하만 이 아-들이 이런 고통을 안 받는데 싶어 들 섰던 뚜껑을 다부 닫고 내 몸 하나 희생을 해야될따 이래가주 살아 왔니더."

그때 아이들은 두 살 터울로 올망졸망 셋이나 초등학교에 다녔다. 나이 스물아홉 전에 오남매를 다 낳았으니 얼마나 고달팠을까.

"요즘은 사과 하지만 옛날에는 담배 했니더. 벽돌 쌓아 창고로 개조한 저 곳이 담배 건조장이시더. 담배를 열 단씩, 열다섯 단씩 해서 두 차씩 싣고 가서 하루저녁에 날려버리이께네. 길안에 다방도 많고 술집도 많았니더. 팔아먹은 밭도 많고 샀다가 한 삼 년 부치면 많이 부치고 팔아야 되고, 노름을 했거나 색시를 봤거나 하면 까짓거 오늘 저녁에 빌려 썼는 거 한 달 내에 준다 하면 줘야 하고, 그런 경우는 역시 밝아서 달래 사는 식구는 마음고생이 이만저만이 아니지."

마당 텃밭에는 토란잎에 물방울이 옥구슬처럼 굴러다닌다. 손바닥만큼 뿌려둔 열무가 갓 올라와 떡잎이 파릇하다. 할머니가 거처하는 안채 마루에 앉아 먼 산을 바라본다. 오래 전 봤던 영화 '집으로'가 떠오른다. 집안 형편이 여의치 않아 시골 외딴집에 남겨진 어린 외손주와 외할머니가 함께 바라보던 겹겹이 펼쳐진 능선 말이다. 시름없이 짙푸른 산을 바라보는 것만으로도 좋다.

자두나무집 밀양 박씨 할머니는 오동댁의 손아래 동서다. 당신 나이는 잊어버렸다고 한다. 시어른도 안 계시고 전답도 없는 가난한 집으로 시집왔다. 남의 전지를 붙여서 담배 농사도 지어봤지만 남편은 일을 할 줄 모르고 노름에 빠졌다. 예전에 적산마을에 살다가 형편이 어려워 아이들 공부시키려고 객지에 나갔다. 아들이 일곱 살 때 남매를 데리고 경기도 근처에 가서 닥치는 대로 일을 했다. 평생 벌어먹고 살고 나니까 정신이 가버렸다. 치매였다. 저녁때면 온다 간다 말없이 슬그머니 나가서 집을 찾아오지 못해 가족들이 애를 태웠다. 궁여지책으로 자녀들이 의논하여 둘째 집 조카가 있는 고향에 돌아왔다. 영감님이 지난해 돌아가셔서 며칠 전에 첫 제사를 지냈다.

"영감은 혼자서 여가만 있으면 나가부고, 할마이하고 댕기지도 않았어요."

말끝에 서운함이 묻어난다. 고스톱을 치면 치매 예방에 도움 된다고 하나

금곡마을에서 만난 사람들.
1. 벽 5시 반에 집을 나서 운전대를 잡은 경력 19년의 운전기사 김진관 씨. 버스기사들도 헷갈려하는 28번 노선을 훤히 꿰고 있는 베테랑이다. 2. 귀농한 아들과 함께 블루베리 농사를 짓고 사는 고성이씨 할머니(66). 다리가 아파 첫차를 타고 병원으로 나가는 중이다. 3. 피마자를 따던 전주이씨 할머니(72). 남편과 큰아들내외, 손자까지 다복하게 살고 있다. 갑상선이 좋지 않아 요즘 고생하고 있다고. 4. 의성군 사곡 오동에서 청송심씨 집안에 시집 온 삼동서 중 둘째인 오동댁(78) 할머니. 5. "영감 생각은 십 원도 안 나니더만 자꾸 눈물이 나니더" 삼동서 중 막내인 밀양박씨 할머니(75) 6. 삼동서 중 맏동서 춘산댁(86). 정신대에 끌려가는 트럭에서 코스모스밭으로 뛰어내려 구사일생으로 살아났다. 다시 끌려가지 않으려고 열다섯에 시집을 갔다. 7. 소싯적에 말썽 좀 부렸던, 송사초등학교를 졸업한 젊은 귀농인 설점호(44)씨. 낭만 있을거라 착각했던 귀농생활 14년차의 농사꾼이다. 8. 금곡마을에 쇠가 많이 났다고 설명하는 김시종 할아버지(79) 9. 이상태 소일경로당 회장(82).

노름하던 영감 때문에 진절머리난다고 손을 내저으신다.

"정신이 어예되가 이래 되니껴? 왜 이래 살아야 되니껴? 내 자신을 생각해도 내가 같잖아 못살시더."

신세 한탄을 하며 나그네에게 살아온 이야기를 들려주는 할머니는 멀쩡해 보인다. 다만 숫자나 정확성을 요하는 세세한 것은 기억을 잘 못하는 것 같다.

"경로당에 가면 나는 끄트매기라서 내 보다 나 많은 형님들 옆에서 앉지도 눕지도 못하고 집에 있는 것이 편하이더. 막내이가 어예 뻗치고 눕니껴?"

그 연세에도 동서 눈치 보는 할머니, 예의가 무엇인지 뼛속 깊이 박힌 그 사고를 쉽게 바꾸기는 어려운 모양이다. 햇볕도 쬐며 산책도 하고 다른 분들과 어울려 즐겁게 보내셔야 건강에 좋다고 거듭 당부했지만 쉽지 않아 보인다. 현대인들이 가장 두려워하는 병이 치매가 아니던가. 남의 일 같지 않다.

갑자기 사이렌이 요란하게 울렸다.

"아직까지 안 오신 분들은 속히 마을 회관에 나오시기 바랍니다."

풋굿 잔치 있다며 이따가 마을회관으로 오라던 오동댁 말씀이 생각났다. 예전에 풋굿은 농가의 휴일이다. 음력 칠월 즈음에 술과 음식을 빚어 잔치를 하고 머슴들에게 휴가도 준다. 풍물을 치며 집집마다 지신을 밟기도 했다. 예전처럼 성대하지는 않지만 아직도 풋굿 잔치가 명맥을 유지하고 있었다. 모처럼 잔치 기분에 들뜬 어른들께 방해될 것 같아 적산으로 발길을 돌렸다.

적의 산

적산마을도 행정구역상 금곡리다. 소일에서 북서쪽으로 3km정도 떨어져 있다. 금곡리의 끝자락으로 의성의 옥산면과 접하고 있다. 적산은 일제강점기 때 일본인의 산이 이 마을에 있어서 붙여진 명칭이다. 현재 이 마을에는 세 가구가 거주하고 있다.

적산 골짜기에도 사과밭이 즐비했다. 소나무가 들어선 산에는 입산금지 안내판이 붙었다. 송이 재배지였다. 금곡리 주민들은 사과농사 외에도 송이 수입이 짭짤해서 산골이지만 부농이 많다고 한다. 철을 캐던 광산이 있던 골짜기란 뜻과 송이가 금값이라 금이 나는 골짜기라 했다는데 모두 그럴듯하다.

비구름이 몰려오는가 싶더니 구름을 벗어난 해가 중천에 떠올랐다. 오후부터 비가 온다기에 들고 온 우산은 양산이 되었다. 몇 가구 안 되는 산골 마을에도 집 앞까지 포장이 되어있다.

산길이 끊어진 냇가 젖은 돌멩이에 골부리(다슬기)가 보인다. 마을 앞 길 위에도 물기가 있는 곳에는 골부리가 붙어있어 신기할 정도다. 가던 발길을 멈추고 골부리 잡는 재미에 빠졌다.

소나무가 늘어선 숲길을 30분 너머 걸어도 광산이 보이질 않는다. 마을 끝 집 문을 두드렸다. 바깥주인 설점호 씨는 이 마을 태생인데도 잘 모르겠다며 고개를 저었다. 젊은 부부가 10여 년 전에 귀농하여 손발 맞춰 사과농사를 짓고 있었다. 집안 곳곳에 바지런한 손길이 느껴진다. 도리깨나무로 만든 3단 프라이팬이 압권이다. 굽은 나뭇가지의 선을 그대로 살려 자연스럽다. 부부합작이다. 거실 창가에는 다육이 화분이 조르르 볕을 받고 있었다. 스킨답서스 푸른 잎이 온 집안의 벽과 천정을 점령할 기세다. 전원에 살면서도 실내까지 초록 식물로 채워 집안에 생기가 넘친다.

길안 골부리국

마침 점심시간이었다. 골부리국을 한 솥 끓였다며 앞집 옆집 이웃 아주머니들도 초대한 모양이다. 불시에 들이닥친 나그네에게도 한 그릇 들어보라고 권한다. 길안 대사에서 직접 주워온 골부리라니 사양을 하다가 못이기는 척 수저를 들었

길손에게도 따뜻한 골부리국을 대접하는 적산마을의 인심

다. 국물에서 깊은 맛이 난다. 흐물하게 푹 익힌 배추와 어우러진 제대로 된 길안 골부리국이다. 냇물에 엎드려 그 많은 골부리를 잡는 일 또한 중노동이다. 삶은 알맹이를 일일이 빼서 국 한 솥을 끓이려면 얼마나 손이 많이 갔을까. 염천에 한 끼 식사를 위한 수고로움을 생각하니 그저 귀하고 감사하다.

다시 소일 마을회관으로 가려고 나섰다. 수더분하게 인상 좋은 설점호 씨가 괜찮다면 소일까지 차를 태워주겠다고 한다. 적산마을은 버스가 들어가지 않는다. 한낮에 사정없이 내리쬐는 태양을 온몸으로 받으며 걸어야 할 판이다. 시간을 절약할 겸 설 씨의 덤프트럭을 얻어 탔다. 마을회관엔 그때까지도 시끌벅적하다. 방마다 고스톱 판이 벌어졌다.

노인 회장인 이상태(82세) 어르신은 소일에서 사과농사를 개척한 분이다. 처음에 사과농사 한다니까 이웃에서는 웃었다. 초창기에 10kg 한 상자에 32,000원을 받는 걸 보고 이웃사람들이 따라서 사과농사를 짓기 시작하여 온 마을이 사과밭으로 변했다. 오십 여년 사과농사를 지었으니 사과박사가 되지 않았을까. 이제는 자식들에게 물려주고 훈수만 두고 계신다.

김시종(79세) 어르신은 마을에 전해오는 이야기를 들려 주셨다. 남쪽에 솟은 봉우리가 부수봉인데 다른 곳은 아무리 불이 나도 이곳만은 타지 않는다. 아마도 산삼이 있는 산이라 그렇다던가. 담배 피울 때 부싯돌로 써서 부수봉이라는 설도 있다. 마을의 유래가 된 광산은 용담사 인근 골짜기에 있었다고 한다.

단발머리 어예 보내노

고스톱에 열을 올리는 마을의 최고령 할머니께 면회신청을 했다. 오동댁의 큰동서이다. 할머니는 듣던 대로 삼동서 중에 가장 활기가 넘쳐 보인다. 아직 농사도 짓는다. 길안면 구수에서 태어났지만, 의성 춘산에서 자라서 택호는 춘산댁이다. 광산 탁씨 집안에 칠 남매 중 다섯째 딸로 태어나 이름이 오출五出이다. 하얀 테 두른 교복 입고 다니는 모습이 부러워 학교 보내달라고 떼를 써서 열세 살에 소학교에 갔다. 2학년 올라가니 덩치가 다 커버렸다. 방위라며 딴 방에 빼내어 며칠을 가르치더니 어느 날 군용 트럭을 갖다 대었다.

"도락구(트럭)에 한 머리 싣느라 정신이 없어. 가마이 살피다가 근처에 있는 코스모스 더미에 뛰내려 부랬어."

할머니는 신발도 잃어버리고 맨발로 재를 넘었다. 용케도 구수 2동 남촌 집으로 도망을 왔다. 가족들에게 이실직고하니 큰일 났다며 마루 밑에 숨으라고 했다. 이틀 후 금테 두른 순사들이 찾으러 와서 딸 내놓으라고 난리를 쳤다. 마루 밑에서 기둥을 붙들고 가슴 죄며 숨어 있는데 안 내놓으면 오빠를 보국대에 끌고 가겠다고 협박하고 갔다. 올케는 시누이 때문에 신랑 죽게 생겼다고 울고, 마루 밑에 쥐 빈대가 많아 온몸이 물려서 벌겋게 부풀어 올랐다. 궁리 끝에 이웃 마을로 시집간 언니 집에 가서 금줄을 쳐놓고 숨어있었다. 금줄을 쳐 놓은 집에는 누구든 함부로 발을 들일 수 없을 때였으니까. 고종사촌이 외숙모 집에 놀러 와서 조언했다.

"시집만 보내부만 안가. 시집보내라."

"단발머리 어예 보내노"

"뒤통시 막대기 치고라도 보내라."

열다섯에 시집을 갔다. 그 때 트럭에 동갑인 친구도 하나 탔는데 아무 말도 못하고 끌려가서 여태 소식이 없다. 지나고 보니 위안부로 끌고 가는 거였다. 전혀 예기치 못한 사연에 가슴을 쓸어 내렸다. 우여곡절이 많은 할머니는 이 시대의 증인이다. 할머니처럼 두 눈 부릅뜬 분들이 증언을 하고 있건만 과거사 문제는 매듭이 지지부진이니 안타깝다. 일본 정부가 설치한 위안소가 400여개로 알려졌다. 그것도 최소한 숫자이다. 아시아 각지와 태평양 군도 사할린 등이다. 피지도 못한 나이에 영문도 모르고 트럭 타고 떠난 친구 분은 어디서 어떻게 되었을까.

소일에서 시내버스를 타려면 아직도 몇 시간을 기다려야 한다. 불볕이지만

용담사(안동시 길안면 미내소일길 138)   용담사를 지키는 진돗개, 해탈이

용담사까지 걸어서 가려고 씩씩하게 나섰다. 마을 회관 앞을 지나던 농자재 배달 차를 만나 시간을 벌었다.

진돗개가 지키는 용담사

용담사 앞에 내리자 진돗개 두 마리가 짖어대며 달려왔다. 우리가 화들짝 놀라 소리를 질러대니 보살님도 진돗개도 놀란 모양이다. 개들은 반가워서 그런다지만 그들의 환영방식은 과하게 느껴졌다. 법당에 참배하고 돌아 나올 땐 태도가 달라졌다. 개들도 올여름 나기는 힘드나 보다. 해탈이는 요사채 처마 아래 엎드려 혀를 빼고 헐떡거린다. 강순이는 마주 보는 황학선원 마루 밑으로 피신했다. 금정암은 보수중이다. 마지막 코스인 시냇가로 발걸음을 재촉했다.

마른장마가 지속되어 용담폭포도 기대할 수 없다. 용담사 앞에서 서쪽으로 조금 내려가니 한눈에 명당이 눈에 들어온다. 너럭바위가 사방으로 펼쳐졌다. 위아래 작은 소에는 산그늘이 먼저 내려와 있었다. 흰구름도 기웃거렸다. 휴일이면 자리 쟁탈전이 벌어질만한 곳이건만 평일이라 계곡은 우리 차지다. 물빛이 서늘하다. 하루 종일 갇혀있던 두 발을 물속으로 담그어 본다. 시냇물 온도가 절묘하다. 너무 차지도 그렇다고 미지근한 것도 아니다. 탁족하기 딱 좋을 만큼 시원하다. 사람과 사람 사이의 온도도 이렇게 유지되면 얼마나 좋을까. 너무 뜨겁거나 냉랭하지 말고 쿨하게. 달밤은 아니어도 잠시나마 신선놀음을 하며 망중한에 빠져들었다. 이보다 더 좋을 수 없다는 말이 절로 나온다.

(좌) 길안천 맑은물의 골부리 / (우) 하루 두 번 운행하는 버스를 기다리며, 탁족濯足의 여유를 가졌다

　금곡에서 돌아 나오는 버스를 타려고 개울을 건너자니 골부리가 또 발목을 잡는다. 시계를 봐가며 연신 물속을 기웃거린다. 오래지 않아 28번 버스가 터덜거리며 달려온다. 아쉬움을 뒤로 하고 버스에 올라야만 했다.

흔적 없이 여행하기

　물 맑고 공기 좋고 인정스런 금곡 사람들의 모둠살이를 엿보았다. 어르신들마다 살아온 이야기가 소설이다. 소일 삼동서는 그 시대를 살았던 사람들의 표본이라 해도 과언이 아니다. 시대의 희생양이 되었지만 숙명처럼 받아들이고 인고의 세월을 보낸 그들이다.

　길 위에서 많은 사람을 만났다. 금곡리 주민들은 외부인을 경계하지 않았다. 낯선 나그네에게 조건 없는 호의를 베풀었던 순박한 그들처럼 나 또한 누군가에게 베풀 날이 오겠지. 탁족으로 더위를 날리고 여행의 피로까지 풀었건만, 출발점으로 돌아와도 여름 해는 아직 남았다.

　금곡리 이장님의 말씀이 귓전에 맴돈다. "그런 거 싣지 마소. 사람 사는 마을에 사람들이 오는 것은 좋지만, 요즘도 안개 낀 아침에 나가다 보면 계곡에 변을 함부로 봐서 냄새가 나니더." 행여 〈종점 기행〉으로 인해 사람들이 몰려와 떠들썩한 마을이 될까 봐 조바심이 인다. 그래서 당부하고 싶다. 흔적 없이 여행하기!(Leave No Trace!) 세계적으로 번지고 있는 환경운동이다. 다시 찾아도 기분 좋은 곳으로 남을 수 있도록.

중대바위가 보이는 서미마을

종점 기행
9

시내버스 43번 종점, 서미

하늘이 만든 감옥, 서미동

휴가도 복고풍 바람이 부는 걸까. 감금 휴가가 트렌드로 부상했다. 갇혀서 얻는 자유를 위해 스스로 감옥으로 걸어 들어가는 이른바 셀프 감금이다. 400년 전 안동 땅에 이미 셀프 감금을 실천한 두 정승이 있었다. 이번 종점 기행은 하늘이 만든 감옥인 서미로 떠났다. 아직도 민간신앙이 전승되고, 유난히 바위가 많은 마을이다.

장마철이다. 저수지 바닥마저 드러난 긴 가뭄 탓에 오락가락하는 장맛비가 반갑다. 비가 그친 틈을 비집고 홀로 길을 나섰다. 안동 교보생명 건너편에서 8시 50분에 출발하는 서미행 버스를 탔다.

평일이라 버스는 한산했다. 신시장을 지나고 시외버스터미널을 거쳤다. 풍산읍사무소를 통과하고 신양에 이를 때까지 승객 대여섯 명이 타고 내렸다. 마지막으로 풍산에서 탄 아주머니는 서미마을 어르신을 찾아가는 요양보호사 권점순(65세)씨였다. 몇 년째 서미에 드나드는 그녀는 마을에 대해 훤했다.

"거는(거기는) 돌기(돌이) 좋아. 거 마이(많이) 와. 절도 있고. 사람은 안 살아."

신양 저수지를 지나자 왼쪽 차창 너머로 서애 류성룡(1542~1607)선생유적비가 보였다. 서미가 가까워진 듯 했다. 오른쪽 창너머로 칡넝쿨에 싸인 '은자암隱者巖'이라 새겨진 바위도 스쳤다.

안동에서 '서미'라 하면 통상적으로 안동시 풍산읍 서미1리를 말한다. 풍산읍에서 8km정도 떨어진 최북단에 위치한다. 북서쪽으로는 예천군 보문면과 접하고, 동쪽은 서미2리인 목현·죽전 마을과 이웃한다. 뒤로는 만경산과 오적산을 두고 학가산 남쪽 지맥인 현공산을 안산으로 삼아 남향으로 자리 잡은 전형적인 산촌마을이다.

종점에 내렸다. 멀리 산꼭대기에서 중대바위가 지긋이 내려다본다. 요양보호사를 따라 가운데 언덕길로 들어섰다. 호박덩굴이 울타리를 대신하는 집, 가뭄을 견디고 펑퍼짐한 호박이 익어간다. 텃밭의 보랏빛 도라지꽃은 낮에도 별처럼 빛난다. 경로당을 지나자 나직한 돌담과 대나무가 어우러진 고샅길이 정겹다.

하늘 아래 첫 동네 할머니들

대문도 없는 집 마당에서 할머니 두 분이 강낭콩을 까고 계셨다. 비를 맞은 콩에 싹이 나와 걱정이라며. 주인 할머니(우화순)는 큰 체구에 소탈한 웃음을 지녔다. 서미에서 태어나 혼인을 하고 평생 서미에 눌러 사는 분이다. 혼자 사는 집이라며 안으로 청해 나그네에게 커피 한 잔을 대접했다. 커피는 하늘 아래 첫 동네라는 서미동 할머니들 입맛까지 장악한 터였다.

부채 든 할머니가 고샅길을 천천히 걸어간다. 희끗한 쪽머리에 비녀 꽂은 모습이 눈길을 끈다. 마을에서도 유일하게 비녀를 사용하는 한금옥(92세) 할머니다. 이웃 마을 오치에서 시집왔다. 열일곱에 머리 올리고 비녀 꽂은 후 지금까지 쪽머리를 고수하고 계신다. 아마도 할머니는 평생 미장원 문턱을 넘어보

서미에서 태어나 서미에 살고 있는 우화순, 최옥한 씨

지 못했을 것이다. 허리도 꼿꼿한 할머니의 아름다운 고집을 오래 뵐 수 있었으면 싶다.

요양보호사를 기다리는 우인선(80세) 할머니 댁을 찾았다. 할머니는 나이 오십에 풍이 찾아와 거동이 불편하다. 집안에서만 지내다 보니 사람이 그립다고 한다. 늙는 것도 서러운데 마음대로 운신을 못하니 얼마나 답답하실까?

"윈짝(왼쪽) 손에 힘이 없어요. 뭘 만지이 안 돼. 주인한테 팔이 갑자기 힘이 없다 캐도 '그럴 때도 있지 뭐.' 하고는 병원에 가보자 소리도 안 했어요. 한방 병원에라도 가 봤으면 고쳤을지 어떨지 모르지만. 옛날에 돈은 없고, 아이들은 여럿이고, 사는 게 어려워서 그랬겠지. 그래도 하루라도 집에 있을 날이 없었어요. 먹고사는 게 뭐래요. 어느 날 들에 가서 일하다가 쓰러졌부네요."

요양보호사는 일주일에 두 번 방문한다. 한 번에 세 시간씩 집안일을 도와준다. 식사 준비며 청소와 목욕까지 시킨다. 목욕봉사는 요양보호사 둘이 함께 하는 경우가 많은데, 권점순 씨는 혼자서 다 감당한다. 시내에서 거리가 멀어 요양보호사들이 꺼리는 곳이지만 권씨가 있어 다행이다. 권씨는 요양보호사로 활동한 지 12년째다. 건강이 허락하는 한 계속 일하고 싶다고 한다.

이웃에 우채봉 할머니가 살던 집이 비어 있다. 그분도 요양보호사 권씨가 1년 8개월간 돌보다가 지난달 85세로 세상을 떠났다.

"그 할매는 인정이 있어서 한 번 싸워본 일도 없고 좋게 그랬어."

권씨는 우채봉 할머니를 못 잊어했다.

"며칠 전에 그 할매 집 앞에 지나오는데 새가 머리를 쳐. 이름도 모르는 새인데 감나무에 앉았길래 내가 지꼈어. 니 왜 남 머리 치노. 빨리 여와 내하고 놀자. 이 카이께네 맹 고대로 있어. 한참 지끼. 걸어오는데 내 머리맡에서 세 번을 뺑뺑 돌고 날아 가부래. 할맨 모양이래. 할매가 내가 잘해줬다고 인산동. 할매가 새가 되가주고."

경로당 갈 때는 양산 쓰기 부끄럽다

아침 버스로 시내 갔던 김숙자(76세) 할머니가 낮차에서 내렸다. 양산을 쓰고 곱게 차려입은 할머니는 병원에 다녀오는 길이라 한다. 할머니는 나그네에게 목이라도 축이고 가라고 한다. 살아온 이야기를 듣고 싶다 했더니 봇물 터지듯 신이 났다.

"아이들이 공부를 잘해서 젊은 시절에는 안양국민학교 어머니 회장을 했어. 부녀회장, 농협 대의원까지 하면서 마을 일도 많이 했고. 이제는 나이 들어 아프니까 경로당에나 놀러 가고 아무 것도 안 하니더."

할머니는 마흔다섯에 남편과 사별하고 혼자되었다. 삼 형제 데리고 대구에 나가 숱한 고생을 했다. 아들 장가 다 보내고 고향으로 돌아온 지 10년이 넘었다.

"아~들이 착해가주 내가 살았지, 아~들이 울럭불럭 그만 사니껴."

아직까지 엄마가 말하면 "안 해요" 하는 법이 없단다. 삼 형제가 돈을 모아 옛집 고쳐서 모친이 살기 편리하게 해놓았다. 아들이 사놓고 갔다며 냉장고에서 시원한 수박을 꺼내 주셨다. 가다가 마시라며 생수병도 건넸다.

인정미 넘치는 할머니와 경로당으로 향했다. 한낮의 열기가 대단하다. "경로당 갈 때는 양산 쓰기가 부끄럽다."며 할머니는 모자를 쓰셨다.

경로당은 동네 사랑방이다. 노인 회장(우화석, 74세)과 할머니 일곱 분이 모여 계셨다. 어르신들은 이른 아침부터 오전 중에 그날 할 일을 거의 처리한다. 더운 오후에는 에어컨을 켜서 집보다 시원한 경로당에 모여 한담을 나누신다.

우회장은 마을의 유래부터 들려주셨다.

"우리 마을에는 청주 한씨가 가장 먼저 들어왔어요. 예천 임씨, 단양 우씨, 진주 강씨가 주로 살고요. 서애 류대감이 400년 전에 살았고, 40년 후에 김대감이 살았다 하니까 한 씨도 그 후에 들어왔다고 봐야 되는데 그래 봐야 300년 채 안될걸."

마을 이장 임호석(67세)씨도 경로당에서 만났다. 그는 서울에서 젊은 시절을 보내고 1979년 중동(사우디) 붐에 합류했다. 삼 년 반 동안 열사의 나라에서 도로공사 현장을 누볐다. 고향으로 돌아온 지 11년 되었다. 임이장이 어린 시절을 회고했다.

"풍북국민학교까지 20리 오솔길을 걸어 다녔어. 학교 가려면 아침에 소꼴 비 놓고 가야 했고. 모내기할 때는 들에 가야 돼. 아침 먹으러 가자 그만 엄마한테 거짓말하고 밥 먹는 둥 마는 둥 도망가야 했지 뭐."

서미1리 경로당에서 한담을 나누는 어르신들

옆에 있던 김숙자 할머니가 한 마디 거들었다.

"우리 시동생들 학교 댕길 때 암만 일찍 밥을 해줘도 만날 지각했다 그랬어."

첩첩 산골이건만 이장님 어린 시절엔 97가구나 되었다. 현재는 45가구에 70여 명의 주민이 거주한다. 할머니 혼자인 집이 열댓 가구나 된다. 아이는 다문화 가정의 삼 남매뿐이고, 삼십 대 총각도 한 명 있다.

주민들은 벼농사를 가장 많이 한다. 지하수 관정 네 곳이 있어 올 가뭄에도 싸움하지 않고 모를 심었다. 고추와 생강이 다음이고, 담배 농사는 한 집만 하는데 양이 많단다.

해동수양 산남율리

마을 이야기 한 자락 청하자 할머니들은 다 잊어버렸다고 한다. 젊은 축인 이장님이 나섰다.

"옛날에 이 동네 하도 산골짜기래 가지고, 피난 곳이고, 전쟁이 나도 직접 전쟁을 본 적이 없고, 소금장수가 등짐 지고 오르막까지 올라오다가 보면 동네가 안 보이잖아. 동네 없는 줄 알고 돌아갔다 그래. 이 동네는 마을 입구까지 와야 동네가 보여."

그렇다. 신양 저수지를 끼고 서미로 가는 길은 산허리를 동강 낸 비탈길이다. 옛날에는 계곡 옆으로 토끼길이 겨우 있을 정도였다. 은절바위 부근의 산이 마을 입구를 감싸고 있어 밖에서는 마을이 보이지 않는다. 하늘이 내린 감옥, 천옥의 은둔 지형이다. 눈 밝은 사람들은 일찌감치 그곳을 찾아간 모양이다.

임진왜란 때 영의정과 도제찰사로 활약한 서애가 관직에서 물러나 '농환재弄丸齋'라는 초옥을 짓고 마을 이름을 '서미동西美洞'에서 '이화동梨花洞'으로 고쳐 불렀다고 한다. 우노미 할머니는 마을 입구 당신의 논 복판 웅덩이에 배나무가 있어서 들 이름이 '배나무들'이라고 했다. 이화동과 연관이 있을 듯하다.

애석하게도 마을에는 서애가 머물렀던 흔적이 남아 있지 않다. '정터'라고 정승이 살았던 터가 있었다는 이야기만 전해질 뿐, 학고재에서 번역한 〈서애 2집〉에 실린 기록으로 추측해 볼 수 있다.

서애는 64세 9월에 하회가 홍수를 겪어서 수목이 모두 없어지고 바람이 매우 어지러워서 조양하기에 불편하자, 선생은 서미동이 깊은 산중에 있고 또한 손님들을 응접할 번거로움도 없을 것이라 하였다.

신양저수지를 굽어보는 서미동 입구에 서 있는 '영의정문충공서애류선생농환재유적비領議政文忠公西厓柳先生弄丸齋遺蹟碑'는 후손들이 선생을 존모尊慕하는 마음을 담아 2000년도에 세웠다.

서애가 떠나고 청음 김상헌(1570~1652)이 이곳에 은둔하면서 '서미西薇'라 했다. 옛날 백이숙제가 수양산에서 고사리를 캐어 먹고 산 것과 자신의 처지가 같다고 고사리 '미薇'를 썼다.

청음은 병자호란 때 화의를 주장한 주화파에 맞서 의리를 중요시하며 끝까지 척화를 내세워 절개를 지킨 인물이다. 도승지, 대제학을 지냈으며 사후 영의정으로 추대됐다.

인조가 청나라 황제에게 항복한 '삼전도의 굴욕' 사건 후 고향인 안동으로 내려왔다. 청나라를 멀리한다는 뜻에서 풍산읍 소산 마을에 '청원루'를 지어 지내다가 서미로 거처를 옮겼다.

마을 입구 인절바위에 새겨진 '해동수양海東首陽 산남율리山南栗里'가 서미를 대변한다. 백이숙제가 죽은 수양산과 도연명이 은거했다는 율리에 버금가는 곳이라고.

한낮의 햇살과 맞짱 뜨기로 했다. 마을 윗길로 올라갔다. 여기저기 빈집이 허물어져 가고, 흙벽을 뒤덮은 담쟁이넝쿨에 꿀벌들만 분주했다. 커다란 바

(위) 바위 위에 세워진 청음 유허비 비각
(아래) 마을입구의 은자암(은절바위)

위에 '목석거木石居' 세 글자가 눈에 들어왔다. 김상헌이 병자호란 후 이곳에서 '목석거 만석산방木石居 萬石山房'을 짓고 서미골 석간수를 벗삼는 '서간노인西磵老人'으로 은거한 흔적이다. 바위 위에는 목석거 유허비를 품은 비각이 서 있었다. 청음 선생의 7대 손인 김학순金學淳이 순조 30년(1830)에 세웠다.

목석거 앞에는 돌담으로 둘러싼 서간사西磵祠 강린당講麟堂이 남아있었다. 인조 때 판서를 지낸 청음 선생이 낙향하여 제자들을 모아 강론하던 곳이다. 말끔하게 정돈된 서간사 마당에도 바위가 여기저기 박혀 있었다. 바위처럼 심지가 굳었던 청음은 마지막 순간까지도 결기를 세우며 바위가 많은 이곳에 스스로 갇혔던 모양이다.

민간신앙이 전승되는 마을

오래된 마을 골목은 웅숭깊었다. 마을 가운데 이백 년 묵은 커다란 느티나무가 골목을 뒤덮었다. 골맥이(골목) 할배가 마을을 지킨다고 믿는 당산나무다. 마을 초입에도 느티나무가 서 있다. 골맥이 할매 당산나무다. 서미 마을은 아직도 정월 열나흗날 자정에 동제를 지낸다. 골맥이 할매, 할배를 신으로 모시고 마을의 안녕을 빈다. 신체는 느티나무와 그 옆에 있는 돌이다. 이곳을 지나갈 때 몸가짐을 바로 하지 않고 불경스러운 짓을 하면 골맥이 할배 할매에게 벌을 받아 탈이 난다고 믿고 있다.

마을엔 바위가 유난히 많았다. 안동의 진산인 학가산 인근이어서일까. 바위마다 이름도 재미있다. 중대사 절이 있었다고 중대바우, 은젓가락을 빠뜨려서 은절바우, 대리끼 바구니처럼 생겨서 대리끼바우, 잘 미끄러진다고 미끄덩바우, 비각이 서 있다고 빗집바우, 넓적하다고 넙덕바우라 했다.

중대바위는 탕건처럼 생겨서 탕건바우라고도 한다. 마을 사람들에겐 신성스럽게 받들어진다. 마을에 재앙이 없고 평안하며 훌륭한 사람이 나오는 이유가 중대 바위의 영험성 때문이라 여긴다.

청음 선생이 강론하던 서간사 강린당

넙덕바우는 마을 가운데 길섶 개울 가까운 곳에 있었다. 2006년에 도로 확장하면서 묻혀 버렸다. 2011년에 넙덕바우 근처에 쉼터를 만들어 '광암정'이라 했다.

갑자기 하늘이 컴컴해졌다. 해가 지려면 아직인데, 비를 몰고 오는 바람이 나뭇가지를 뒤흔들었다. 온종일 후텁지근하더니 소나기라도 한 줄기 퍼부을 태세였다. 한두 방울 후드득 떨어지던 비가 이내 세찬 빗줄기로 변했다. 가까운 우노미 할머니 댁으로 피신했다.

우노미 할머니는 마당이 제법 너른 집을 혼자 지켰다. 커다란 호박잎에, 양철 물받이에 떨어지는 빗소리가 시원스러웠다. 수돗가 들깨 모판이 빗속에서 상큼한 빛을 더했다. 마당가에 걸어둔 가마솥도 비에 씻겨 반들거렸다.

번개가 치고 천둥소리가 한바탕 격전을 치르는 듯 했다. 할머니는 잘못한 거 없어도 천둥소리 들으면 겁이 난다며 몸을 옹송그렸다. 비는 한 시간 가량

골맥이 할배 당산나무

마구 들어부었다.

  빗줄기가 가늘어지고 하늘이 다시 열렸다. 마지막 버스에 오를 때에야 서미 마을지도가 머릿속에 그려졌다. 산으로 둘러싸인 마을에는 목석처럼 은거했던 선비의 꼿꼿한 숨결이 서려있었다. 허물어져가는 흙집과 곳곳에 널브러진 바위, 골맥이 당산나무가 풍성한 옛이야기를 들려줄 것만 같았다.

  서미는 몇 십 년 도시 물을 먹고도 차마 잊지 못해 스스로 찾아오는 감옥이다. 아직도 동제를 지내고, 박 바가지에 곡식을 담아 파종하고, 쪽진 머리에 비녀 꽂은 할머니를 만날 수 있는 것도 천옥 지형 덕분일까. 이런 감옥이라면 나도 오래 갇히고 싶다.

농은 수련원

종점 기행
10

시내버스 76번 종점, 구담

영혼을 치유하는 소울 스테이

    어정칠월이다. 예전 농가에서는 밭두렁 논두렁에 풀이나 베고 그리 바쁠 것 없이 어정대다 보면 지나가는 달이다. 지금은 본격적인 휴가철이다. 산으로 바다로 또는 고향으로, 어디로든 떠나라고 부추긴다. 몸과 마음이 지친 내게도 휴가는 절실하다.

    칠월 중순에 서둘러 휴가를 떠났다. 비를 머금은 먹구름이 수묵화처럼 번지던 날이다. 내게 주어진 시간은 1박 2일, 복잡한 주말이 아닌 주중에 떠날 수 있어 다행이다. 진정한 휴식을 위해서는 무엇보다 고요한 곳, 기왕이면 새로운 체험을 할 수 있는 곳, 그리고 안동의 시내버스로 갈 수 있는 곳에 방점을 찍자 놓은 수련원으로 낙찰되었다. 어디에도 얽매이고 싶지 않아 자유로운 피정을 선택했다.

    피정은 일상에서 벗어나 한적하고 조용한 곳에 머무르며 종교적인 수양을 하는 것을 말한다. 주로 가톨릭에서 많이 사용하지만, 다른 종교에도 비슷한 개념이 존재한다. 평소에 친구들이 피정 다녀왔다는 얘기를 들을 때면 부러움과 호기심이 발동했다. 올여름 불자인 내게도 기회가 왔다. 다름 아닌 산사의 템플 스테이처럼 가톨릭의 수련원에서 시행하는 소울 스테이다. 소울 스테이는 좋은 자원이 많은 가톨릭에서 일반인들과 나누자는 취지에서 시설을 개방했다. 경상북도에서는 지난해부터 소울 스테이 운영 기관을 지정하여 시행 중이다.

여기서 내릴 사람 아무도 없니더

한낮의 안동초등 앞, 시내버스 승강장에 앉은 어르신은 연신 부채질을 하신다. 농은 수련원을 가려면 지보 행 76번 시내버스가 편리하다. 하루 일곱 차례 운행한다. 구담 종점까지 가는 갈전 행 44번 버스에서 내려 걸어갈 수도 있다. 2시 30분발 버스는 '타요 버스'였다. 꼬마들에게 인기 있는 캐릭터로 외관을 장식한 버스가 동심의 세계로 이끌었다. 안동 장날이라 빈 좌석이 거의 없지만 버스 안은 조용하다. 장날에 장 보러 가기보다는 병원 진료 받으러 가는 분이 더 많은 모양이다. 버스 안의 손님들은 대부분 서로 잘 아는 사이다. 버스가 풍천면 소재지 입구에 서자 어떤 할머니가 소리친다.

지보 행 76번 시내버스

"여기서 내릴 사람 아무도 없니더."

구담 성당 승강장에 내렸다. 후끈한 열기 속에 건초 내음이 감겨온다. 잊고 있었던 여름 향기다. 벼논을 맴도는 잠자리 떼가 반갑다. 무논에 어리던 그림자는 간곳없고 성큼 자란 볏잎이 짙푸르다.

농은 수련원은 예천군 지보면 암천리에 속한다. 민가에서 뚝 떨어진 언덕에 자리 잡아 전망이 좋다. 주변에 계단식 논밭이 펼쳐져 있고, 저만치 도로 앞으로 낙동강이 흐른다. 뒤로는 나직한 산이 있어 전형적인 배산임수다.

수련원에 도착하자 강아지 몽실이와 몽돌이가 달려 나오며 짖어대었다. 지난 오월에 잠깐 얼굴을 튼 사이다. 이름을 불러주자 이내 꼬리를 내리고 잠잠해졌다. 눈이 초롱초롱한 몽실이는 원장 신부님(김종길 제오르지오)이 화령 본당에서부터 키우다가 데리고 온 암컷이다. 동화 〈몽실 언니〉 덕분에 정감이 간다. 몽돌이는 한 때 유기견 신세였다. 지난해 수련원으로 와서 몽실이와 친구가 되었다. 눈 코 입이 분간이 가지 않을 정도로 털북숭이다. 주인으로부터 버림받은 기억 때문인지 우울해 보인다. 사람이든 동물이든 사랑이 명약이거늘.

로사 수녀님이 반갑게 맞아주었다. 시원한 오미자차 한 잔을 권하고 내가 묵을 방으로 안내했다. 군더더기 없이 정돈된 방이 마음을 가라앉혔다. 이곳의 특징이라면 침실에 텔레비전이 없다. 대신 작은 책상이 놓인 점이 맘에 든다. 층마다 휴게실에도 책을 비치했다. 검박한 방과 휴식 공간이 피정을 하기에 맞춤하다. 책상 위에는 영적 독서를 위한 몇 권의 책이 꽂혀 있었다. 두꺼운 성경에 손이 먼저 갔다. 시편을 넘기다가 익숙한 구절에 눈길이 머물렀다. '인간이 무엇이기에 이토록 기억해 주십니까?' '사람이 무엇이기에 이토록 돌보아 주십니까?' 구담 성당 안드레아 신부님이 평생을 갖고 간다는 말씀이다.

한국 교회 최초의 수덕자 홍유한

방마다 농은 홍유한(隴隱 洪儒漢, 1726~1785)선생에 대한 소개글이 비치되어 있었다. 선생은 한국 천주교회가 창립(1784년)되기 이전에 이미 천주교 교리를 받아들여 스스로 신앙생활을 시작했을 뿐만 아니라 세례를 받지 않은 상태에서도 은수 생활을 통해 신앙을 키운 한국교회 최초의 수덕자였다.

그는 축일표와 기도 책도 없이 7일마다 주일이 온다는 것만 알고 매달 7, 14, 21, 28일에는 경건하게 쉬며 속세의 모든 일을 물리치고 기도에 전념하였다. 또 금육일을 몰랐으므로 언제나 가장 좋은 음식은 먹지 않는 것을 규칙으로 삼았다. 선생의 묘소가 있는 우곡은 현재 성지로 지정되어 선생의 신앙을 기리고 있다.

천주교 안동교구는 1997년에 교구 수련원을 건립했다. 선생의 삶을 본받아 신앙을 향한 열정과 노력을 더욱 키워갈 수 있는 집이 되기를 바라며 그의 호를 따라 '농은 수련원'으로 이름 지었다.

농은 수련원은 머릿돌에 새겨진 것처럼 기도하는 집, 교육하는 집으로 출발했다. 본당이나 단체의 각종 피정과 교육, 연수, 학생 수련회, 단순 숙박 및 개인 피정 등 다양하게 시설 이용이 가능하다. 숙박비도 저렴한 편이다. 부속 건물로 가톨릭 상지대 수련원과 야외수영장, 잔디가 깔린 넓은 운동장까지 갖춰져 있다. 이용자가 프로그램을 준비해서 시설만 이용할 수도 있고, 수련원에 프로그램을 위탁할 수도 있다. 미술치료, 독서치료, 춤 명상, 자연 명상 등 자체 프로그램도 진행한다.

수련원 구석구석 섬세한 손길이 느껴진다. 현관부터 코너마다 그린 인테리어를 해서 생기가 넘친다. 1층 공중 화장실은 그중 압권이다. 커튼으로 가린 입구부터 극적으로 연출했다. 말린꽃과 손 글씨로 액자를 만들어 벽마다 걸어 놓았다. 곳곳에 걸린 따스한 글귀들이 위안이 된다. 거울 주변과 화장실 문이며 타일 벽에도 그림을 그렸다. 아름다운 화장실 공모전에 추천하고 싶을 만큼 기분 좋은 곳이다. 가히 생각하는 문화공간이라 할 만하다.

휴대전화가 울렸다. 마리아 수녀님이었다. 넓은 식당에서 혼자 식사하면 썰

성직자 묘지

렁할 것 같아 북 카페에 저녁 식사를 준비할 테니 여섯 시에 내려오라고 했다. 세심한 배려가 고맙다.

　로비의 북 카페는 천정이 높아 시원하다. 뒤뜰로 난 창은 여러 개의 프레임으로 구획된 전면 유리다. 잘 가꾸어진 잔디와 무성한 수목이 한눈에 들어온다. 창가엔 작은 솟대를 비롯한 목공예 소품이 아기자기하다. 그날 나는 수련원의 유일한 손님이었다. 편안한 실내복을 입을 때처럼 여유롭고 쾌적했다.

　창밖을 향한 1인용 테이블에 식사가 준비되어 있었다. 베이지색 바탕에 갈색 체크무늬 테이블보가 목가적이다. 저녁 메뉴는 집밥처럼 소박하고 정갈했다. 식사를 마치고도 해가 남아 산책을 나섰다.

　수련원 서남쪽으로 성직자 묘지 안내판이 보였다. 묘지를 둘러싼 숲에서 들려오는 매미 소리가 긴 여름을 예고하는 듯하다. 2대 교구장인 박석희 이냐시

오 주교님을 비롯하여 모두 열 한 분을 모셔놓았다. 그중에 생전에 인연이 닿았던 정호경 루드비꼬 신부님 묘비가 반가웠다. 정신부님은 농민운동을 하다가 스스로 농부가 되신 분이 아니던가. '새들도 자신의 집을 훌륭히 짓는다'며 94년 1월부터 약 5년여에 걸쳐 살림집을 손수 지으셨던 분이다. 신부님의 정신이 살아 숨 쉬는 아담한 그 집은 지금도 비나리 마을에 건재하다.

동화작가 권정생 선생과는 각별한 사이였다. 권정생 선생 사시던 집 화장실도 정 신부님이 지어주셨다. 권정생 선생이 쓴 〈비나리 달이네 집〉은 바로 정 신부님과 신부님이 키우던 강아지 이야기다. 권정생 선생의 유언장 집행인 세 분 중에 한 분이기도 했다. 타고난 목수였던 신부님은 하늘나라에서도 집을 짓고 계실까? 아마 그곳에서도 전우익, 이오덕, 권정생 선생과 만나 두고 온 사람들 걱정하며 잘 지내실 테지. 빈손이 부끄러웠다. 정 신부님 묘소 앞에 즉석에서 꺾은 개망초 몇 송이 꽂아 놓고 돌아서다가 후회했다. 괜한 짓을 했다고 야단칠 것만 같다.

찍지 못한 사진

또 휴대전화가 울렸다. 두 분 수녀님이 부용대에 기도하러 간다며 함께 가겠느냐고 물었다. 부용대는 몇 차례 다녀왔지만 해거름에 올라간 적은 없다. 누구와 가느냐에 따라서도 다를 것 같아 쾌히 수락했다. 마리아 수녀님이 운전하는 차에 합류했다. 구담장터를 지나고 풍천 파출소 앞에서 우회전했다. 낙동강을 가로질러 광덕교를 건너는 순간 요즘 말로 심쿵했다. 습지가 어우러진 너른 강은 확 트였고, 하루를 마감하는 해님이 홍조 띤 얼굴로 기다리고 있었다. 저물녘 빛살이 부서지는 강줄기는 더욱 빛났다. 수녀님들은 늘 보는 풍경이어서인지 그냥 지나쳤다. 목적지가 아닌 그곳에 차마 차를 세우지 못했다. 찍지 못한 사진은 내 눈 속에 마음속에 더 오래 남을 것 같다.

15분 남짓 달려 부용대 주차장에 닿았다. 화천서원 담벼락을 끼고 올랐다.

해질녘 호젓한 숲길을 걷는 것만으로도 힐링이 된다. 부용대에 오르면 하회가 실감 난다. 강물도 저어하여 유서 깊은 마을을 곡진하게 돌아가는 걸까. 마을은 한 송이 거대한 부용처럼 물 위에 떠 있다. 꽃 속에는 허 도령과 김 씨 처녀의 풋풋한 모습이 어려 있고, 충효당 대감님의 큰기침 소리도 들린다. 각시를 무동 태워 내려오는 하회별신굿 탈놀이패의 풍물 장단에 어깨가 들썩인다. 제비처럼 날렵한 연좌루가 고졸하다.

　지체 높은 양반댁도 눈 아래로 보이는 그곳에서 우리는 매트 하나씩 깔고 자리를 잡았다. 서로에게 방해가 되지 않을 만큼 간격을 두고. 가부좌를 하고 두 손을 모았다. 눈을 감으니 모처럼 마음의 평정을 찾은 기분이다. 숲 속의 풀벌레 소리는 독경처럼 들려온다. 나를 내려놓고 모든 것에서 해방되니 일상에서 부대끼던 일들이 허접스럽게 여겨진다. 수녀님들의 기척에 눈을 뜨니 어

부용대에서의 명상

느새 어스름이 내렸다. 마을의 가로등 불빛이 별자리처럼 반짝이고 하늘에선 반달이 우리를 지켜보았다.

어느 곳이든 내가 앉아 기도하는 곳이 법당이 된다 했던가. 자연 속에서 기도하는 수녀님들도 비슷한 마음이 아닐까. 마태복음의 산상수훈이 뇌리를 스쳤다. '심령이 가난한 자는 복이 있나니 천국이 그들의 것임이요······.' 세상의 빛과 소금이 되기 위해 백척간두 부용대에 앉아 기도하는 수녀님의 뒷모습이 아름다웠다.

숙소로 돌아와서도 이내 잠이 오지 않았다. 밤은 깊어가고 논에서 들려오는 개구리 소리 정겹다. 책장을 넘기다가 멍하니 천정을 바라보았다. 아무것도 하지 않아도 되는 무위의 시간이 귀하게 여겨진다. 낯선 침대에서도 설핏 잠이 들었나 보다.

달맞이꽃 사이마다 내걸린 거미줄 연작

다음날 새벽 다섯 시경 눈을 떴다. 날이 밝아오면서 첫닭이 울었다. 분주한 새소리에 창밖을 내다보니 안개가 자욱하다. 키 큰 소나무가 방안을 기웃거린다. 희부연 안개를 헤치고 아침 산책을 나선다.

이슬에 젖은 들길을 느긋하게 걸었다. 길섶에는 산딸기가 무르익고 달개비가 서늘한 남빛 꽃을 피웠다. 달맞이꽃 사이마다 내걸린 거미줄 연작이 설치미술을 방불케 한다. 손으로 만져보고 싶을 만큼 정교하다. 벼 포기 아래 우렁이가 들러붙었다. 청개구리는 눈만 멀뚱거리고, 잠이 덜 깬 고추잠자리도 마른 대에 앉아 미동도 않는다. 도로를 건너 강둑을 거닐었다. 아침 운동하는 어르신이 빠른 걸음으로 지나가신다. 안개도 걷히고 강가에는 백로 떼가 한가롭다. 눈부시게 흰 날개를 펼치며 초록 들판을 선회하는 모습이 선비 춤 추는 한량을 보는 듯하다.

아침식사 시간이 가까워져 발길을 돌렸다. 마리아 수녀님이 손수 아침 식

소성당에서 드리는 가족 예배

사를 준비했다. 나 혼자만을 위해 식당 직원들을 일찍 출근시키지 않기 위한 배려다. 전날처럼 북 카페 창가 1인석이다. 곡물 식빵 한쪽과 쨈, 과일 시럽, 치즈 한 쪽, 삶은 달걀, 블루베리와 견과를 곁들인 요구르트, 풋사과 한 개, 자두 몇 알, 각종 차(커피, 녹차, 허브)가 가지런하다. 아침 메뉴는 간소해 보였지만 부족하지 않다. 평소에 먹는 일에 너무 많은 에너지와 시간을 허비한 건 아닐까. 우리 집 아침 식사도 간편하게 바꿔 볼까 하는 생각이 슬며시 든다.

　수련원 식구들은 날마다 9시 10분부터 아침 예배를 본다. 나더러 동참할 생각 있으면 1층 소성당으로 오라고 했다. 예배보다는 분위기가 궁금해서 내려갔다. 수련원 신부님이 주재하는 아침예배는 말 그대로 가족적이다. 날마다 기도하면서 하루를 시작하고, 또 하루를 돌아보며 기도로서 마감하는 수도자와 신자들의 모습이 평화롭다. 수련원엔 단체 예배를 위한 대성당도 2층에 마련되어 있다.

　레이먼드 카버의 소설 〈대성당〉의 한 장면이 생각난다. 아내의 손님인 시각장애인 남자와 그녀의 남편이 소통하던 방식 말이다. 종이를 펼쳐놓고 연필 잡은 손에 손을 겹친 채 네모를 그리고 첨탑을 그리며 대성당을 묘사하던 그들에게 놓은 수련원 대성당을 그리게 하면 어떤 모습이 될까.

하느님이 진짜 원하시는 것은

한낮의 태양이 두려워 오후까지 수련원에 머물렀다. 올해부터 수련원 프로그램을 책임지고 있는 마리아 수녀님과 잠깐 면담을 했다. 수녀님은 사회복지와 예술 상담을 전공했다. 만다라 미술치료사, 사진 치료사, 독서 치료사, 춤동작 치료사 등 자격증을 소지하고 열정적으로 살아온 분이다. 서울에서는 오래도록 상담 관련 봉사를 해 왔다.

안동지역은 특히 유교적인 억압 때문에 고통받는 분이 많다고. "우리는 끊임없이 타인과 비교하면서 행복감을 잃어버리게 됩니다. 세상에서 유일한 존재인 자신의 본래 가치를 잃어버리는 거죠. 진짜 나를 만난다는 것은 그 지점에 이르는 과정입니다." 수녀님은 이곳에 오는 사람들에게 전하고 싶다고 했다. "하느님이 진짜 원하시는 것은 네가 행복해지는 거다. 한 그루 소나무가 멋있게 성장하게 되면 소나무 자체로도 큰 기쁨이고 그걸 보는 다른 사람도 행복해지는 것과 같다. 사람도 자기 길을 아름답게 잘 찾아서 걸어가면 가장 기쁨이다." 수녀님에게 있어 이 모든 것의 첫 번째 키워드는 '감사'라고 강조했다.

가난을 스스로 선택하는 사람들이 더 많은 행복감을 누리는 것 같다. 마르지 않는 샘물처럼 비울수록 채워지는 텅 빈 충만이라니. 맑은 얼굴의 수녀님, 소년처럼 웃는 원장 신부님 모습이 그러했다. 감사와 배려가 몸에 밴 분들, 성찰하고 기도하는 그들의 삶이 그윽하게 느껴진다.

이번 피정에서 또 다른 화두를 안게 되었다. 나는 지금 나의 길을 잘 가고 있는 걸까. 범사에 감사하고 배려하고 안분지족이면 마음 다칠 일도 없으련만. 어느 종교든 결국은 내 안의 참 나를 만나기 위함이다.

구담 정사

영혼을 치유하는 소울 스테이는 누구에게나 유효하리라. 종교와 관계없이 자기성찰하며 휴식을 취할 수 있으니까. 농은 수련원은 주변 경관이 평범하면서도 고요하다. 그래서 더욱 자신에게 몰입할 수 있는 곳이기도 하다. 시간적 여유가 있다면 소그룹으로 힐링 프로그램에 참여해 보는 것도 좋겠다. 문화재 답사에 관심이 있다면 가까운 구담정사와 순천 김씨 제사인 구담정도 둘러봄 직하다.

저물녘 916번 지방도로를 달리는 시내버스 드라이브는 상쾌하다. 풍산들의 초록빛 바람결을 느끼려면 차창은 조금 열어두시라. 승객이 타고 내릴 때마다 인사하던 76번 시내버스 이상대 기사님은 내가 만난 가장 친절한 기사였다.

"손님, 어서 오세요. 오늘도 수고하셨습니다. 안녕히 가세요."

병산서원 앞에서 하회로 흘러가는 낙동강, 예전 월애 사람들은 나룻배로 이 강을 건넜다.

종점 기행
11

시내버스 38번 종점, 월매

우물에서 정이 샘솟는 월애

월애는 병산서원에서 하회를 휘돌아 흐르는 낙동강 건너 마을이다. 예전에는 나룻배로 건너던 마을을 시내버스로 빙빙 돌아서 찾아갔다. 마을 이름만큼이나 집마다 문패가 정겹다. 백 세 넘은 할아버지가 사는 장수마을이기도 하다. 담장 사이 우물에서 정을 나누었던 월오헌 기와집과 심씨댁 초가도 볼 수 있다.

팔월 마지막 날이다. 며칠 사이에 아침 기온이 갑자기 변심한 사람처럼 싸늘하다. 긴소매 옷을 입고도 자꾸만 어깨가 움츠러든다.

아침 6시, 안동초등 앞에서 출발한 월애 행 버스는 희뿌연 안개를 뚫고 한티재를 넘었다. 일직면 돌고개를 거쳐 조탑리를 지난다. 남안동IC교차로에서 왼쪽으로 접어들면 풍천 방면이다. 조붓한 산길, 가파른 고개 넘어 원어담 삼거리에 이르자 월오헌, 월애 심씨댁 표지판이 나온다. 상인금, 두둘밭골 지나자

경운기를 타고 고추 따러 가는 월애 주민들

서넛밖에 안되던 승객마저 다 내렸다. 종점에서는 혼자 남았다. 출발지에서 50분이나 걸려 인금 2리 노인회관 앞에 닿았다.

월애 마을의 행정지명은 풍천면 인금2리다. 조선 선조 때 김죽동이란 선비가 개척하였다. 다래덩굴을 걷어가며 이 골짜기에 들어왔다고 다랫골이라 했다. 또 어떤 과객이 동네가 반달같이 생겼다 하여 월애月涯라 일컫게 되었다.

종점에 내려도 안개가 걷히지 않는다. 마을회관 앞 '범죄 없는 마을'이란 표지가 다소 위안이 된다. 털털거리는 경운기 몇 대가 아침 안개 속으로 멀어져 간다. 농번기라 일찌감치 고추 따러 참깨 털러 가는 주민들이다.

문패가 아름다운 마을

노인 회관 앞에서 직진하는 월애길 좌우로 민가가 들어섰다. 고샅길을 천천히 걷다 보니 대문 옆 바람벽에 문패가 정겹다. 작은 집 모양 갈색 판자 위에

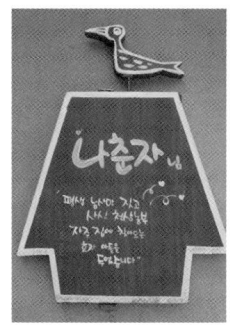 

월애 마을 문패

새 한 마리가 서 있는 형상이다. 이름 아래 집 주인의 특징을 기술하는가 하면 주인의 바람이 적혀 있다. '김동안 님/ 마을에서 가장 손이 커 나누는 걸 좋아하는 분이십니다. 심화자님/ 명철아, 베풀며 살아라. 나춘자 님/평생 농사만 짓고 사신 천상 농부, 자주 집에 찾아오는 효자 아들을 두었습니다.' 2015년에 마을 사업으로 특별한 문패를 달아 놓았다. 얼굴을 안 봐도 집주인이 어떤 사람일지 짐작이 된다.

안개가 흩어지고 서서히 햇살이 비친다. 심화자 씨 댁 바람벽에는 멍석이 두 채 걸려있다. 곡식을 널어 말리고, 잔칫날이면 손님 초대 자리로, 여름밤이면 마당에 모깃불 피워놓고 식구들이 둘러앉기도 했을 터이다. 요즘은 가벼운 돗자리에 밀려 장식품 역할을 할 뿐이다.

심화자씨댁 바람벽에 멍석이 걸려있다.

월오헌은 솟을대문이 굳게 잠겨 있다. 담장 너머 키 큰 감나무 고목이 위용을 자랑한다. 골목에 가지를 뻗어 땡감이 바닥에 널브러졌다. 말라 비틀어지거나 물러 터져서 시큼한 감 내음마저 기껍다. 오랜만에 고향 집에 돌아온 기분이다.

여름이면 떨어진 감이 비를 맞아 곰팡이가 하얗게 피어나고, 시도 때도 없이 정적을 깨며 지붕 위로 뒷마당으로 감 떨어지던 소리가 들리는 듯하다. 발을 옮겨 놓기 힘들 정도로 빼곡한 감 사이를 까치발로 막다른 골목까지 들어가 본다.

골목 끝 집 뒤로 작은 개울이 흐른다. 개울은 월오헌 먹빛 담장 옆으로 지나간다. 복개 공사를 해서 땅속으로 물길이 나 있다. 월오헌 앞으로 흐르는 개울도 지금은 땅속으로 묻혔다. 예전에는 집안에서도 흐르는 물소리가 장쾌했을 듯하다.

월오헌과 월오헌 담장 아래 걸쳐진 우물

독립운동의 본거지 월오헌

월오헌 뒤뜰에는 선비의 집답게 댓잎이 청청하다. 잠긴 솟을대문을 지나 꺾어진 돌담을 따라갔다. 담 너머로 먹빛 기와집과 월오헌月塢軒 현판이 보인다. 전형적인 조선 후기 양반가옥의 기품이 느껴진다. 월오헌 심동섭沈東燮 (1846~1924) 선생이 19세기 후반에 지은 건물이다.

그의 증손인 심규하는 항일운동 단체인 신간회의 재정부 간사를 지낸 인물이다. 안동 신간회를 조직하여 일어사용과 창씨 개명 반대 운동을 전개하며 이곳을 독립운동 본거지로 삼았다.

월오헌 동쪽 담장에는 우물이 안팎으로 걸쳐져 있다. 옆의 초가는 심명한의 십 대손 심규순 씨가 1930년대 분가할 때 부친이 지어준 집이다. 일자형 안채와 ㄴ자형 문간채로 된 아담한 초가이다. 두 집 사이에 골목이 있고 작은 문이 마주한다. 큰집 작은집 식구들이 편하게 오가던 통로이다. 한솥밥을 먹던 아우가 분가하였으나 여전히 한 우물물을 먹고 살았다. 현재 친정인 심씨댁 초

월애 심씨댁

심씨댁 초가를 지키는 심귀매 씨

가를 관리하는 심귀매 씨가 지난 이야기를 들려주었다.
 "예전에 마을 사람들도 이 우물을 많이 이용했어요. 큰집은 다 털어먹고 우리 집이 더 넉넉했거든요. 우리 엄마가 우물에 물 뜨러 오는 사람들을 수타 불러 밥을 먹여 보내곤 했어요. 배고픈 시절이었잖아요."
 귀매 씨의 모친 이백한 여사는 1995년 86세로 고인이 되었다. 슬하에 칠 남매를 두었다. 모친의 적선 덕분일까. 그녀의 오빠 심우영 박사가 이 집에서 태어났다. 경북도지사, 총무처장관, 국학진흥원장을 지내며 가문을 빛낸 분이다.
 모친은 반가의 규수답게 집안 살림하며 틈틈이 내방가사를 지었다. 몇 년 전에 모친이 남긴 내방가사를 책으로 묶었다며 한 권 건네준다. 「사향별곡 화수가 -이백한 여사 가사집」이다. 위대한 인물 뒤에는 역시 훌륭한 어머니가 계셨다.

제일 큰 법당이 내려와 인사

골목을 지나다가 자그마한 한옥 사랑채가 눈에 들어온다. 단출한 정자처럼 팔작지붕이다. 집이 참하다 했더니 예전에 천석꾼 조부가 지은 집이라 한다.

천석꾼의 집 치고는 소박하다. 102세 된 심구원 옹이 툇마루에 앉아 계셨다. 할아버지는 연세에 비해 정신이 맑고 대화도 거침없다.

"장가는 일찍 갔어. 열다섯 살에 세 살 맏이인 열여덟 살 각시한테. 각시는 마흔다섯에 일찍 갔어. 저 세상으로. 그 뒤에 재혼은 안 했어. 일 년쓱 같이 있다가 갈리고 그런 거는 몇 번 했지만. 젊을 때는 인물이 있었어. 여자들이 줄줄 따라 댕기고 해도 하나도 안 거처했어. 천하 미인들이 대들어도 다 내버렸어. 공부할라 그는 사람이 여자 해 뭐 하노."

지금도 그렇지만 벽에 걸린 할아버지 젊은 시절 사진을 보니 빈말이 아니었다. 그는 집에서 한문을 배우다가 열여덟에 산중으로 기도하러 갔다. 젊어서 어떤 사람이 '나가거라. 너는 집에 있으면 좋잖다. 나가면 너를 제자 삼을 사람이 있을 거다.'라고 했다.

"나갔디 진짜 도사를 만났어. 학가산에도 있고, 동대산에 십 년 넘게 있었어. 평생에 장사하고 그런 거는 안 하고 종교인이야. 명산대찰 다니며 공부하고 기도했어. 석가모니 설교하는 종교가 진짜야. 절에 가서 중질도 오래 했어."

"내가 단양 구인사 찾아갔잖아. 스님이 아파가주 사람 못 대한다 그래. 스님이 날 일등실에 처소를 정해주더라고. 그날 저녁에 자다가 현몽을 했어. 꿈에 제일 큰 법당이 죽 내려와 내한테 인사를 해. 그래가 '알았다' 하고 와부랬어."

"내 일생이 남한테 안다 소리도 좀 들었어. 욕심에 한 20년 더 살아야 걸어댕기지."

주름이 깊고 검버섯이 핀 할아버지 얼굴을 뵈면서 라디오에서 들은 얘기가 떠올랐다.

"내 주름 지우지 마세요. 이거 만드느라 얼마나 오래 걸렸는데요."

도를 꿈꾸는 102세 심구원 옹은 정신이 맑고 대화도 잘하신다.

땅콩을 든 〈대박이네 농장〉 배영섭·김정화 부부는 첫 수확의 기쁨을 감추지 못한다.

구글은 인간의 수명을 150세까지 올리겠다고 야심찬 계획을 내놓았다. 그러고 보면 20년 더 살고 싶다는 102세 할아버지의 바람이 허황한 것만은 아닐 듯하다.

길목의 〈대박이네 농장〉에서는 부부가 벌써 땅콩을 캐느라 분주하다. 올해 농사가 대체로 작황이 좋다며 싱글 벙글한다. 밭 가장자리엔 고주박과 푸짐한 늙은 호박이 뒹굴었다. 앞으로 고구마, 배, 감 등이 차례로 나온다고 한다. 농장 이름을 잘 지어서일까. 긍정의 에너지가 넘쳐 보인다.

병산서원이 한눈에 들어오다

오후 햇살은 여전히 따갑다. 93세 노모를 뵈러 친정에 온 세 자매가 강바람 쐬러 가는 길에 합류했다. 그러잖아도 병산이 보이는 곳에 가보고 싶던 참이었는데 동행을 만나 반갑다.

신작로를 걸으며 세 자매는 추억에 잠긴다. 원래 딸 넷인데 한 분은 못 왔다. 현재 합천에 사는 둘째 김영순 씨(사진 속 왼쪽)가 말문을 열었다. "그때는 어예 그래 했는지. 초등학생이 아침부터 불 때어 밥해서 들에 갖다 주고 학교에 갔으니. 나룻배 타러 가면 친구들이 건너지도 못하고 기다리고 있었어. 내가 올 때까지."

겨울에는 나무다리를 놓아서 건너다녔고. 얼음 깨고 맨발로 다닐 때도 있었다고 한다.

세 자매 중 언니 두 분은 그늘에서 쉬기로 했다. 막내 성자 씨(사진 속 가운데)만 나와 의기 투합했다. 낙동강을 끼고 인금1리 쪽으로 쭉 뻗은 길이다. 간절기 따가운 햇볕을 온몸으로 받으며 걸어도 발걸음이 가볍다. 늪지대 숲이 가려져 도로에서는 강물이 잘 보이지 않는다. 한낮에도 숲에서는 풀벌레 소리 요란하다. 길섶엔 샛노란 마타리와 오이풀이 한창이다. 그윽한 칡꽃 향기에 호랑나비가 날아든다.

성자 씨가 풍천중학교 다닐 때는 병산 나루에서 배를 타고 강을 건너다녔다. 병산에서 학교까지도 만만치 않다. 날마다 왕복 네 시간 거리를 오가야 했다. 이제 인금에서는 나룻배를 운행하지 않은 지도 오래다. 나루터 가는 길도 모두 묻혀 버렸다. '낙동강 풍경소리 숲길' 안내판을 따라 산 아래까지 걸어가니 왼쪽에 양수장이 나온다. 등산로가 시작되는 지점이다. 이곳을 찾는 사람이 많은지 어느새 나무로 된 계단까지 놓여있다.

월애 출신 세 자매와 길동무가 되었다.

깎아지른 벼랑 위에서 건너다본 병산서원

산으로 오르자 부처손과 이끼류가 지천이다. 날마다 동네 산을 오른다는 성자 씨는 힘들어 보이지 않는다. 산 중턱에서 숨을 고르며 뒤를 돌아보았다. 그제야 시야가 트였다. 서쪽으로 유장하게 흘러가는 낙동강과 광활한 습지가 펼쳐진다. 해넘이를 보기에도 그만일 듯하다. 더 궁금한 풍광을 보고픈 마음에 헉헉거리면서도 쉬지 않고 병산 전망대에 올랐다. 발밑은 깎아지른 벼랑이다. 마을을 휘돌아 가는 강줄기를 굽어본다. 강 건너 꽃뫼(화산)와 발그레한 배롱나무꽃에 둘러싸인 병산서원이 한눈에 들어온다. 늘 가까이에서 눈앞의 것만 보다가 조금 떨어져서 전체를 조망하는 느낌이 신선하다. 각 건물의 배치며 서원이 거기 있어야 할 당위성이 느껴진다. 번잡한 촌락에서 벗어나 산천이 수려한 곳에서 호연지기를 기르고자 했던 선비의 마음을 알 듯하다. 사람도 너무 가까이 있으면 오히려 불편할 수 있다. 때로는 적당한 거리를 두고 바라보는 것도 괜찮겠지.

귀촌 인구가 날로 늘어난다더니 벽촌 월애도 마찬가지다. 마을 이장 김창현(58세) 씨도 몇 년 전에 고향으로 돌아왔다.

"신규로 포항에서 세 집이 와 가주고 그분들 덕분에 마을이 쪼매 더 활기가 차고 그래요. 삼 남매인데 퇴직하고 한 사람이 오니까 언니, 형부, 남동생까지 쭈르륵 들어왔어요."

현재 마을에는 25가구에 30명 내외 주민들이 살고 있다.

해질 무렵이 되자 노인 회관 앞 그늘에는 마을 사람들이 하나 둘씩 모이기 시작했다. 들에 일하러 갔던 분들도 돌아오는 길에 쉬어간다. 힘은 들어도 고춧값이 비싸 은근히 반기는 분위기다. 막차가 동구 밖 회나무를 돌아 마을로 들어왔다.

월애는 달밤이 더욱 운치 있을 것만 같은데 차 시간에 쫓겨 못내 아쉽다.

집마다 감나무가 있고 우물에서 정을 나누던 월애는 내 고향처럼 푸근하다. 여행지에서 우연히 만난 길동무가 서로 의지하며 신천지도 보았다. 귀한 인연들과 작별의 시간은 늘 애틋하다. 102세 할아버지에게 득도의 문이 열리길 바라며 버스에 올랐다. 돌아오는 강변길, 스러져가는 여름 마지막 햇살이 내 등 뒤로 쏟아졌다.

월애에서 돌아오는 해거름 강변길, 달리는 38번 버스 옆 유리창에 반사된 숫자가 선명하다.

덕강마을 종점

종점 기행
12

시내버스 633번 종점, 덕강

인심 온후하고 인덕 있는 덕강

연일 폭염 주의보가 날아든다. 수은주가 40도를 넘어선 초유의 휴가철을 어떻게 보내야 할까. 평범이 진리다. 인파로 북적이는 유명 피서지나 틀에 박힌 관광이 물렸다면 인심 좋은 산골은 어떨까.

안동시 임동면 덕강 마을엔 이렇다 할 구경거리가 없다. 먹빛 기와집도, 화려한 전원주택도 없다. 다섯 가구에 주민은 일곱뿐이다. 온통 산으로 둘러싸여 눈 닿는 곳마다 초록이다. 심산의 나무들은 칡넝쿨에 휘감겨 몸살을 앓는다. 간간이 스치는 바람에 싸리꽃, 원추리, 칡꽃 향기가 실려 온다.

따비밭에는 참깨, 고추, 콩잎이 푸릇하다. 하루 두 번 드나드는 시내버스와 골재를 실은 트럭이 이따금 지나갈 뿐, 새소리 풀벌레 소리가 정적을 가른다. 운이 좋으면 민달팽이와 호랑나비도 만날 수 있다.

돗자리와 읽을 책 그리고 김밥 한 줄이면 족하다. 책이 없어도 무방하다. 유산遊山도 독서라 했으니. 633번 덕강행 버스를 타고 종점에 내려 보자. 넉넉한

남재호 시내버스 기사님

나무 그늘, 마르지 않는 샘물, 청정한 공기는 무제한 공짜다.

2018년 3월 24일부터 안동 시내버스 번호가 바뀌었다. 시내 순환노선은 그대로다. 읍면동 노선은 권역별로 앞자리를 통일해서 지역을 표시한다. 풍산·구담은 2, 서후·북후는 3, 남후·남선·일직은 4, 와룡·예안·녹전·도산은 5, 임동·임하·길안은 6, 지역순환 마을버스는 9를 덧붙였다.

아직 적응되지 않은 분들을 배려해 예전 번호판을 병행하기도 한다. 내가 탄 버스도 전광판에는 633번, 앞 유리창에는 33번 '덕강'이 함께 붙어 있었다.

"시내버스를 이용하는 사람은 노인들이 많은데, 오래도록 익숙했던 번호가 편하지요. 무다이 세 자리로 바꿔가지고 버스 번호 확인하다가 차 놓친 할매들 수타 많아요."

남재호 버스 기사의 말이다.

34번 국도를 따라 달리던 버스는 임동면 소재지를 돌아 나와 수곡교를 건넜다. 수곡을 지나면 박곡이다. 글 향기 자오록했다는 유안진 시인의 고향, 아랫박실은 임하댐에 잠겼다. 지금 남아있는 곳은 웃박실이다.

박곡을 지나 산마루에 이르는 길은 구불구불 뱀의 형상이다. 지리산 지안재를 넘는 고개와 견줄만하다. 돌아보면 첩첩이 어깨를 기댄 먼 산이 아득하다.

고갯마루에 오르면 삼거리다. 천연기념물 용계 은행나무로 가는 길이 보인다. 늦가을엔 그 길을 따라 은행나무를 만나러 가도 좋겠다. 삼거리에서 도연교를 거쳐 임하댐을 끼고 걸어가면 두 시간은 족히 걸린다. 길안에서 용계까지 운행하는 버스(628번)도 있다. 용계 가는 길을 버리고 직진했다.

얼마 못가서 길이 또 갈라진다. 왼쪽으로 가면 덕강이고 오른쪽으로 가면 지례다. 의성김씨 지촌 종택인 지례창작촌은 호수가 보이는 산중턱으로 옮겨 앉았다. 갈림길에서 산길 4km를 더 가야 한다.

산이 높고 물이 맑아 인심 온후하고 인덕 갖춘 마을

버스는 덕강 표지판을 따라 조붓한 내리막길을 내려갔다. 출발지에서 50분 가까이 걸렸다. 덕강은 고천리의 남쪽에 위치하는 마을이다. 행정구역상 고천2리다.

'옛날 신선이 현명하여 우물터를 정해주고 이 우물물을 먹으면 부락이 성하고 자손이 번성한다.' 는 이야기에서 마을 이름이 연유되었다. 산이 높고 물이 맑아 인심이 온후하고 인덕을 갖춘 마을이라는 뜻도 있다. 그래서일까. 한때는 마을 자녀 중에 공무원이 열일곱이나 되었다. 작은 마을에 박사도 여섯이나 났다. 주민은 박실에서 넘어온 전주 류씨가 많았다. 내앞 김씨, 야성 정씨, 최씨, 안씨 등이 살았다.

날마다 633번 버스타고 시내로 마실가는 덕강 류동세(좌),류동경(우) 할아버지

덕강 종점에 할아버지 두 분이 나란히 승강장 벤치에 앉아 계셨다. 쌍둥이처럼 같은 점퍼에 모자도 비슷한 중절모를 썼다. 얼핏 보면 얼굴 모습도 닮았다. 사촌 간이니 그럴 수도 있지만, 자세히 보면 다르다.

형님인 류동세(81세) 할아버지는 혼자 산다. 몇 년 전 부인과 사별했다. 이제는 일을 많이 할 수 있는 처지도 아니다. 고추 한 마끼(300평정도) 농사를 짓는다. 슬하에 8남매가 다 잘 되어 객지에 나갔다.

류동경(78세) 할아버지는 내외분이 3,000접가량 호두와 4,000평 참두릅 농사에 집중한다. 그 많은 호두와 두릅을 거두는 것도 큰일이겠다. 9남매나 되는 자녀들이 더러 와서 도와주기에 가능하다.

두 분 할아버지는 날마다 안동 시내에 나간다. 아침 8시 20분 버스로 갔다가 오후 3시 20분 버스로 돌아온다. 특별한 일이 있어서가 아니다. 산골 작은 마을에 어울릴 사람이 없기 때문이다.

"신시장 장터에 모여 노는 방이 있어요. 하루 열댓 명 모이는데 옹천, 일직에서 다 와요. 방값 하루 1,000원 내고 점심은 3,000원짜리 국수 사 먹고. 1,000원짜리 화투 쳐서 많이 따면 줘버리고. 아들·딸이 있으면 귤도 한 상자 사오고, 밥도 사주고."

"처음엔 칠십 여덟 살 동갑 중에 술 담배 안하는 사람으로 계를 모았어요. 지금은 나이 많은 사람도 같이 놀자 그래서 팔십 다섯 살도 있어요. 서로 싫은 소리 안 하고 이해할 줄 아면 아무 문제없어요. 마음이 친형제같이 똑같애야 돼요."

"할아버지는 날마다 외출하시고 할머니 혼자 계시면 어떡해요?"

"도디켜 가리도 없어요. 만날 개하고 놀아요."

버스 기사가 종점에서 쉬어가는 동안 동경 할아버지는 마을의 샘을 구경시켜 주었다. 400년(?) 가까이 묵은 곧게 자란 향나무 아래다. 뚜껑을 여니 가득 고인 물이 의외로 맑다. 지금도 그 물을 먹을 수 있다며 어르신과 버스기사는

신선이 정해준 덕강 우물터

한 바가지씩 들이켰다. 동경 할아버지 댁에서는 지난해까지 그 샘에서 관을 연결해 물을 드셨다. 올해는 집 뒤에 다른 샘이 생겨 가까운 곳에서 물을 조달한다.

동세 할아버지가 열두 살 무렵 기억을 소환했다.

"동네 우물가에 구리(구렁이)가 마구 이런 게 한경 없이 빙 둘러치고 있었어요. 하루인가 이틀 지나고 6.25가 일어났어요. 물이 보통 물은 아이래요."

"그 당시 마을에도 피해가 있었나요?"

"난리 났지요. 길안면 약산에는 국군이 있고, 우리 마을에는 인민군이 붙어 가주고, 주야로 싸우고 소도 잡아먹고 그러다가 임동으로 달아나부랬죠. 빨갱이 너 댓이 와서 한 사흘 자고 갔어요. 빨갱이 색출하러 온 경찰이 던진 수류탄에 맞아 마을 사람 여섯이 부상을 당했어요. 그때 이불 덮어쓰고 있다가 나도 입술과 팔에 맞았어요. 병원도 멀고 약이 없어 호박 속을 꺼내 바르고 나았어요."

엄마 때문에 내려와요

동경 할아버지 댁을 찾았다. 사람이 그리워서일까. 강아지 초롱이가 짖지도 않고 두 발을 들고 반겼다. 할머니는 이름이 김성환이다. 남자 이름으로 바꾼 덕분에 명을 이었다고 믿는다. 허리가 기역자로 굽었다. 몸을 돌보지 않고 일을 너무 많이 해서 그럴 터이다. 그런 몸으로 잠시도 쉬지 않는다. 마침 할머니의 자랑인 큰 딸이 와 있었다.

큰 딸 숙희 씨는 소문난 효녀다. 서울에 살면서 보름에 한 번씩 친정부모를 뵈러 온다. 그녀는 올 때마다 모친을 모시고 시내 목욕탕에 다녀온다. 안동댐 구경도 하고, 맛집을 찾아 식사도 대접한다. 그렇게 오간 세월이 십여 년이 넘었다.

"돌아가시고 나서 제사 지내는 것도 다 소용없어요. 살아 계실 때 한 번이라도 더 보러 와야죠. 여기 오면 공기도 좋고 내 부모가 계시니까 오는 거죠. 지금은 직장을 잠깐 쉬고 있지만, 직장 다닐 때도 금요일 저녁에 내려와 주말에 올라갔어요."

"엄마 때문에 내려와요. 엄마가 우릴 위해 얼마나 참고 살아왔는지 잘 아니까."

모친은 "내곁이 등신이니까 참고 살았지. 내 고생한 거 말도 마소."라고 했다. 덕강 마을에 버스가 들어 온지는 4년 정도밖에 안 된다. 그 전에는 임동에서 택시를 타고 오거나 고천에서 내려 한 시간을 걸어서 오가야 했다. 숙희 씨는 길산초등학교까지 한 시간, 임동중학교까지는 두 시간을 걸어서 학교에 다녔다.

인고의 세월을 어찌 다 헤아리겠는가. 숙희 씨는 어릴 적엔 행복한 기억이 하나도 없다고 했다. 비슷한 시기를 관통했건만 유년으로 다시 돌아가고픈 나로서는 그녀의 이야기가 참으로 먹먹했다.

숙희 씨가 불청객을 위해 점심을 준비했다. 밥도 새로 짓고 밭에서 따온 두릅과 갈치조림까지 정성 가득한 밥상이었다.

잡초 속에 숨은 도라지 찾기

오후엔 그녀와 도라지를 캐러 갔다. 성환 할머니가 독사를 조심해야 한다며 내가 신을 장화도 꺼내 놓았다. 무릎까지 오는 장화를 신고 커다란 비닐봉지와 괭이를 들고 한낮의 햇빛 속으로 뛰어들었다.

덕강은 두메산골이라 묵정밭이 많다. 밭마다 빼곡히 서 있는 것이 도라지인줄 알았는 데 가까이 가보면 개망초였다. 도라지밭을 찾느라 골짜기를 헤맸다. 숙희 씨가 부친과 몇 차례 통화를 했다.

"그걸 왜 못 찾노? 길 아래 있는데."

답답하기는 피차 마찬가지다. 길 아래 밭이 한 둘인가. 가던 길을 되돌아와 간신히 찾았다. 잡초 더미 속 도라지는 숨은그림찾기 하듯 드문드문 보였다.

삼년 묵은 도라지였다. 도라지를 호미로 캐는 줄 알았던 나는 괭이질이 만만치 않았다. 여름이면 밤늦게까지 담배를 엮고, 아침에도 일하고 학교에 갔다는 그녀는 곧잘 캤다. 모처럼 땀 흘리며 노동하니 기분은 상쾌했다. 하지만 따가운 햇살을 온몸으로 받으며 한 시간 이상 버티기는 무리였다. 엉겅퀴꽃 핀 신작로를 되짚어 왔다.

산속 깊숙이 들어앉은 덕강 마을은 고요했다. 한때 열일곱 가구에 80여 명이 살던 마을이 헐렁해졌다. 아이 구경한 지는 오래다.

도라지를 씻는 김성환 할머니와 류숙희 씨

류동경 할아버지가 사비로 동제를 지내는 느티나무

마을 어귀에 커다란 느티나무 두 그루가 다정하다. 보호수로 지정된 나무는 그늘이 제법 두껍다.

"예전엔 아 어른 할 거 없이 그네 뛰고 난리 났지요. 칠월에 풋구 먹으면 마구 모에 가주 뻑뻑한 막걸리하고 감주 버지기 갖다 놓고 먹고, 자리 때기 피고 자기도 하고 그랬지요."

몇 년 전 누군가 마을 공동자금을 꿀꺽하고 떠나버렸다. 느티나무 가까이 사는 동경 할아버지는 늘 해오던 동제를 외면할 수 없다. 사비로 제물을 마련해 혼자 제사 올린다. 그저 마을이 편안하고 자식 잘 되길 바라는 촌부의 마음은 한결같다.

신비한 샘을 지나 길이 끝나는 곳에 흙집이 남아 있다. 허물어져 가는 담배건조장과 커다란 돌배나무에 눈길이 머물렀다. 80년가량 되었다는 돌배나무는 지금도 열매가 열린다. 고목에 배꽃이 피는 달밤이면 그만이겠다. 빈집은 자손

돌배나무와 담배건조장

들이 가끔 찾는 주말주택이다. 큰사위가 잠깐 다니러 왔다. 길섶을 뒤지던 그가 더덕 한 뿌리를 캐주었다. 갓 캔 더덕 향기가 깊은 산골을 실감케 했다.

길이 끝나는 곳에서

마을의 남쪽은 남쪽골로 불린다. 남쪽골 초입에 벌통이 여러 개 쌓여있다. 이영수 씨(57세) 양봉 농장이다. 이 씨는 얼굴에 망을 뒤집어쓰고 내검(꿀 뜨러 가기 위한 준비) 작업 중이었다. 날마다 벌과 씨름하는 그는 수시로 벌침을 맞을 것 같다.

"한여름에는 더워서 가리개를 쓰지 못해 더러 쏘이기도 하죠. 하지만 벌을 아기 다루듯이 살살 다루면 순한 양같이 되지요."

영수 씨는 22년 차 양봉 베테랑이다. 그가 양봉을 처음 배운 것은 열일곱 살 때이다. 고등학교 다니던 어느 날 양봉이 신기해서 빠져들게 되었다. 당시만

내검중인 이영수씨

해도 6개월간 전문가 밑에서 밥하고 빨래 해주고 나서야 양봉기술을 배울 수 있었다. 1년 월급으로 벌 30통을 받았다.

그는 산 너머 지례1리 국난 마을 출신이다. 고향이 임하댐으로 수몰되면서 대구로 갔다. 이런저런 일을 하다가 대구 근교에서 다시 양봉을 시작했다. 덕강으로 들어온 지는 4년째다. 지금은 노후대책으로 양봉과 사과농사를 겸하고 있다.

남쪽골은 후미진 골짜기다. 밖에서는 그 골짜기에 누가 사는지 보이지도 않는다. 그곳에도 두 가구가 들어와 산다. 그들 또한 사촌형제이다. 몇 년 전 굴착기 일을 하는 아우가 먼저 터를 잡았다.

사촌 형은 퇴직 후 지난해 귀촌했다. 처음 몇 개월은 텐트 치고 지내다가 그 위에 튼튼한 천막집을 지었다. 앞으로 버섯도 기를 예정이다.

낚시 좋아한다는 바깥주인과 사촌 동생은 외출 중이었다. 남묘호렌게교를 믿는다는 안 주인은 신앙생활에 몰두하며 텃밭을 가꾼다. 산에서 뜯은 부드러운 취나물로 취떡을 할 거라며 흐뭇한 표정을 지었다. 그녀는 막다른 골짜기라 고요해서 좋다고 했다.

그 집에서 벗어나자 쇠사슬이 길을 가로막았다. 더 이상 나아가지 못한다. 다시 세상을 향해 돌아설 수밖에. 정호승의 시 '미안하다'를 읊조리며 남쪽골을 빠져나왔다.

길이 끝나는 곳에 산이 있었다
산이 끝나는 곳에 길이 있었다

다시 길이 끝나는 곳에 산이 있었다
산이 끝나는 곳에 네가 있었다

(중략)

평범 속에 비범을 찾아온 덕강 종점이다. 어디서나 본 듯한 고향마을 같다. 한 집 두 집 떠나던 산골에서 새로운 삶을 시작하는 분들이 늘어나고 있어 희망이 보인다.

아침에 시내에 나갔던 두 할아버지가 버스에서 내렸다. 땡볕에서 캔 도라지와 더덕 한 뿌리, 호박 모종이 든 봉지를 들고 버스에 올랐다. 오랜 친구네 집에 다녀가는 기분이다. 어르신들 말씀이 정겹다.

"또 놀러 오소!"

덕강 남쪽골 길이 끝나는 곳

낮과 밤이 교차하는 시간이면
해 저무는 하늘에 눈길이 자주 머문다.

가을

목현마을 전경

종점 기행
13

시내버스 43번 종점, 목현

용단지 모시는 목현마을

바람결이 서늘하다. 벌초하러 가느라 휴일 도로가 몸살을 앓았다고 한다. 귀향 차표를 예매한 사람들은 또 얼마나 설렐까. 이맘때면 고향생각이 더욱 간절하다. 지척에 고향이 있건만 찾아갈 옛집이 없다. 집 주인이 바뀌면서 여칸집 안채와 행랑채는 진즉에 헐려버렸다. 고기와를 올린 사랑채마저 일각문을 없애고 파란 지붕으로 바꿔 완전히 다른 집이 되었다고 한다. 그 집에 품고 있던 성주와 시렁 위의 용단지도 간 곳을 모른다. 새벽마다 할머니가 정화수를 떠 놓고 빌던 뒤뜰의 반석은 무사할까. 허전한 마음 달래고자 아직도 여칸집이 남아있고 용단지를 모신다는 목현마을을 찾아 나섰다.

하늘이 장삼빛이다. 추석 대목에 교보생명 건너편 버스 승강장으로 향했다. 목현 가는 버스는 하루에 세 차례 운행된다. 안동발 아침 5시 50분과 오후 6시 5분 버스는 11번이다. 오후 1시 20분에 출발하는 43번을 탔다.

목현木峴은 학가산에서 발원한 줄기가 뻗은 현공산 아래 오지마을이다. 행정구역상 풍산읍 서미 2리다. 서미 마을 앞 현공산의 북쪽 기슭에 위치한다. 이 마을에서 산등성을 타고 갈마재를 넘으면 예천군 보문면 산성리로 이어지고, 현공산을 넘으면 만운리의 대추월이다.[1]

추석 대목장

신시장에서 할머니 몇 분이 버스에 오르셨다. 보따리에서 비릿한 생선 내음이 배어나온다. 추석 장 보셨느냐고 여쭈었다. 고개를 끄덕이는 할머니 얼굴에 웃음이 떠나질 않는다. 추석이란 명분으로 자식들 만날 생각만 해도 흐뭇하신가 보다. 태화동을 거쳐 버스터미널에 이르자 좌석이 거의 찼다.

풍산에서는 마침 오일장이 서는 날이다. 추석 대목장이다. 목현을 비롯한

추석대목장을 보고 집으로 돌아가는 할머니. 자식들 볼 생각에 몸은 고되도 즐겁다.

---

1) 『까치구멍 집 많고 도둑 없는 목현마을』, 안동대학교 민속학연구소 편, 한국학술정보(주), 2002.

인근 사람들은 대부분 풍산장을 본다. 읍내 시내버스 승강장이 장꾼들로 빼곡하다. 대부분 안노인이다. 옷차림도 수수하고 화장기도 거의 없는 촌로들이다. 마음 급한 할머니들은 내리는 문으로 올라타기도 한다. 이마에는 인생 계급장이 여럿이다. 올망졸망한 장보따리가 손님 수보다 많다. 짐이 섞이지 않도록 포대에 서미 1리, 아무개라고 이름을 써 놓기도 했다. 누런 마대 포대에 반나마 담긴 내용물이 뭔가 했더니 도토리묵 만들 가루였다. 산에서 주운 도토리를 물에 불린 후 방앗간에서 빻아 오는 길이다. 총각김치 담글 열무도 보퉁이에서 삐져나온다. 산짐승이 도적질을 해대어 감당이 안 된다고 한다. 시골에서도 열무를 사서 김치를 담그는 형편이다. 여든이 된 할머니도 장을 봐서 손수 제사음식을 마련한다고 했다. 며느리는 멀리 나가 있고 할머니에게 명절은 힘겨운 의례로 여겨졌다.

　할머니들과 담소를 나누는 사이에 버스는 풍산읍사무소 옆길로 꺾어 들었다. 읍내를 벗어나면 어란길이다. 들녘의 벼가 초록에서 황금빛으로 가는 과도기다. 노르스름한 빛깔이 곱게 단장한 중년 여인 같다. 일 년을 기다려야 다시 볼 수 있는 빛깔을 눈 속에 가득 담는다.

　신양·서미를 거쳐 목현·죽전 방향으로 접어든다. 도로 좌우로 펼쳐진 들판에 가을이 한창이다. 조 이삭이 고개를 숙이고 수수밭에 찰수수가 여물어 간다. 콩잎도 누렇게 퇴색되고, 고추는 밭에 선채로 말라간다.

　오래지 않아 눈과 가슴까지 확 트이는 만운 저수지가 나타났다. 나직한 산에 둘러싸인 만운지는 오랜 가뭄에도 수량이 많은 편이다. 쉼 없이 잔물결이 일렁인다. 간간이 오리떼가 선회하며 적막을 가른다. 고요한 수변풍광을 황소걸음으로 즐기고 싶지만 배차시간에 쫓기는 기사가 어찌 나그네 마음을 헤아리겠는가. 버스는 저수지를 왼쪽에 끼고 몇 구비를 달린다. 만운지는 1959년에 준공되었다. 안동댐과 임하댐이 생기기 전만 해도 안동에서 가장 너른 저수지였다. 베스와 붕어낚시로 유명한 곳이기도 하다. 평일에도 파라솔 아래

강태공들이 곳곳에 낚싯대를 드리웠다. 올 가뭄이 심하긴 한가보다. 저수지 가장자리엔 바닥이 드러나 녹색 양탄자를 깔아놓은 듯하다. 만운지를 지나 할머니 한 분이 하차했다.

"모도 잘 가시더."

버스에서 내리며 인사 한다. 차 안의 손님들이 화답한다.

"예, 잘 가시더."

시골버스에서만 볼 수 있는 풍경이다.

한참 가다 보니 도로 우측에 커다란 바위 무리가 보인다. 한때는 바위 두 개가 길가에 마주 보고 있어 사랑바위라 했다. 최근에 도로가 나면서 바위 위치가 바뀌었다고 한다. 안쪽 바위는 사모紗帽처럼 생겨 사모암, 사무 보기 좋게 편편해서 사무바위라고도 한다. 도로 쪽 바위는 호랑이 형상을 하여 호암이라고 하는데 내가 보기에는 오히려 거북이에 가까웠다.

바위를 지나면 근재近齋 이전李荃(1486~1531) 선생의 덕을 기리는 예안이씨 재실인 모선루慕先樓가 밭 가운데 덩그렇다. 신작로에서 목현 이정표를 따라 조붓한 언덕길로 접어든다. 콘크리트 포장이 되어있건만 비포장 길 마냥 털털거린다. 골짜기에도 과수농사를 지었다. 사과나무 가지가 휘어질 듯 열매가 탐스럽다. 한껏 푸른 김장배추는 이제 안으로 내실을 다질 차례다. 산들바람에 억새가 춤추고, 다듬어진 묘역을 지날 때면 건초내음이 실려온다.

범죄 없는 마을

고개를 넘자 서미 2리, 목현 마을이 한 눈에 들어왔다. 초입에 '범죄 없는 마을' 안내판이 나그네를 안심시킨다. 드디어 목현 종점이다. 여러 마을을 경유하느라 출발지점에서 1시간 10분이나 걸렸다.

마을에서 가장 먼저 눈에 들어온 것은 버스 승강장이다. 앉아서 기다릴 수 있도록 간이 의자와 지붕도 마련되었다. 맞은편에 마을 쉼터 역할을 하는 정

목현마을 가는 길에 있는 사랑바위(사무암)와 호암

자가 자리한다. 명절이 가까워오는 농번기라 그런지 정자에 쉬는 사람은 없다. 골목도 한산하다. 마을에서 꼭 보고 싶은 곳이 몇 군데 있었다. 어디로 가야할 지를 몰랐다. 마침 택배를 배달하는 우체국 직원이 오토바이를 타고 왔다. 마을을 자주 방문하는 분이니 이곳 사정을 잘 알 것 같았다. 까치구멍집의 전형이라고 알려진 임차노미 할머니 댁과 황후규 할아버지 댁을 여쭈었다.

임차노미 할머니 집

마을 복판에서 왼쪽 골목으로 접어들었다. 주저리 진 모과와 상투감나무를 지났다. 저만치 오른쪽 언덕에 눈에 익은 여칸집이 보인다. 연기에 검게 그을린 석가래며 빛바랜 목재가 정겹다. 마치 고향집에 온 듯하다. 문패도 울타리도 없는 빈집 마당으로 들어섰다. 흙벽 사이에 뚫린 광창으로 햇살과 바람이 넘나든다. 부엌과 외양간의 휘어진 널판도 그대로다. 문이 잠겨 내부를 제대

목현마을에서 만난 사람들
1. 임차노미 할머니 옆집에 사는 황태용(70)씨 2. 깨끗하게 단장한 종점 정류장에 앉아 있는 동네 할머니 3. 길쌈 솜씨 좋기로 유명한 전옥기(80) 할머니 4. 목현마을 최고령자 102세 엄제월 할머니 5. 탱자나무 집의 정해남(80) 할머니 6. 뒤곁에 용단지를 모신 임점순(78) 할머니 7. 젊은 이장 황현익(54) 8. 용단지를 세 개나 모셔둔 조순남(78) 할머니 9. 노인회장 황석태(73)씨

로 볼 수는 없지만 양쪽 방 가운데 대청도 있을 것이다. 이른 아침 삐그덕 소리 나는 널대문을 열어젖히며 하루가 시작되고, 저녁에 빗장을 닫아 걸으며 하루를 마감했을 것이다.

　낯선 사람들이 마당에 서성거리며 사진을 찍으니까 옆집에 사는 황태용(70)씨가 내다보았다. 우리가 찾던 임차노미 할머니 댁이 맞았다. 구십대 중반을 넘긴 임 할머니는 연로하셔서 인천 딸네 집으로 간 지 십여 년 되었다. 다행히 할머니가 거처하던 집은 아직 건재하다. 밭으로 변한 마당엔 잡초 사이로 호

딸네집으로 간 임차노미 할머니의 주인 없는 빈 집 지금은 고인이 되신 황후규 할아버지의 까치구멍집

박이 뒹굴고 누군가 재배한 땅콩이 수확을 기다린다. 쪽머리에 비녀를 지르고 마실 갔던 할머니가 환하게 웃으며 금방이라도 돌아올 것만 같다. 황씨는 들에 약 치러 나가야 한다면서도 잠깐 마을 이력을 들려주셨다.

여칸집과 바위가 많은 마을

목현 마을은 과거에 99%가 여칸집이었다. 산 아래 첫 동네라 산짐승 피해를 막기 위해 여칸집을 많이 짓게 되었다. 그 옛날엔 소가 농가의 큰 재산이어서 외양간도 집 내부에 들였다고 한다. 여칸집은 여섯 칸 겹집을 뜻하는 안동 방언이다. 까치구멍집으로도 통한다. 나무를 땔감으로 쓰던 시절, 지붕 측면에 구멍을 뚫어 집안의 연기가 빠져나가도록 만든 구조이다.

임차노미 할머니 집을 돌아 나오니 뒷골목에 황후규 할아버지 집이 보였다. 황후규 할아버지는 이미 고인이 되셨다. 대주가 떠나고 지붕도 한쪽은 내려앉았다. 기울어진 기와지붕 한쪽에 까치구멍만은 선명하다.

한편 가신신앙이 비교적 오랫동안 잘 보존되었던 목현 마을에 동제를 지내지 않았다는 것 또한 특이하다. 마을에 동수라 할 만한 커다란 느티나무가 한 그루 있기는 하다. 270여 년 묵은 느티나무가 서쪽 언덕 위에서 마을을 굽어본다. 느티나무는 마을 터줏대감이다. 마을 역사를 나는 다 알고 있다는 표정이다. 십여 년 전만 해도 단오는 큰 명절이었다. 마을 주민들이 짚을 모아 굵은 그넷줄을 매었다. 그네뛰기 대회를 열어 상품을 줄 정도였다. 동서끼리 또는 부부끼리 쌍그네를 타기도 했다.

　느티나무에서 내려다본 마을은 산 아래 골짜기에 길쭉한 소쿠리 모양을 하고 있다.[2] 지형은 경사를 이루어 축대를 쌓아 집을 지었다. 대부분 가옥은 남서향이며 더러는 서향이다. 초가지붕에 까치구멍집이 즐비했던 마을의 옛 모습을 그려본다. 지금은 겨우 서너 집이 남아있다. 지붕 색깔도 다양하고, 집 모양도 많이 바뀌었다. 집 모양이 바뀌면서 생활방식 또한 바뀌었다. 목현 마을에도 성주, 용단지, 삼신 할매를 모시던 가신 신앙이 차츰 사라지는 추세였다.

용단지 모시는 집

　조순남(78) 할머니 집은 예외였다. 할머니는 몇 년 전에 집을 새로 지으면서 용단지 올려 둘 선반까지 붙박이로 만들었다. 거실 겸 주방인 공간이다. 씽크대 좌우 위쪽 벽에 자리 잡았다. 자그마한 항아리에 쌀을 담고 한지를 씌우고 뚜껑을 닫았다. 하나는 집안의 평안을 비는 제수용이고, 다른 하나는 돌아가신 시아버님을 모신 조상용이다. 용단지에는 해마다 추수한 뒤 햅쌀로 바꾸어 넣었다. 뒤뜰에는 거칠용단지가 하나 더 있다. 거칠용은 터신을 위한 것이다. 벼를 껍질 벗기지 않은 채 해마다 추수 후에 교체해 넣는다.

　섣달그믐 밤이나 정월대보름에 용단지 앞에 불을 켠다고 한다. 물을 떠놓고 심지를 비벼 불을 켜고 치성을 드린다. 때때마다 신기할 정도로 꼿꼿하게 불이 잘 켜진다고 한다. 할머니의 정성에 감읍한 용신이 집안을 무탈하게 이끌어간다고 믿는다.

　탱자나무집 정해남(80세) 할머니도 거칠 용단지를 모신다. 할머니는 양옥집

---

[2] 『까치구멍 집 많고 도둑 없는 목현마을』, 안동대학교 민속학연구소 편, 한국학술정보(주), 2002.

조순남 할머니집 선반에 올려진 용단지

계단 아래 창고 안쪽에 용단지를 앉혔다. 예전에 점을 치니까 용단지를 앉히면 집안이 편안하다고 해서 해마다 정월 대보름에 찰밥을 떠 놓고 촛불을 켠다고 했다. 단지 뚜껑 위에 촛농이 말라붙은 흔적이 보였다. 할머니가 처음 시집 왔을 때는 삼신 바가지를 고부끼리 네 개씩이나 두었다.

이웃에 있는 황석태(73세) 씨 댁에는 삼신고리가 있었다. 4대째 살고 있는 오랜 집의 안방 시렁 위에 올려놓았다. 아들 딸 점지해주는 삼신할머니 덕분인지 2남 1녀 잘 키워 자식 걱정은 하지 않는다.

임점순(78세) 할머니는 아이들 키울 때 힘들어서 어디에 물었더니 "시집 올 때 가마 머리에 용단지가 따라왔다. 용단지를 앉히면 좋다."고 해서 뒤곁에 거칠 용단지를 모셨다. 그래서인지 이제 밥은 먹고 산다고 했다.

이렇듯 용단지는 경북 북부지방의 중요한 가신신앙이다. 목현 마을에도 교회가 들어오고 신자들이 늘어나면서 가신신앙이 사라지는 요인이 되기도 했다. 아울러 주거형태가 바뀌고 노인들이 세상 뜨면서 점차 자취를 감추는 중이다. 지금 마을에 남아있는 용단지도 앞으로 얼마나 오래갈 지 알 수 없는 일이다. 우리 삶의 중심에 있었던 익숙한 풍경들이 하나 둘 사라져간다는 것은 슬픈 일이다.

평해황씨 동성마을

목현은 32가구 67명의 주민이 대부분 친척이다. 평해황씨 동성마을이라 타성은 세 가구뿐이다. 삼 년째 이장을 맡고 있는 황현익(54세) 씨는 마을에서 젊은 편이다. 사십 대 후반이 최연소자이고 무려 102세 엄제월할머니가 최고령자이다. 2013년에 100세 기념으로 대통령이 하사하는 장수선물을 받기도 했다. 지금은 외지인이 세 가구이다. 두문불출한다는 소식을 들은 터였지만 찾아가 뵈었다. 가족들은 들에 일하러 나가고 마침 문 앞에 우두커니 앉아 계신 엄 할머니를 만났다. 머리는 백발이고 얼굴에 검버섯은 더러 생겼지만 앉은 자세는 꼿꼿하다. 겉보기엔 아무 문제없어 보이는데 정신이 오락가락하다. 식사를 하셨는지, 나이가 몇 인지, 성함을 여쭈어도 거듭 "몰라요"로 일관한다. 그런데 준비해간 간식을 건네자 눈을 반짝이며 반가운 기색이 역력하다. 100세 시대가 도래했다지만 그 긴 세월을 무병장수하기란 쉽지 않은 모양이다.

논 가운데 있는 바위, 방구뱀

바위가 많은 마을

목현 마을 인근엔 유난히 바위가 많다. 다락논의 벼가 노랗게 익어가는 논 가운데에도 작은 바위가 있다. 뱀처럼 생긴 바위란 뜻일까. 마을 사람들은 방구뱀이라 했다. 골목 안에도 바위가 무심히 앉아 있고, 마을 뒤 밭두렁 논두렁에도 바위가 박혀 있었다. "친척들의 중매로 이런 저런 사정도 잘 모르고 명동에서 돌 논들로 왔다."는 전옥기(80세) 할머니의 말씀이 실감 난다. 아마도 마을 뒷산이 바위산이라 그런 모양이다. 문중의 정자인 취적헌 또한 커다란 바위 위에 자리를 잡았다.

평해황씨를 결속시키는 취적헌

취적헌取適軒은 마을에서 높은 곳에 자리했다. 단아한 풍취가 어디서나 돋보인다. 마당을 돌아가며 기와를 올린 돌담을 둘렀다. 동쪽으로 난 자그마한 일각문을 밀고 들어가면 마당에 기념비가 서있다. 좌우에 방을 두고 가운데와 방 앞이 마루이다. 소박한 정자가 위압감을 주지 않고 편안하다. 기둥도 자연스러운 나무의 곡선을 그대로 살렸다. 뒤쪽으로 판문을 내어 환기를 하고 뒤란의 자연을 감상할 수 있도록 했다. 마루에서 내려다보면 계단식으로 경사진 마을이 한 눈에 들어온다. 지붕은 기와를 올린 팔작지붕이며 목현마을답게 까치구멍을 내어놓았다. 마을 노인 회장(황석태. 73세)으로부터 취적헌에 얽힌 이야기를 전해 들었다.

취적헌 황한성에게는 황기성이라는 형님이 계셨다. 황기성은 서애 류성룡과 함께 한양을 오가는 사이였다. 임진왜란 무렵 과거를 보러 한양으로 갔다가 집에 초상이 났다는 이야기를 듣고 과거시험도 포기하고 달려올 정도로 효심이 지극했다. 실제로 초상이 난 것도 아니었으며 누가 거짓으로 전한 이야기였다. 그리하여 황씨 문중에 충신은 나오지 못했지만 자손 대대로 부모에게 효도하는 집안이다. 또한 황한성은 형님이 과거 준비할 동안 모든 뒷바라지를 하고 부모 봉양하여 더욱 높이 칭송 받은 인물이다.

취적헌은 인금에 살았던 황한성(황석태 노인회장의 16대조)의 호이기도하다. 인금 마을은 목현 마을 황씨의 큰집인 셈이다. 인금에 있던 취적헌 황한성을 기리기 위한 숭조사업 일환으로 1895년에 마을 안쪽에 건립했다. 경자년(1960)에 현재 위치인 마을 위쪽으로 이건 하였다. 2009년에 안동시 유형유산으로 지정되었다. 덕분에 시 예산을 보조받고 문중에서 기금을 보태어 2013년에 말끔하게 보수했다.

평해 황씨를 결속시키는 자랑스러운 공간 취적헌

현재 취적헌은 문중의 화수회나 큰 일이 있을 때 모임 장소로 주로 이용된다. 가을 묘제 때 비가 오면 이곳에서 망제를 지내기도 한다. 개인주의가 팽배해진 이 시대에도 평해황씨를 결속시키는 자랑스러운 공간인 셈이다.

취적헌 뒤에는 '옛터'가 남아있다. 지금은 밭이 되었지만 옛터는 마을 입향조인 삼척 김씨 할머니가 처음 목현 고개를 넘기 전에 쉬어가던 터이다. 황씨들의 큰집인 인금마을에서 남편과 사별했다. 어린 아들 하응을 데리고 살 곳을 찾아 나섰으나 풍산은 이미 다 차지한 뒤였다. 당초에 서미1리를 향해 떠난 길이다. 큰 나무가 있는 고개가 너무 가팔라서 더 이상 넘지 못했다. '대목재'란 마을 이름도 여기서 나왔다. 비교적 편편한 이곳에 정착하여 마을 이름을 목현木縣이라 했다고 전해진다. 김씨 할머니는 황석태 노인회장의 12대 조모이다.

목현에는 마을 안에 친구가 없다고 한다. 돌담과 흙벽을 뒤덮은 담쟁이넝쿨처럼 일가친척들이 모여 살기 때문이다. 이렇다 할 문화유산도 없다. 취적헌이 유일한 등록유산이다. 조상 자랑하며 어깨에 힘주는 사람도 없다. 그저 보통사람들이 효를 실천하며 아름다운 풍속을 지키려 애쓰는 순박한 마을이다. 나를 응원하고 빌어주는 가족이 있다는 것은 얼마나 큰 힘이 되겠는가.

쉼터에서 막차를 기다리는 동안 어스름이 내렸다. 길 건너 샛별교회 십자가에 빨간불이 들어왔다. 골목 안 어느 집에선가 저녁연기가 피어오른다. 마음속엔 벌써 보름달이 둥실 떠오른다.

200년 된 토갓 느티나무

종점 기행
14

시내버스 34번 종점, 토갓·사시나무골

외가 가는 길

'북쪽에서 온 말은 북녘 바람을 향해 서고 남쪽 땅에서 온 새는 남녘으로 뻗은 가지에 둥지를 튼다.'고 했던가. 추석이 코앞이다. 이미 귀성전쟁이 시작되었다는 뉴스를 들으며 종점 기행을 떠났다. 이번 여행지는 안동시 남선면 도로리 사시나무골, 내 안태고향이자 외가 마을이다. 외가를 생각하면 늘 애틋하고 마음이 따뜻해진다. 그리운 얼굴을 한꺼번에 볼 수 있는 좋은 기회라 가슴이 설렌다.

사시나무골 가는 버스는 21번과 34번이다. 21번은 용상, 송천, 남선면 소재지를 거쳐서 가고, 34번은 토갓, 상무수무, 현내쪽으로 간다. 유년시절을 보낸 남후면 개곡리에서 오가던 길과 겹치는 34번 코스를 선택했다. 도중에 토갓 마을에도 들렀다.

버스는 하루 세 번 들어간다. 안동초등앞에서 출발한 13시 30분 버스는 붐비지 않았다. 장보따리를 든 할머니를 따라 토갓 종점에 내리자 걱정스러운 얼굴로 묻는다.

"어예 갈라고 여기서 내리니껴?"

"막차로 가면 돼요."

"그 때 까정 뭐 할라고요?"

"마을 구경하려고요."

외숙모 친정이 토갓이다. 행정구역상 원림 2리다. 종점인 상 마을과 토선저수지 부근의 중 마을로 나뉜다. 깊은 산골인 줄 알았더니 시내에서 버스로 20분 거리다. 도로도 평탄하고 골목길도 자동차가 지나갈 만큼 넓다. 빈 집이 더러 보이고, 산뜻한 전원주택도 곳곳에 들어섰다. 산이 막힌 종점 마을이어서인지 조용하고 아늑하다.

함께 내린 할머니가 마을 회관에 쉬어가라고 했다. 낯선 나그네가 궁금했는지 어르신들이 한 분씩 마을회관으로 모여들었다. 객지에 나간 자식들은 내일이나 되어야 온다며 초로의 어르신들은 태평스럽게 시간을 보냈다. 서른 두 가구가 모여 사는 토갓 마을에는 경주 이씨와 평택 임씨가 많다. 육칠십 대가

01 사시나무골이 고향인 박병주 씨 ㈜하상 에듀 대표
02 토갓 이동진 이장님
03 남선면장을 역임한 사시나무골 임영기 씨
04, 05 사시나무골 권명식 씨 내외

대부분이다. 최근에는 공기 맑고 한갓진 곳을 찾아 귀촌한 오십대도 몇 집 된다. 여느 농촌처럼 평소에는 아이들 구경하기 힘들다.

마을 이야기를 묻자 이유섭(78세) 할아버지는 이장님 댁에 가보라고 한다. 걷기엔 멀다며 이분옥 할머니는 자전거를 빌려주셨다. 자전거는 이장님 덤프트럭에 얹어 마을회관에 갖다 놓으라 하면 된다고.

오랜만에 자전거를 탔다. 메밀꽃이 한창이다. 홍시가 떨어진 감나무 그늘을 지나고, 돌배나무도 스쳤다. 마을회관과 팔각정을 벗어나자 도로 양옆으로 들판이 펼쳐진다.

외숙모의 팔베개

도로변에 느티나무가 서 있다. 200살 가까이 된 고목이다. 하마비가 없어도 내리는 게 나무에 대한 예의가 아닐까. 보호수로 지정된 나무에는 오래도록 금줄을 치고 동수로 대접했다. 예전에는 나무 앞에 동물 모양 석상이 있었다는데 행방이 묘연하다. 정월 열나흘 밤에 고사 지내고 나무 앞에 제물을 두면 누가 먹어 치웠는지 음식이 없어졌다. 언젠가부터 동제 풍습도 사라지고 나뭇가지는 바닥으로 처졌다. 대구에서 철공 일 하는 분이 안타까이 여겨 철제 보조대를 받쳐 놓았다고 한다. 나무는 아직도 두터운 그늘을 드리우고 길손을 기다린다.

우람한 가지를 옆으로 길게 늘어뜨린 노거수를 보는 순간 외숙모가 생각났다. 어릴 적 외가에 가면 그 많은 조카, 생질녀들에게 양팔을 펼쳐 팔베개를 해주고 이야기를 들려주던 바로 그 모습이다. 외숙모는 입담이 좋았다. 한 방 가득한 애, 어른을 들었다 놓았다 하며 울렸다 웃기는 재주를 가졌다. 우리들은 서로 외숙모 옆자리를 차지하기 위해 치열하게 쟁탈전을 벌였다. 정작 당신의 육 남매는 손님 대접하느라 뒷전으로 밀려났다. 그런 외숙모가 계셨기에 방학이 가까워지면 외가 갈 날을 고대했다.

토갓 골목 안 메밀꽃

아주 오래전에는 느티나무 주변이 주막거리였다. 느티나무 옆 농로를 따라 토갓재를 넘으면 의성 단촌으로 가는 길이다. 임혁수(75세)할아버지는
 "소장수들이 소를 사 몰고 송아지 다섯 마리씩 묶어서 가는 것을 수타 봤지. 나뭇짐 지고 안동장 까지 삼십 리 길을 걸어도 다녔고. 산 능선을 타고 가면 운산장도 시오리밖에 되지 않아 소 팔러 가고 쌀을 사러 가기도 했다."며 회상했다. "산골이라 밭농사를 주로 해서 쌀은 사서 먹어야 할 형편이었다. 한나절이면 다녀올 수 있는 운산장에서는 같은 값이라도 되가 후한 것을 고를 수 있었다."
 다시 자전거 페달을 밟는다. 가지가 휠 듯 풍작인 대추나무와 밤송이도 고개를 주억거린다. 과원의 사과 향이 그윽하다. 우사가 있는 토가 농장에서는 장대로 호두를 따는 중이었다. 호두도 때가 되면 겉껍질이 저절로 열린다는

걸 처음 확인한 순간이다. 햇살 가득한 들길을 통과했다. 군데군데 코스모스가 일렁이는 한적한 시골길이다. 바람을 가르며 달리는 기분이 상쾌하다. 이장님 댁에 도착하니 외출 중이다. 주인 없는 집 마당에 자전거를 세워두었다.

된장 담그는 남자

토갓 된장촌 표지판을 따라 올라갔다. 산비탈에는 보랏빛 잔대 꽃이 눈길을 끌었다. 지은 지 얼마 안 된 황토집이다. 뜰에는 반들거리는 옹기 항아리가 그득했다. 인기척을 하자 곱상한 청년이 나왔다. 된장촌 대표 김헌수 씨(34세)다. 알고 보니 그는 이장님 사위였다. 깊지 않은 골짜기는 안으로 갈수록 미끈한 낙엽송이 빼곡하다. 터가 좋아 보인다 했더니 처음엔 전봇대 하나 없고 휴대폰도 안 터졌다고 한다. 문명에서 비켜선 곳, 이곳이야말로 사람이 살만한 곳이 아닌가.

헌수 씨는 한 때 영어 학원 강사였다. 아내 이유정 씨와 성당 행사에서 만난 동갑내기 부부다. 아직 미혼이라 해도 믿어질 만큼 풋풋한 두 사람이 된장을 담게 된 사연을 들었다.

소금결정체를 바라보는 토갓 된장촌 김헌수, 이유정 부부

토갓 마을 유래가 된 옥토망월형 산

"장모님께서 담은 된장이 맛있다고 소문이 났어요. 주변 사람들과 나누어 먹다 보니 만들어 팔아도 되겠다 싶었어요. 처음에 메주 100말을 쑤었는데 아름 아름으로 다 팔렸어요. 차츰 양을 늘리게 되어 요즘은 삼사백 말의 메주를 쑤게 되었지요."

이제 장모님은 뒤에서 훈수 두고 사위 헌수 씨와 딸 유정 씨가 도맡아서 꾸려나간다. 즐비한 항아리 유리 뚜껑에 흰 구름이 놀다 간다. 그곳엔 재래식 된장뿐만 아니라 청국장, 검은콩 재래식 된장, 어육장, 재래식 간장이 있었다. 몇 년 묵은 간장독 아래 진귀한 보석이 숨어 있었다. 바로 소금의 결정체다. 진갈색 간장이 베어 조각조각 빛을 발하는 소금은 요리 고수들이 즐겨 찾는다고.

　헌수 씨가 위생장갑을 꼈다. 토갓 된장촌 비장의 무기인 어육장을 보여주기 위해서다. 항아리 뚜껑을 열자 잘 익은 된장 내음이 식욕을 돋우었다. 흰 살 생선인 대구, 참돔과 쇠고기 사태, 닭고기, 꿩고기 등을 넣는다. 땅속에서 1년 있다가 가르기를 하고, 또 1년간 숙성시킨다. 담아서 먹기까지 2년이나 걸린다. 어육장 맛이 궁금하다 했더니 돌아올 때 맛보라며 챙겨주었다. 다음 날 아침 바로 찌개를 끓였다. 과연 영양과 맛을 두루 만족시킬 만 했다.
　지금은 메주가 더 많이 나가는데 앞으로 판로가 걱정이라고. 쌀 소비량이 줄어드는 만큼 된장 간장도 소비가 줄어들 터이다. 하지만 한국 사람이 된장 간장을 먹지 않고 살 수 있겠는가. 날이 갈수록 번거로운 장 담기를 제 손으로

할 수 있는 사람은 그리 많지 않으리라. 바쁜 세상에 집집마다 장을 담기보다는, 전문가에게 맡기고 각자 잘할 수 있는 일을 하는 게 효율적일 수 있겠다.

열사흘 달이 뜰 무렵 이장님(이동진 64세)이 된장촌에 오셨다. 농사꾼답지 않게 피부가 깨끗하고 인상이 환하다. 그는 객지에 나갔다가 19년 전에 귀향했다. 어릴 적에는 상 마을에 살았지만 지금은 중 마을에 자리 잡았다. 단애가 있는 개울에 작은 다리를 놓았다. 어른들이 경작하던 논을 밀어 집을 짓고 골짜기를 접수했다.

"사위가 학원이 잘 안 된다 그래. 들오라 해서 된장을 가르쳤더니 이제는 우리보다 더 나. 젊은이가 하니 기특하다고 주변에서 잘 가르쳐 주기도 하고"

이장님은 "마을의 남동쪽 산이 반달모양이라 옥토망월형玉兎望月形 명당이라 여겨 안동 권씨가 묘를 써 놓았다"고 했다. 토갓이란 지명도 여기서 유래한다.

막차가 올 때까지 이장님 댁에서 기다렸다. 사모님이 안동식혜와 감주를 내왔는데 입에 착 달라붙었다. 장을 잘 담그는 분인 만큼 음식 솜씨도 좋았다. '한 고을의 정치는 술맛으로 알고 한 집안의 일은 장맛으로 안다'는 속담이 있다. 장맛 좋은 집은 복이 있다는데 이장님은 복 많은 남자였다.

이장님은 삼 년 전부터 미련이 남았던 그림을 시작했다. 농사일 틈틈이 취미 생활을 하며 여유를 부린다. 거실 벽에 걸린 유화 풍경화가 자작품이다. 목가적인 풍광의 차분한 그림이 그의 심상을 대변하는 듯하다. 그는 앞으로 토갓 된장촌은 사위에게 일임하고 더 조용한 곳으로 들어가 노후를 보내고 싶어 한다.

높실 열 두 마을

다음 날은 원림농협 앞에서 34번 버스를 탔다. 폐교가 된 원림초등 주변은 전원주택이 많이 들어서 몰라보게 달라졌다. 상무수무를 돌아 나온 버스는 현내로 향했다. 이곳 어른들은 '높실 열 두 마을'이라는 말을 자주한다. 한 마을

사시나무골 전경

이 여기 저기 몇 가구씩 떨어져 있어 불리게 된 까닭이다.

현재 '나그네쉼터' 주변에 있던 당나무도 사라졌다. 외가에 갈 때 당나무 고개에 도착하면 거의 다왔다는 안도감을 갖게 하던 곳이다. 소원을 빌며 쌓아놓은 돌무지와 금줄이 으스스하게 느껴지기도 했다. 지름길이던 옛길은 인적이 드물어 띠풀 속에 갇혀버렸다. 안포선에 진입한 버스는 몇 구비 돌아 사시나무골 앞에 나를 내려주었다.

사시나무골은 마을 주위에 사시나무가 많다고 붙여진 이름이나 지금은 거의 없어졌다. 마을 초입 외조부모님 묘소로 향하다가 발길이 머뭇거렸다. 낮에도 산돼지가 출몰한다는 뉴스가 떠올라 먼발치에서 고개를 숙이고 말았다. 외할아버지가 미꾸라지 잡던 진 뱀의 논에는 설핏 노릇한 기운이 번진다. 벼 익어가는 내음이 코끝에 닿는다. 고향의 향기다.

마을 표석이 보이는 곳에 이르자 쓰르라미 소리가 요란하다. 채송화 꽃길을 따라 마을 안으로 들어섰다. 첫 집 주방에서 자근자근 방망이로 더덕 찧는 소리가 들린다. 마당에 피워놓은 모깃불 연기가 구수하다. 외가 큰집이 있던 공터에서 외육촌 오빠(박병석 씨, 58세)를 만났다. 형제들 중 유일하게 고향을 지키는 그는 마을에서 젊은 편이다.

외가에 도착했다. 예전 집터에 새로 지은 양옥과 대문이 아직도 낯설다. 외가를 생각하면 옛집이 먼저 떠오른다. 내가 태어난 아래채와, 툇마루가 있던 나직한 사랑채, 아래채 옆에는 바람이 넘나드는 재래식 화장실이 두 개나 있었다. 마당가에 주렁주렁 매달린 포도송이와 사랑방 윗방에 싸리발을 두르고 겨우내 갈무리하던 고구마가 방학이면 나를 외가로 유혹했다. 집 뒤에는 대나무 참나무가 우거진 동산이었다. 갈바람 불 때마다 서걱이던 댓잎 소리, 고구마 찐 가마솥 뚜껑 여는 소리, 뒷문 밖에 소리 없이 지던 굴참나무 잎이 아련하다.

외할아버지는 엄하면서도 공정했다. 먹을 것이 생기면 남녀노소 차별하지 않고 똑같이 분배했다. 호랑이 할아버지로 소문났지만 가끔씩 만나는 외손주에겐 한없이 후했다. 외할머니와 내외분이 날마다 십 원짜리 민화투를 쳤다. 라디오를 끼고 살았고 김세레나 노래를 좋아했다. 사랑방의 벽 한 면에는 풍경 좋은 달력 그림으로 도배하고 와유를 즐겼다.

외사촌 큰오빠 가족이 미리 와있었다. 올케와 질부는 참깨 인절미를 만들어 담고 있었다. 부침개는 이미 다 부친 터였다.

내 손으로 받아 키운 거라

홀로 남은 외숙모(이남행 89세)는 이제 마을에서 최고령자다. 목소리는 여전히 힘이 세지만 허리와 다리가 아파 일이 겁난다. 그래도 명절에 오는 가족들에게 먹이려고 뒤뜰에 떨어지는 도토리를 하나둘씩 주워 모아 매끈한 도토리

땅콩 캐는 외숙모 이남행 할머니

묵을 쑤었다. 매콤하면서 달착지근한 안동식혜는 기본이다. 추석엔 성묘 때문에 작은 외삼촌 휘하의 사촌 형제들도 함께 모이므로 대가족이다.

외숙모는 나의 탯줄을 자른 분이기도 하다.

"내 손으로 받아 키운 거라 아무래도 정이 달라. 다섯 칠 지나서 보내고 나이 얼매나 보고 싶은지. 너 엄마가 안동시내 법상동에 살림 나 있을 때였지. 잠깐 들다보고 올라고 무작정 찾아갔어. 하필 본가에서 손님이 왔는지 처마 밑에 신발이 수북해. 그 사람들 때문에 보도 못하고 그냥 도망 왔뿌랬어."

짠한 이야기를 듣고 마당을 나섰다. 사시나무골은 예전부터 자그마한 마을이다. 스무 가구 남짓 했던 곳이 이제 열두 집 남았다. 남의 집 사정을 훤히 꿰뚫고 사는 편이다. 왼쪽 골짜기로 발길을 옮겼다.

골목이 훤해졌다. 잔디를 심고 정원을 가꾼 이층집이 들어섰기 때문이다. 삼년 전에 이사 온 임영기(60세) 씨 댁이다. 공직 생활 시작과 끝을 남선면사무소에서 보낸 그는 올 하반기부터 공로연수 중이다. 아직 면장님으로 불린다. 퇴직 후 텃밭을 가꾸며 자연 속에서 살만한 곳을 찾다가 이곳에 자리 잡았다. 주민들은 면장님이 온 후로 낙후되었던 동네가 부쩍 달라져 반기는 눈치다.

고소한 부침개 냄새와 북적거리는 식구들이 명절을 실감케 한다. 면장님은 당신이 시골에 있어 가족들이 추석 맛을 느낀다니 다행이라며 흐뭇해한다.

풀처럼 사는 사람들

현관 입구에 초혜당草慧堂이란 당호가 눈길을 끈다. 뜻을 여쭈어 보니 "인생을 풀처럼 살아야 한다는 뜻입니다. 한 포기 풀이 약초밭에 자라면 약초가 되고, 농작물 밭에 자라면 잡초가 되지요. 또 산야에 자라면 토양이식을 막아 나름 역할을 하고요. 결국 내가 있을 곳에 있어야 하고, 남과 더불어 살아야 한다. 남에게 피해 주지 않고 필요한 사람이 되어야 한다."고 풀어주셨다. 현판은 보건직 공무원이자 서예가인 부인(권영란 씨, 59세)이 손수 서각한 작품이다.

이웃에는 권명식(82세)할아버지 내외가 마당에 나와 계셨다. 권 할아버지는 친정 엄마와 초등 동창이다. 자식들 참기름은 평생 당신 손으로 짜 먹인다며 참깨를 손질하던 할머니도 반가워했다. 할아버지는 우리엄마가 시집갈 때 새절골 필두씨와 가마를 매었다고 한다.

"시월에 명주바지저고리 위에 까만 조끼를 입었는데 옷이 흠뻑 젖었어. 외할아버지가 엄했어. 가마꾼 죽는다, 걷기라 그랬지."

재 넘을 때는 새색시도 걸어가다가 더티 마을부터는 가마를 탔다고. 소 지르매에 혼수를 잔뜩 싣고 가는 걸 보고 마을 사람들이 신부 구경하러 몰려왔다며 지난날을 회고했다.

마을 끝자락 커다란 버드나무가 서 있어 번남 밖이라 불리는 곳에 외가 밭이 있다. 뭔가 허전하다 싶더니 오래 된 버드나무가 베어지고 새순이 무성하다. 옆에는 팔각정을 세워놓았다.

어느 새 외숙모가 밭에 나와 땅콩을 캐고 계셨다. 도랑가에 여뀌, 고마리, 물봉선화가 애잔하다. 물봉선화는 아주 작은 새떼가 고개를 외로 꼬고 있는 듯하다. 좁다란 농로를 따라 외가 밤나무가 몇 그루 있던 곳 까지 올라가 보았다. 아람이 막 벌어지는 참이었다.

옛 생각에 젖어 개미나리꽃 주변을 서성일 때 벨이 울렸다. 외사촌 오빠였다. 팔촌 이내 친척이 모이는 대파 문화를 하러 모두들 시내에 간다고 했다. 당연히 마을에서 할 줄 알았다. 문중회의도 식당에서 부부동반으로 참여한다니 격세지감을 느낀다. 육촌들까지만 모이는 소파 문화는 여전히 추석 당일 외가에서 한다고.

곳곳에 추억이 서려있는 남선이다. 사시나무골은 변함없이 긴 팔로 나를 맞이했다. 정겨운 산과 들을 눈 속에 마음속에 가득 채웠다. 얼굴만 마주해도 반가운 피붙이들과 짧은 만남이 마냥 아쉽다. 쑥부쟁이가 지천으로 피었던 길, 타박타박 걸어서 재를 넘었던 먼 길을 버스 타고 휘리릭 돌았다. 세파에 찌들고 힘겨울 때마다 길에서 만난 순박한 얼굴들, 내 영혼이 따뜻했던 날들을 떠올리게 될 것이다. 언제든 달려가 안길 수 있는 나의 시원, 안태고향이 지척에 있어 얼마나 다행인가. 외숙모가 싸 주신 도토리묵과 땅콩을 들고 차에 올랐다.

영봉사에서 내려다 본 풍경

종점 기행
15

시내버스 54번 종점, 옹천 압령골

가재가 내려오는 영봉사

시절이 수상하다. 어수선한 세상을 지엄한 하늘이 단죄라도 한 걸까. 가을을 제대로 즐길 겨를도 없이 북풍 한파가 몰아쳤다. 십일월 초순에 된서리가 내렸다. 도심의 은행나무는 화려한 외출은 꿈도 못 꾸고 푸르죽죽한 옷자락을 맥없이 내려놓았다.

어지러운 머리를 헹구고자 내성천이 보이는 영봉사詠鳳寺로 종점 기행을 떠났다.

영봉사는 안동시 북후면 석탑리 학가산 북쪽에 자리하는 암자형 사찰이다. 일명 대음암大陰菴이라고 한다.

내성천은 경상북도 봉화군 물야면 오전리의 선달산(1236m)에서 발원하여 남류 및 남서류 하여 영주시, 예천군을 지나 문경시 영순면 달지리에서 낙동강에 합류하는 하천이다. 안동시 북후면의 북서쪽 끝에는 낙동강의 지류인 내성천이 월전리에서 석탑리까지 면 경계를 따라 5.8km 서류하면서, 높은 산악

지대에 있는 석탑리 북쪽 자락에 구둠실 · 압령골 등 자연마을과 평한 농경지를 형성해 놓았다.[1)]

구둠실 초입에 닿는 버스는 하루 네 번 운행한다. 아침 8시 10분, 54번 옹천·압령골 행 버스에 올랐다. 교보생명 건너편 출발지부터 승객이 제법 많다. 신시장에서 몇 분이 더 타고 안기동에서 할머니 여러분이 탔다. 만차다. 목적지까지 가려면 한 시간은 족히 걸리지만 할머니께 자리를 양보하고 나니 마음은 편하다. 할머니들은 아침부터 옹천 보건소에 일하러 가는 길이었다. 노인 일자리 창출 일환으로 일주일에 두세 번씩 한나절 동안 청소 한다. 일행 중 최고령인 김순영 할머니(79세)는 나이가 많아 이런 일자리마저 마지막이 될 것 같다며 아쉬워한다.

제비원 미륵불을 지나고 버스는 4차선 국도에 올랐다. 영명학교 앞 보릿고개에서 몇 사람이 내렸다. 할머니와 이야기를 나누다 보니 버스는 옹천면 소재지에 들어섰다. 옹천 정류소에서 대부분이 내리고 다시 몇 사람이 탔다. 버스는 옹천 삼거리에서 928번 지방도로 접어들었다.

예천·학가산 방면이다. 두산리부터 굽이굽이 오르막 내리막이 이어지는 산골이다. 갑자기 닥친 추위에 히터를 틀어주는 기사님이 고맙다. 외부와 기온차로 차창엔 하얗게 김이 서린다. 손가락으로 퇴창을 내어 바깥을 내다본다. 들판은 아직 가을걷이가 끝나지 않았다. 된서리에 고춧대가 삶겨서 후줄근하다. 두산리에는 마른 콩대가 그대로 서있다. 고지대인 월전리와 신전리에도 수확을 기다리는 사과밭이 즐비하다. 신전리 입구 김삿갓 소나무를 지나고 피라미드처럼 쌓아 올린 방단형 적석탑도 지난다. 석탑사부터는 대절버스나 다름없다.

---

1) 내 고장 편람-북후면/안동문화원, 2014.

섬이 아홉 개나 있어

몇 구비 지나 구도리 표지석이 보이는 곳에서 내렸다. 맞은편에 '대한조계종 영봉사 1.6km'라는 이정표가 서 있다.

구도리九島里는 '구둠실', '구도실九島室'로도 불린다. 이 마을 앞을 흐르는 내성천에 섬이 아홉 개나 있었다는 데서 유래한다. 심한 홍수로 섬이 모두 떠내려가고 지금은 없다.[2]

언덕 위에서 내려다보면 민가는 산 아래 엎드려있는 듯하다. 보이는 게 다는 아닌가 보다. 황상기 석탑리 이장은 마을 실상을 알려주었다.

구도리 마을 전경

---

[2] 내 고장 편람-북후면/안동문화원, 2014.

"현재 구도리에는 열다섯 가구, 30여 명 주민이 산다고 보면 돼요. 마을에 아이도 없고 학생은 고등학생 한 명뿐이래요. 그마저 학군이 영주로 되어 있어요. 이곳 주민들은 안동시민이지만 생활은 주로 영주에서 해요. 영주는 20분이면 가지만 안동은 40분 이상 걸리니까."

억새가 핀 언덕길을 따라 구도리로 내려갔다. 비탈 밭에는 끝물 고추가 대궁에 매달린 채로 말라간다. 밭두렁 논두렁에 서리꽃이 하얗게 피었다.

들판의 벼는 거의 추수를 마쳤건만 제법 너른 논배미 한 곳이 남아 있었다. 고개는 숙이되 허리는 꼿꼿한 벼 위로 아침햇살이 부서졌다. 구도리 주민 김종철 씨는 삽으로 물고를 틔워 논물을 빼고 있었다. 배수가 잘 되지 않아 늦게 내린 빗물이 논바닥에 흥건하다. 농기계를 다 갖추지 못해 남의 손을 빌려 탈곡을 해야 할 판이다. 농약 값 비료 값까지 제하고 나면 이래저래 벼농사도 별로 재미가 없다고 한다.

모래가 고운 내성천 둑길을 걸었다. 숱한 반대에도 지난여름 영주댐은 예정대로 담수를 시작했다. 내성천은 모래 속으로도 흐르기 때문일까. 속울음을

구도리 김종철 씨

삼킨 물소리가 거의 들리지 않는다. 마을 앞 둑길이 끝나는가 싶더니 영봉사 표석이 보인다.

봉황이 새끼 치는 영봉사

영봉사는 1200여 년 전 통일신라시대 의상대사가 창건했다고 전해진다. 그 후 여러 차례 중건을 거듭하다가 1957년 9월에 도희道喜대사가 사재 토지를 매각하여 재 중건한 건물이 전해왔다.

전설에 의하면,

'옛날 의상대사가 부석사浮石寺를 창건하고 나서 신통력으로 한지에 학을 그려 하늘로 날렸다. 하늘로 날린 종이학이 살아 있는 학으로 변해 사찰이 들어설 네 곳에 앉았는데, 학가산鶴駕山으로 날아와 처음 안착한 곳이 현재 영봉사詠鳳寺가 있는 경상북도 안동시 북후면 석탑리였다. 첫울음을 운 곳은 예천군 상리면 명봉리의 명봉사鳴鳳寺이고, 잠시 쉬어 간 곳은 안동시 북후면 옹천리의 봉서사鳳棲寺이며, 학이 멈추었던 곳은 현재 가장 큰 절이 된 안동시 서후면의 봉정사鳳停寺라고 한다. 이러한 연유로 이들 절 이름에는 '봉鳳' 자가 들어가게 되었다.'[3]

고 한다.

십여 년 전 영봉사를 처음 찾던 여름날이 떠오른다. 승용차로 가파른 언덕길을 오르느라 얼마나 조바심했던지. 이끼 낀 고기와에 고졸한 극락전이 산사의 정취를 더했다.

요사채도 없이 주방 하나 딸린 방이 스님 거처였다. 기도하면서 하룻밤 절에서 묵었다.

---

[3] http://andong.grandculture.net 디지털 안동문화대전

다음날 스님은 출타하시고 매미가 목청이 터져라 울어대는 절집에 온종일 찾아오는 사람이 없었다. 다만 학가산에서 배관을 타고 내려온 가재 두 마리가 친구가 되었다.

그 사이에 언덕길은 넓어지고 경사도 완만해진 듯하다. 깊고도 청정한 숲 향기를 맡으며 낙엽 밟는 재미가 쏠쏠하다. 가지를 옮겨 앉는 새소리, 바람 따라 비행하는 낙엽들, 길섶에 내려앉은 서리꽃이 어우러져 아침 숲길은 어지러운 마음을 헹구기에 충분하다. 고개를 들면 언덕 위 나무 사이로 아침 빛살이 따스하게 스며든다. 다소 숨이 차오를 무렵에야 산사 한 귀퉁이가 모습을 드러낸다. 각오를 단단히 해서일까. 진입로가 짧게 느껴질 정도이다.

높은 언덕 위 영봉사 마당으로 들어섰다. 생강나무가 허리 굽혀 중생을 맞이한다. 스님은 외출하신 듯 인기척을 해도 반응이 없다. 풍경소리마저 들리지 않고 시간이 정지된 느낌이다. 극락전 아미타 부처님이 지장보살 관세음보살과 함께 산사를 지키고 있다. 오랜만에 부처님께 참배하고 뒤란으로 향했다. 축대 위에 맨몸을 드러낸 간지럼나무 옆에 산신각이 보인다. 산신각 옆에 자그마한 야외 불상이 앙증맞다. 발길이 뜸한 사이에 가람 풍광이 바뀌었다. 극락전은 전면 보수해서 새집이 되었다. 요사채인 향로전도 새로 짓고 벽에 심우도를 그려놓았다. 물 좋기로 소문난 곳답게 우물이 있는 용신각도 전각을 세웠다. 해우소도 극락전 아래 멀찌감치 새로 들어섰다. 높은 산중에 불사를 하느라 인부들이 무척이나 힘들었을 것 같다. 시원시원한 비구니 스님이 그동안 안팎으로 일을 많이 해놓았다.

그래도 빛바랜 유적처럼 세월의 무게를 견뎌온 건물 하나가 남아 반갑다. 후박나무 옆 자그마한 재래식 해우소이다. 사방 판자를 두르고 자주색 함석으로 맞배지붕을 올렸다. 정갈한 해우소 안에는 부엌에서 나온 재를 두었다. 볼일을 보고 나면 재로 뒤처리해서 거름으로 사용하는 모습이 신선했다. 더구나 원해 스님이 심었다는 후박나무는 커다란 잎이 후덕한 스님을 보는 듯하다.

01 영봉사 극락전
02 영봉사 용신각
03 영봉사 후박나무와 재래식 해우소

　혹시나 해서 영봉사 전화번호를 누르니 원해 스님이 받는다.
　"오랜만에 오셨는데 우짜겠노, 요즘 고운사 사찰음식 때문에 일찍 나왔다가 다섯 시 넘어야 가는데."라고 한다. 그 때면 시내버스도 끊기고 나갈 길이 막막하다. 인연이 닿으면 다시 뵐 날이 있으리라.
　영봉사가 자리한 곳은 봉황이 새끼를 낳기 위해 엎드린 형국이라고 한다. 봉황은 새끼를 낳고 기르는 동안 몸이 야위어가기 때문에 절이 피폐해져 가고 있는 것이며, 새끼는 자라면 절을 떠나기 때문에 신도들이 점점 줄어든다는 것이다. 하지만 안으로는 조왕대신竈王大神이 살림살이를 주관하고, 밖으로는 산신이 부처님을 수호한다는 민간 신앙적 믿음이 영봉사를 지켜 주고 있으니 이만큼이라도 지탱이 되나보다.

　이끼 낀 커다란 바위 위에 막돌로 돌탑을 쌓아 놓았다. 마당 입구와 화단에도 자연석 돌탑이다. 자연 미인처럼 꾸미지 않은 듯 한 탑들이 정겹다. 바위 옆에 서면 시야가 트인다. 접은 팔처럼 굽은 언덕길 아래 세상으로 향하는 길이 열려있다. 멀리 내성천 건너 연봉들이 겹겹이 다가선다. 청명한 하늘 덕분

영봉사 석탑

구도리 느티나무와 보호비

에 소백산 연화봉까지 보일 정도로.

고즈넉한 절집에서 향로전 심우도를 보며 견성을 해볼 만하다. 극락전 양지 바른 툇마루는 적막을 벗 삼기에 그만이다. 산중의 알싸한 공기가 기분 좋게 감겨온다. 가끔은 일상을 벗어나 아무것도 하지 않는 무위의 시간도 필요하지 않을까. 한나절이 훌쩍 지나 산사에서 내려왔다.

구둠실 마을길을 따라 걷다 보니 '구도리 느티나무 보호비'가 서있다.

비석에는 '1624년 (인조 2년) 이괄의 난이 일어났을 때, 그의 부하였던 성(成)장군이 연루되어 이곳으로 유배왔다. 황무지를 개척하여 삶의 터전을 마련하고 느티나무와 팽나무를 심었다. 한 때는 마을의 쉼터가 되고 동제를 지내던 400년 가까이 되었을 팽나무는 사라졌다. 마을 들길 가운데 빗돌로 자취만 남아있다. 느티나무도 원줄기는 고사하고 새순이 나와 명맥을 유지해간다. 마을에서는 이를 기념하기 위해 느티나무 계를 조직하여 애향심을 키우고 동민 상호간 친목을 도모한다.'는 미담이 적혀 있었다. 마을 뒷산 성 장군 묘소는 후손이 없어 관리가 제대로 되지 않아 아쉽다.

없는 사람이 있는 사람 못 이겨

마당에서 생강을 박스에 포장하는 서영한(79세)씨 가족을 만났다. 서씨 부자가 뜻을 맞추어 일하는 모습이 보기 좋았다. 아들 서석호(54세)씨는 "지난해 8

만 원하던 생강이 3만 원으로 폭락해 올해 생강 농사는 헛농사가 되고 말았어요."라고 한탄했다.

서영한 씨는 뼈 있는 말을 했다.

"앞으로 농촌이 거북해요. 이 동네도 농사짓는 사람 몇이 안돼요. 정부에서 벼농사 임대를 줘도 직불제는 지주가 가져가고, 농사 지어 볼라 해도 기계 값이 비싸지. 없는 사람이 있는 사람한테 못이겨."

한적한 차도를 따라 종점인 압령골까지 걸었다. 마을 초입 팔각정 쉼터 옆에 석탑 잠수교 준공 기념비가 서 있었다. 석탑교는 1985년 전적으로 안동시 예산으로 준공했다고 한다. 압령골 표지판 따라 골목을 한 바퀴 돌았다. 농부들은 더 추워지기 전에 추수하느라 마음이 분주한 듯하다. 일손을 도와주지는 못할망정 방해는 안 되어야겠다 싶어 서둘러 자리를 떴다. 농가에서 구수한 저녁연기가 피어올랐다.

늦가을 해가 짧다. 다섯 시 막차를 기다리며 석탑교 위를 서성거렸다. 석탑교를 건너면 영주시 문수면 조제리다. 위쪽 내성천 여원 물줄기가 고운 모래 위로 길게 누웠다. 물가에는 기러기 대신 까치가 몰려다니고 멀리 백사장에는 백로 한 마리 유유자적했다. 아래쪽은 갈대밭 너머 서녘 해가 눈부시다. 검은 강줄기는 윤슬로 빛났다. 강물은 낮은 목소리로 제 갈 길을 갔다. 혼탁한 세상이 흐르는 강물처럼 스스로 맑아지려면 얼마나 더 기다려야 할까. 내성천 맑은 물 따라 나도 흐르고 싶었다.

석탑교에서 본 내성천

애련사에서 세상으로 나가는 길, 단풍이 환하게 길을 밝힌다.

종점 기행 16

시내버스 77번 종점, 천주마을

늦가을 애련사에 올라

늦가을이면 친구 엄마가 생각난다. 몇 년 전 어느 가을날, 친구와 그녀의 엄마와 셋이서 교외에 갔을 때였다. 차창 밖으로 지는 낙엽이 당신 신세 같아 가을이 싫다고 하셨다. 인생의 늦가을에 이르면 그런 기분이 들 수도 있겠다. 그래도 좋은 거름이 되어 더 나은 토양을 만들 수 있다면 나름 의미가 있지 않을까. 단풍이 드는가 했더니 어느덧 서리가 내렸다. 더 늦기 전에 천주마을과 애련사의 가을을 만나고 싶었다.

학가산 남쪽 아래 천주마을로 향했다. 하루에 버스가 두 번 들어가는 오지다. 안동 교보생명 맞은편에서 8시 35분에 출발하는 77번 버스를 탔다. 버스 앞 유리창에 교통량 조사 기간 안내문이 붙어 있었다. 출발지 승객은 교통량 조사하는 뒷자리 청년과 우리 부부뿐이었다.

마침 안동 장날이었다. 신시장 버스 승강장에는 장꾼들이 빼곡했다. 7시 첫차로 와서 벌써 장을 보고 돌아가는 어른들이 버스에 올랐다.

내가 탄 버스는 안동터미널을 지나 학가산 온천을 끼고 돌았다. 콩 농사를 많이 하는 대두리 안내판도 스쳤다. 산골 밭에는 거두지 못한 콩대가 그대로 서있기도 했다.

굽이진 길을 몇 구비 돌았다. 길옆에는 서리 맞은 칡넝쿨이 후줄근하다. 깎아지른 길을 오르니 벌써 천주마을 종점이다. 안동에서 가장 높다는 학가산(882m) 중턱까지 버스가 올라갔다. 출발지에서 45분쯤 소요되었다.

멀리 바위가 곳곳에 박힌 산정에는 방송국과 통신사 송신탑이 여럿 솟아있었다.

"학가산鶴駕山은 안동부安東府의 서쪽 30리에 있으며 하가산下柯山이라고도 한다. 안동, 예천, 영천(현 영주) 세 고을이 둘러싸고 있으며 그 아래는 거찰과 소암들이 산허리에 펼쳐져 있다. 이곳에 올라 조망하면 안력이 다함이 있어 제산諸山이 구질丘垤과 같다. 소백산과 대치하여 속전에, '모양이 나르는 학과 같다'하여 학가산이라 한다. 산의 최고봉을 국사봉이라 하는데, 송암松巖 권호문權好文이 적성봉이라 고쳤다. 그 외에 유선봉, 삼모봉, 난가대, 학서대, 어풍대가 있는데 역시 송암이 이름 지었다. 산의 동쪽 모퉁이에 능인굴이 있다."라고 안동의 향토지〈영가지〉는 전한다.

77번 버스 기사 (임상필 씨, 48세)는 종점에서 잠시 휴식을 취했다. 그는 버스

천주마을 행 77번 시내버스와 기사 임상필 씨

안동장에 호두, 녹두, 재피 팔러 가는 오두호 할아버지

경력 10년이 다 되어간다. 요즘은 기사들이 하루 여덟 시간은 쉴 수 있게 제도가 바뀌었다. 쉬는 날은 그도 학가산 온천 인근 명리에서 농사를 짓는다.

천주마을은 워낙 고지대라 겨울에 길이 얼어붙으면 버스가 올라가지 못한다. 애련사까지 승용차가 들어가기에 버스 이용자가 많지 않다고 했다. 주로 마을 노인들이 병원 갈 때나 장 보러 가느라 이용하는 정도이다.

마을 어르신 두 분이 장에 간다며 나오셨다. 오두호 할아버지는 1936년생인데 정정하다. 어깨에 작은 가방 하나를 메고 계셨다. 장날에 뭔가 팔러 가는 것 같아 여쭈었더니 가방에 든 걸 차례로 꺼내 보여주셨다. 호두, 녹두, 재피 각 한 되씩이었다. 호두는 누구나 좋아할 견과라서 내가 사겠다고 했다. 할아버지는 장에 도착하기도 전에 호두를 팔아서 기분이 좋아 보였다. 나 또한 국산 호두를 산지에서 샀으니 득템한 셈이다.

깎아지른 절벽이 하늘을 받쳐주는 기둥과 같다

천주마을은 마을을 감싸고 있는 산이 하늘 거미가 줄을 친 형국이라 산 모양이 느릇하다(느릿하다)하여 '느릇'이라 불렀다. 학가산 정상으로 오르는 깎아지른 절벽이 하늘을 받쳐주는 기둥과 같다고 해서 '천주'라 하였다. 행정동은 자품리다. 초입에 '천주마을' 표석을 가운데 두고 마을길과 등산로가 나뉘었다.

그 옆에는 노송 몇 그루가 곡진한 자세로 쉬어가길 권했다. 소나무 아래 육각정 쉼터를 만들어 놓았다. '조선 시대 사헌부 감찰을 지낸 권방(權訪;1740, 영조16~1808, 순조8)이 병조좌랑에 제수되었으나 사직했다. 학가산 남쪽에 집을 세워 학림鶴林이라 자호하여 천석을 즐겼다.'고 '학류정'이라 현판을 붙여놓았다.

　학림은 대산 이상정을 통해 퇴계학을 계승하여 영남 학맥을 이어간 문인이다. 학가산을 무대로 한거하며 많은 시를 남겼다. 선생이 은거하였던 현재의 자품리는 학림공의 뛰어난 덕양과 인품으로 구한말 마을 이름을 재품리라 불렀다. 일제 강점기에 일인들이 재자를 놈 자로 바꾸어 자품리라 부르게 되었다. 정자 기둥에 적힌 학림의 시 몇 편이 산촌의 정취를 더한다.

반평생 이리저리 떠돌다가
숲에 깃든 오늘 비로소 편안하여라.
띠를 베고 나무 심어 흔연히 늙음 잊고
마당 쓸고 향 피우며 가난한대로 살려네.
구름 낀 병풍에 앉으니 산 빛은 그대로이고

천주마을 전경

걸음마다 패옥 소리 물소리도 새롭구나.
참됨을 길러 성품에 맡겨 자연스레 사니
거문고 서책 외에 한 티끌도 허락지 않네.
- 학림 권방 -

마을 안으로 발걸음을 옮겼다. 산비탈에 여덟 가구가 자리를 잡았다. 해주 오씨 집성촌이다. 타성은 박씨 한 집이다. 주민은 열다섯이다. 예전 대가족 한 집 식구 밖에 안 된다. 모두 60대 이상 어르신이다.

나중에 듣고 보니 등 너머 당재 밑에도 여섯 가구가 살고 있었다. 가보지는 못했지만 그곳 또한 천주마을이라 했다.

이제는 쓸모 잃은 담배 건조장이 보였다. 흙벽돌 한 장씩 찍어 공들인 그곳이 온통 담쟁이넝쿨 차지가 되었다. 붉게 노랗게 물든 담쟁이가 아침 햇살을 받아 눈이 부시도록 곱다.

마을은 고요하다. 손이 모자라 따지 못한 감이 까치밥으로 남았다. 울퉁불퉁한 모과도 때깔이 고와지고 가지가 휘었다. 텃밭에는 묶지도 않은 김장용 배추와 무가 풋풋하다. 배춧잎에는 구멍이 숭숭 나있다.

천주마을 표석 좌측으로 마을길을 통해 애련사에 간다.

학류정

오복석 할아버지네 호두와 망치

400년 된 애련사 옛 모습 (혜통스님이 중창 전에 촬영)

양지쪽에 오복석 할아버지가 작은 의자에 앉아 계셨다. 할머니는 장에 가시고 혼자 집을 지키셨다. 젊은 시절엔 부산에서 배에 짐을 싣고 내리는 일을 하다가 나이 들어 고향으로 돌아오셨다. 너무 힘든 일을 해서일까. 할아버지는 칠십 대인데 기력이 쇠잔해 보이고 말씀이 어눌했다.

학림이 예전에 유실수를 많이 심었다더니 지금도 집집마다 호두나무가 서 있다. 마당 한쪽 자연석 위에 호두 몇 개와 망치가 놓여 있었다. 주인장이 호두를 까먹어보라고 권했다. 망치로 어르듯 가볍게 내려쳤다. 단단하게 무장했던 호두가 본색을 드러내었다. 얻어먹은 호두가 유난히 고소한 건 왜일까.

애련사 가는 길

천주마을을 벗어나 애련사 가는 뒷길 좌우로 소나무와 참나무 숲이 우거졌다. 올해는 단풍이 늦은 편이다. 학가산은 내가 찾은 11월 초가 한창이었다. 생강나무가 샛노랗게 물들어 숲을 환하게 밝혔다. 산국

애련사 안내표지판

향기가 코끝을 스치고 나직한 곳에는 산구절초가 고개를 내밀었다. 가랑잎이 쌓인 한적한 숲길을 끝없이 걷고 싶었다. 천주마을에서 애련사까지는 30분가량 걸렸다.

애련사는 신라시대부터 학가산 중심부에 위치한 8방9암자 중 한 곳이라 한다. 조선 후기 이곳은 풍산읍 서미마을 출신으로 척화파 거두 청음 김상헌이 청나라에 볼모로 가기 직전 4년간 와신상담한 은둔지로도 알려져 있다.

애련사에 전해오는 이야기

스님 일정을 방해하고 싶지 않아 약속도 없이 애련사를 찾았다. 도학 스님이 나그네를 맞이했다. 법당에 참배하고 주지(석혜경. 74세) 스님 뵙기를 청했다. 아니나 다를까, 곧 외출하실 참이었다. 잠깐이나마 차 한 잔을 나누며 애련사에 얽힌 이야기와 지나 온 세월을 간략히 들을 수 있었다.

"애련사는 사실 애련암입니다. 광흥사 부설 암자예요. 1300여 년에 광흥사 지을 때 의상대사가 창건했지요. 의상대사가 부석사에 삼천 대중을 거느리고 있을 때 상원 스님하고 학가산 능인굴에 계신 능인 대사가 여기 살았어요. 십 대 제자 중에 둘이 여기서 살았던 거죠. 두 분이 공부도 열심히 하고 신통이 났어요.

상원 스님이 은사인 의상 대사한테 가서 말씀을 드렸어요. '저는 스님 제자라고 하지만 시자들이 많기 때문에 스님께 무얼 해드릴

담쟁이 넝쿨이 뒤덮은 담배 건조장에 단풍이 곱다.

불기2532년(서1978년) 중건한 애련사 극락전

방법이 없습니다. 다른 건 못하고 스님 계신 곳에 불을 밝혀 드리고 싶은데 허락을 해 주십시오.' 했더니 의상대사가 '그럼 그래라' 했다. 옛날에는 무량수전 석등 호롱에 기름으로 불을 켰답니다. 저녁만 되면 합장 삼배를 하고 애련암에서 손가락으로 딱 가리키면 부석사 무량수전 앞 석등에 불이 켜졌다고 하지요."

학조 대사와 애련암의 인연을 여쭈었다.

"학조 대사는 풍산 서미골 안동 권씨 장남인데 여기서 출가했어요. 그때는 이곳이 선암사였죠. 어려서 병을 많이 앓았는데 탁발하러 간 스님이 일러주었어요. '야는 그냥 있으면 병고로 많은 고초를 받을 것이고, 절에 들어와 살면 병이 낫고 스님이 되면 큰스님이 될 것이다.' 무조건 아이부터 살려야겠다 싶어 절로 보냈어요. 15년 이상 공부를 해서 도를 통한 곳이 바로 이곳이랍니다.

어느 초겨울 새벽에 눈이 와서 훤한데 학조 대사가 견성을 하고 밖에 나가 보았어요. 연못에도 하얗게 눈이 쌓였는데 하얀 연꽃이 피어있거든. 겨울에 도저히 필 수 없는 연꽃이 핀 것을 보고 '자연도 나의 깨달음을 축하해주는구나.' 하면서 선암사를 애련암으로 고쳤답니다."

학조 대사는 이곳 강원(불교대학)에서 공부를 하고 해인사에 가서 장경각 불사를 했다. 세조의 명에 따라 해인사 대장경 50벌을 인경하였고, 판전 40간을 다시 지어 오늘날의 해인사를 있게 한 고매한 학승이다. 말년에 이곳에 다시 돌아와서 입적하였다. 학조 등곡 화상의 부도탑은 속리산 법주사의 복천암에 있다. 지금도 서미리 학조대사 후손들이 애련암을 찾아온다.

성현의 방에 앉으면 성현 아닌가

애련사 삼성각에는 서산대사의 필체라고도 하고 사명대사의 필체라고도 하는 '십홀방장+忽方丈'현판이 있었다. 혜경스님에 의하면 십홀+忽은 '동서남북 사방팔방 상하까지를 말하며 애련사 도량 전체를 십홀에 비유한 것이다.'라고 한다.

좌) 성현의 집
우) 십홀방장 현판

홀笏은 벼슬아치가 관복을 입었을 때 손에 들고 있는 작은 패이기도 하다. 조선시대 홀笏은 길이가 33cm 정도 된다.

오래전 봉정사 주지스님이 방문해서 준수한 필체로 써놓은 현판을 보고 큰 절에 있어야 한다며 가지고 가버렸다. 암자에 사는 젊은 스님은 뺏긴 것이 억울했다. 지금 현판은 혜경 스님이 볼펜으로 쓴 글씨를 확대해서 만든 것이다. 극락전 옆에 나란히 있는 삼성각은 산신, 칠성, 독성(또는 용왕)을 모신다. 애련사에는 현대 감각에 맞게 한글로 '성현의 집'이라고 풀어서 옆에 붙여 놓았다. 외관도 여느 절의 삼성각과는 달리 스님이 거처하는 별채처럼 보인다. 누구나 친근하게 다가갈 수 있도록 하기 위함이리라. 주지 스님은,

"성현의 방에 앉으면 성현 아닌가?"

하며 웃으셨다.

혜경 스님은 출가하기 전 서울에서 학교를 다녔다. 친형인 혜통惠通 스님이 일찍 출가해서 애련암을 복원하셨다. 어느 날 형님 스님이 아우에게 출가를 종용했다.

"스님은 출가하셨으니 도를 닦으시고 나는 마흔다섯 살쯤 되어 부모님 돌아가시면 그때 출가하겠습니다."

하면서 삼 년을 싸웠다.

"부모님께 고기 사드리고 옷 사드리는 것도 효도지만 도를 통하게 되면 그게 효도다. 한 사람이 출가하면 9족이 상천 한다."

3년이면 도를 통한다니까 솔깃해서 결국 출가를 결심했다. 출가를 앞두고 세상 구경이나 실컷 하자고 마음 먹었다. 두 달간 서대문구 홍은동 삼류극장에 가서 매일 두 편씩 영화를 보았다.

22살에 부싯돌과 성냥 한 되, 쑥까지 준비해서 출가했다. 소백산 비로사에서 참나무로 귀틀집을 짓고 죽어라 공부했다. 감자, 옥수수 심고 세숫대야에 옥수수 넣어 불으면 그걸 먹으면서 살았다. 귀틀집에 쥐가 구멍을 뚫기도 하

고, 졸릴만하면 도량신들이 계속 도와주었다. 정식 출가해서 승려증을 받은 곳은 부석사이다. 부석사에서는 도우스님 상좌였다. 공부를 가르친 은사는 월봉스님이다.

스님은 그동안 유명한 암자로만 주로 다녔다. 각화사 위에 동암, 상주 중궁암, 상주 양천 갑장산 갑장암, 지리산 칠불암 등지로 다니며 참선을 하며 세월을 보냈다. 충청도 예산 출신인데 주로 경북에서 공부했다. 1981년부터 1988년까지 안동 대원사 주지로 지냈다.

스님은 수필과 시로 등단한 작가이기도 하다. 문화 활동에도 관심이 많았다. 오래전 '안동문화연구회' 활동을 비롯해 〈안동수필〉 창간에도 관여하셨다.

4년 전 애련암에 오기 전에는 서귀포 법장사에 머물렀다. 그곳에서도 왕성한 문필활동으로 주목을 받았다.

초등학교 때 일기장을 지금까지 갖고 계신다고 했다. 아마 글쓰기의 바탕이 었을 것이다.

극락전 뒤에는 석간수가 나온다. 돌 속에서 파이프로 뽑아 나오기 때문에 흙내가 나지 않고 물이 좋기로 평판이 나있다.

아직도 청년처럼 목소리가 카랑카랑한 스님은 타고난 이야기꾼이기도 하다. 이야기보따리가 무궁무진할 것 같은데 다음을 기약해야 했다. 도학 스님도 함께 외출하셨다. 공양주도 없이 비구승 두 분이 지내는 절집을 우리한테 맡기고.

안력이 다함이 있어 제산이 구질과 같다

준비해 간 김밥을 먹고 절집 주변을 느긋하게 둘러보았다. 마당가 허물어져 가는 돌담은 내외담처럼 일부만 남았다. 마당에 서니 먼 산봉우리들이 겹겹이 눈앞에 펼쳐졌다. '이곳에 올라 조망하면 안력이 다함이 있어 제산이 구질과 같다.'는 말이 실감났다. 해발 585미터 고지가 아니던가. 청명한 날이나 노을이 질 때면 더욱 장관일 터인데 하늘이 도와주지 않아 아쉬웠다. 다시 찾아오라는 묵언의 계시인가 보다.

서쪽 요사채 뒤에 연못이 있던 자리는 미나리꽝으로 변했다. 애련사에 걸맞게 연꽃을 심었으면 싶었다. 김장용 무·배추가 자라는 텃밭을 지나 혜통 선사 부도와 애련사 중건비가 서있었다. 혜통惠通 선사는 1975년부터 2011년 1월 13일 열반할 때까지 애련사에서 지냈다. 주변도로 정비와 불사를 많이했다. 400년 가까이 된 낡은 절집을 헐어1978년에 현재 건물을 중창했다.

애련사 마당을 나서려는데 어디선가 고양이 새끼들이 달려 나왔다. 연갈색과 갈색 줄무늬 고양이 두 마리다. 녀석들은 마당 밖까지 따라 나왔다. 고양이가 부담스러워 쫓으려고 돌아서는데 옆 건물 문턱에 앉은 어미가 먼발치에서 지켜보았다. 황갈색 긴 털을 가진 어미는 덩치도 보통 고양이보다 크고 범상치 않은 포스였다. 조금 있으니 여기저기서 고양이들이 튀어나왔다. 검은 고양이까지 모두 일곱 마리나 되었다. 스님이 안 계신 빈 절집을 고양이들이 지키는 듯했다.

언덕 아래로 내려가는 길목에 400년쯤 된 호두나무가 서 있었다. 아직도 호두가 열린다고 했다. 고양이 두 마리가 그 나무 아래 멈춰서서 오래도록 우릴

애련암 중창사적비, 혜통 선사 부도, 중건공덕성불비

애련사 어미 고양이

배웅했다.

　가랑잎을 밟으며 마을로 내려오는 도중에 가을 산사로 올라가는 가족을 만났다. 서너 살 된 딸아이를 위해 아빠가 유모차를 밀고 왔다. 아이 엄마와 할아버지도 뒤를 따랐다. 조금 후 뒤돌아보니 가파른 언덕길에서 아빠는 있는 힘을 다해 유모차를 밀고, 할아버지는 아들의 등을 밀었다. 아이엄마도 옆에서 등을 구부리고 언덕을 올라갔다. 가족은 바로 저런 모습이어야 한다는 생각이 들었다. 지극히 당연한 그들의 뒷모습이 미소를 머금게 했다.

　안동의 진산인 학가산 넉넉한 품에서 늦가을을 만끽했다. 만추의 나이에 접어든 천주마을 어르신들도 즐거운 나날을 보냈으면 싶었다. 소설 〈남아있는 나날〉에서 바닷가 벤치에서 만난 노인이 위대한 집사에게 한 말이 떠오른다.

　"즐기며 살아야 합니다. 저녁은 하루 중에 가장 좋은 때요. 당신은 하루의 일을 끝냈어요. 이제는 다리를 쭉 뻗고 즐길 수 있어요." 남아있는 시간이 많지 않지만 저녁은 아직 끝이 아니기에.[1]

　천주마을에서 산 호두와 애련사 모과를 들고 버스에 올랐다. 그윽한 모과 향기가 77번 버스를 가을빛으로 물들였다.

애련사 가는 길

---

1) 남아있는 나날/가즈오 이시구로, 민음사, 2017

안동시 남후면 단호1리 건지산 자락, 낙암정과 상락대를 휘돌아가는 낙동강이 단지 모양을 닮았다.

종점 기행
17

시내버스 436번 종점, 단호

단호 캠핑장 가는 길

　유목민의 후예여서일까. 소확행(소소하지만 확실한 행복)을 실천하기 위해서일까. 답답한 일상을 벗어나 자연을 벗하는 캠핑이 다시 인기다. 이번 종점 기행은 436번 버스를 타고 단호를 다녀왔다. 어릴 적 오가던 길을 거쳐 단호샌드파크캠핑장과 낙동강생태체험학습관, 그리고 종점까지 걸으며 가을 마중을 했다.

　신기하다. 달력 한 장 넘겼을 뿐인데 바람결이 달라졌다. 지난여름 불가마를 방불케 하던 더위도 절기 앞에서는 백기를 들었다. 바야흐로 캠핑하기 좋은 계절이다.

　안동시 남후면 단호샌드파크캠핑장에서 캠핑축제가 열린다는 소식을 접했다. 몇 년째 잠자는 캠핑 장비를 사용할 수 있을까 해서 관리사무소에 알아보았다. 주말이라 일찌감치 예약 마감이었다. 그래도 축제 분위기와 숲속도서관이 궁금했다. 구월 첫날 아침 8시 10분, 안동초등 앞에서 출발하는 단호행 버스를 탔다.

집으로 가던 길

버스는 한티재를 넘고 남례문을 지났다. 이내 5번 국도에서 내려 개곡, 검암 표지판을 따라 지방도로에 접어들었다. 개곡이란 표지판만 봐도 가슴이 설렌다. 마을 앞으로 미천이 흐르고 영조임금님께 진상했다는 접실(옛 지명) 무로 유명한 내 고향이기에.

단호행 436번 시내버스

초등시절 학교에서 집까지 걸어서 가던 길을 시내버스로 달렸다. 트럭이 지나갈 때마다 한바탕 흙먼지 세례를 받았다. 학교에서 집까지는 3km 거리였다. 검암, 대실에서 오는 아이들은 길이 훨씬 더 멀었다.

지루함을 잊기 위해 하교 길에는 색 찾기 놀이를 하며 달려가기도 하고, 백빌 언덕에서 삐삐를 뽑기도 했다. 백빌은 큰 바위가 있던 고개였다. 지금은 평지로 바뀌어 가늠하기조차 어렵다.

무릉2리는 미천 주변의 묵은땅을 경작하면서 마을이 형성되어 어른들은 묵느므라고 불렀다. 무릉과 개곡 강변에는 자갈이 많았다. 소꿉놀이하면서 하루에도 집을 여러 채 지었다. 그 많던 자갈은 다 어디로 갔을까.

무릉 2리에서 개곡으로 가는 길은 두 갈래다. 자동차가 다니는 새길과 봇도랑을 끼고 걷는 헌길이다. 새길 옆에는 과수원이 즐비했다. 우리 사과밭이 있던 자리도 휙 지나갔다. 옛 생각에 잠겨있는 사이에 안개 낀 창밖으로 개곡리 들판이 보였다. 드넓던 문전옥답은 쪼그라들었다. 수해를 막기 위해 마을 앞 들판과 강 사이에 콘크리트 제방을 높이 쌓아 놓았다. 단옷날이면 씨름 대회하던 물 건너 미루나무 숲도 보이지 않아 답답하다.

개곡을 지난 버스는 검암과 대실 사이 들길을 내달렸다. 검암 마을이 끝나는 곳에는 낙동강이 흐른다. 강을 건너면 회곡리(계평)다. 계평댁이었던 할머니는 강 건너 뱃사공을 소리쳐 불러 나룻배를 타고 친정을 오갔다. 어릴 적 할머니 따라 진외가에 갔던 기억이 새롭다.

황새가 노닐던 낙동강 백사장은 모래가 고왔다. 검암강변에는 왕버들이 숲을 이루어 초등학교 단골 소풍장소였다. 천방에 있던 아름드리 버드나무숲은 사라진지 오래다.

살아있는 낙동강생태학습관

미천과 낙동강이 합수되어 흐르는 지점에 단호 습지가 자리 잡았다. 습지는 갈수록 넓어져 가는데 야생 동물과 조류의 개체수는 얼마나 늘었는지 궁금하다. 오래전 그곳에는 벼메뚜기가 많았다.

갈골 입구를 지나면 단호 고개다. 암벽이 붉다. 그곳은 땅도 붉다. 그래서 단지라 했다. 건지산 자락 낙암정과 상락대 아래 단애를 휘돌아가는 강줄기와 주변 풍광이 절경을 이룬다. 그 모양이 단지와 비슷하다 해서 붙여진 이름이기도 하다. 단지는 상단지, 중단지, 하단지로 나눈다. 고개를 돌리면 단호 습지와 중앙고속도로 너머 개평 앞을 가로지르는 서안동대교까지 한눈에 들어온다.

개곡이 종점이던 시내버스는 고곡, 단호까지 노선이 연장되었다. 지금은 단호 2리 오미촌이 종점이다. 농어촌버스는 시간대에 따라 코스가 다르다. 단호 샌드파크캠핑장 입간판이 보이는 상단지 입구에서 내렸다. 출발지에서 25분가량 걸렸다.

캠핑장으로 가는 초입에 낙동강생태학습관이 자리한다. 캠핑장과 함께 낙동강시설관리공단에서 운영한다. 아이들 눈높이

미천과 낙동강이 만나는 곳에 자리한 단호 습지

에 맞춰 습지와 환경에 관해 체험학습을 할 수 있는 곳이다. 학습관 내부 연못가에 청개구리 한 마리가 들어와 오래도록 포즈를 취했다.

2층은 안전교육장이다. 단체로 사전에 신청을 받아 운영하는 곳이다. 예측할 수 없는 재난이 빈번한 요즘엔 필수로 받아야 할 교육이 아닐까.

뒤뜰에는 상락대 전망대가 마련되어있다. 주변 풍광을 제대로 조망할 수 있는 곳이다. 고려시대 안동출신 김방경 장군이 무예를 연마하던 곳이다. 그곳에는 지금도 풀이 자라지 않으며, 절벽 아래 부추는 충렬공이 심었다는 이야기가 전해온다.

가을 속으로

캠핑축제는 오후 3시부터 시작된다고 했다. 초가을 햇살을 받으며 버스길을 따라 단호 종점까지 걸었다. 넉넉한 햇살에 곡식이 여물고, 가지가 휘는 대추에도 단물이 고일 터이다. 수수밭에는 인적이 없건만 새 쫓는 소리가 요란하다. 새들도 녹음한 것을 눈치 챘는지 수수밭 주변을 떠나지 않는다.

단호길은 낙동강 종주 자전거길 중에서도 인기 있는 코스이다. 간간이 자전거 행렬이 스쳐갔다.

단호 1리 과수원에는 개량종 홍옥이 발그레해졌다. 추석 무렵에 출하할 사

낙동강생태체험학습관으로 나들이 온 배재영 씨 가족

과이다. 색을 곱게 내기 위해 바닥에는 반사 필름을 깔았고, 열매 주변 잎 제거 작업이 한창이었다. 외모지상주의는 사과밭도 예외가 아니었다.

단호 2리 들판에서는 김진섭 씨가 벌써 추수를 시작했다. 5월 10일경에 심어 추석 전에 출하하는 올벼다. 농협과 계약재배를 해서 판로도 이미 확보된 셈이다. 가을이 큰 걸음으로 바싹 다가온 기분이다.

꼬지골(화현)이란 이름에 끌려 마을 안으로 발을 들여놓았다. 화현은 단호 2리로 중단지다. 들판 가운데 서 있는 단아한 정자는 우모재寓慕齋. 조선 시대 참봉을 지낸 권숙경이 후진 양성을 위해 세운 서당이다. 권숙경은 안동권씨 화현 문중의 시조이자 단호리를 개척한 입향조이다.

잡초들이 근위병처럼 서 있는 일각문을 지나 정자에 올랐다. 독사 한 마리가 슬그머니 흙벽 속으로 자리를 피했다. 담장 너머 강 건너까지 확 트인 전경은 일품이다.

한낮의 꼬지골은 고요했다. 군데군데 허물어진 빈집들이 풀 더미에 묻혀 있었다. 골목을 서성이다가 마을에서 최고 젊다는 권재두(63세) 씨를 만났다. 그는 우모재 주인 참봉공 15대손이다.

"화현은 꽃이 피는 고개란 뜻입니다. 마을에 재가 있는데 예전에 참꽃이 많이 피어서 붙여진 이름이고요. 현재 안동권씨 별장공파 열세 가구가 모여 살

추석에 출하할 사과 잎 제거하느라 분주한 단호 과수원과 5월10일경 심은 올벼를 9월 초에 수확하는 농부들

01 조선 세조 때 권숙경이 단호리에 세운 서당 우모재
02 고추 팔러 가는 단호 2리 박옥순 할머니
03 김한일 씨

아요. 국회의원을 지낸 권택기 씨가 이곳 출신이고, 현재 해군 장성도 이 작은 마을에서 배출했어요."

마을에 축사가 없어 좋다는 재두 씨도 사과농사를 짓는다. 마애교가 생기면서 기동력 있는 단호 사람들은 풍산이 생활권이다.

종점에서 만난 김한일(71세)씨로부터 마을 이야기를 들었다. 오미는 마을 뒷산이 자라 꼬리 같다는 뜻이다. 스무 가구에 혼자 사는 안어른이 많다. 70대가 젊은 축이고 90세가 최고령이라니 농촌이 걱정이다.

느티나무가 서있는 단호2리 종점에서 다시 436번 버스를 탔다. 하단지에서 박옥순 할머니(77세)가 커다란 고추 보따리를 들고 버스에 올랐다. 올해 고추 값이 괜찮아서인지 얼굴 표정이 환하다. 캠핑장 입구까지 차로는 5분이면 족하다.

단호샌드파크캠핑장 완전정복

마지막 목적지인 단호샌드파크캠핑장에 도착했다. 캠핑장 옆에는 이름처럼 너른 백사장이 펼쳐져 있다. 단호 습지를 적시고 낙암정과 상락대 아래 암벽을 휘돌아온 강물이 저만치 흘러간다.

캠핑장 입구 우람한 소나무 아래 계자 난간을 두른 정자가 단아하다. 마애

권예의 낙강정洛江亭이다. 옛사람의 휴식공간이 캠핑장과 어우러져 과거와 현대가 조화를 이룬다. 주차장 옆에서 캠핑 축제가 열렸다. 프로그램 중에 '하회별신굿 따라 배우기'에 관심이 있었는데 막 끝나버렸다. 체험부스에는 어린아이를 동반한 가족들이 문화재 모형 만들기에 열중이었다. 첨성대를 쌓고 거북선, 신라 금관을 만드는 가족도 보였다. 저녁에는 관내 사용 영수증 추첨과 노천 공연장에서 통기타 가수 공연도 준비되어 있었다.

 캠핑을 기획하는 농업법인 연우(주) 이경태 씨에 의하면 "캠핑축제는 야영장 활성화 사업 일환으로 연간 계획이 잡혀 있어요. 9월 첫째, 셋째 토요일은 단호 캠핑장에서 행사가 열리고, 10월에 성희여고 앞 낙동강 둔치 행사가 메인입니다. 세계유교문화축전 캠핑축제 네이버 카페에서 신청할 수 있어요."라고 했다. 단호 캠핑축제는 야영을 방해하지 않을 만큼 조촐했다. 참가자들은 실속 있는 프로그램을 오붓하게 만끽했다.

01 체험부스에서 문화재 모형을 만드는 가족들
02 킥보드타고 숲속 도서관에서 책을 빌려가는 아이들
03 독서 삼매경에 빠진 권영애 씨 모자

숲속도서관에서 책읽기

안동시립도서관에서 올해 안동댐 호반길과 단호 캠핑장에 숲속도서관을 설치해서 반가웠다. 도서관은 찾기 쉬운 관리사무소 옆에 있다. 초미니 도서관이다. 유리문이 달린 예쁜 책장에 아동 도서와 일반 도서를 적절히 비치했다. 대출 반납은 이용자 스스로 한다. 나란히 벤치형 의자에 앉은 모자가 독서 삼매경에 빠져 있었다. 한 무리의 아이들도 킥보드를 타고 숲속 도서관을 찾아왔다. 각자 읽고 싶은 책을 골라 왔던 길을 줄지어 달려갔다. 어릴 적 독서습관이 평생을 간다고 하지 않는가. 저 아이들은 캠핑장에서 책 읽었던 기억이 아름다운 무늬로 새겨질 것이다.

2014년 개장한 캠핑장에는 다양한 숙소가 공존한다. 캠핑카인 카라반과 럭셔리한 캠핑을 즐길 수 있는 글램핑, 자동차 캠핑, 텐트 캠핑 등 취향대로 고를 수 있다.

캠핑카와 글램핑장에는 씽크대, 샤워실, 침대, 침구, TV, 그리고 와이파이까지 갖춰져 있다. 식재료와 세면도구만 준비하면 된다. 단, 캠핑장 인근에는 매점이 없다.

유치원생 자녀와 배드민턴을 치는 분은 캠핑 마니아였다. "안동 시내에서 가깝고 아이도 좋아해서 자주 이용해요. 금요일 저녁에 들어와 일요일에 나가려고요. 텐트 캠핑장에 묵고 있는데 전기를 이용할 수 있어서 좋아요."

청송에서 온 김미영 씨도 금요일에 들어왔다. "세척장이 넓고 온수를 이용할 수 있어서 편리해요. 몇 년째 오고 있어요."

단호 캠핑장은 공공기관에서 위탁 운영한다. 이용료는 저렴한 반면, 샤워장, 놀이터, 트렘펄린(방방 뜀틀), 운동장, 공연장 등 기반시설은 잘 갖추었다. 낙동강 시설공단 직원인 이동광 씨는 "다음 이용자를 위해 캠핑장 뒷정리를 잘해줬으면 좋겠다."고 했다. 야간에도 직원이 계속 순찰을 돈다니 마음이 놓였다.

어스름이 내리자 여기저기서 저녁식사 준비로 부산하다. 야영장에서는 바비큐가 제격이다. 아빠는 숯불에 고기를 굽고, 엄마(임수미 씨)는 호박전을 부치는 풍경이 보기 좋았다. 중학생 아들과 초등학생 딸이 함께 와서 맛나게 먹기만 해도 흐뭇한 모양이다.

매미가 마지막 힘을 다해 분위기를 띄웠다. 풀벌레 오케스트라가 반주하는 캠핑장을 걸어 나오며 행복이 별거 아니란 생각을 했다. 잠자리채를 어깨에 메고 아이들과 유유자적하는 젊은 아빠, 좋은 사람들과 맛난 음식 만들어 먹으며 자연 속에서 여유를 즐기는 그들이야말로 소확행 대가였다.

몇 년 전 지인의 농장에서 야영하던 때가 그립다. 새벽녘 텐트 위로 떨어지던 빗소리는 생생한 빗방울 교향곡이었다. 단호 캠핑장에서 그 기분 다시 누릴 날은 언제쯤일까.

전주 류씨 류경시가 소유했던 함벽당 전경

종점 기행
18

시내버스 354번 종점, 개실

거문고 소리 그리워지는 개실마을

    타고 난 유전자는 어쩔 수 없나 보다. 날이 갈수록 우리 가락, 우리 소리가 더 편안하고 끌리게 되는 걸 보면. 음악은 국경이 없다지만 음악 또한 신토불이다.

    깊어가는 가을에는 현악기 선율이 제격이다. 은쟁반에 옥구슬 굴러가는 가야금이나 애간장 녹이는 해금 산조도 곁에 두고 싶다. 가끔은 호방하면서 깊이가 있는 거문고 소리가 그립다. 거문고 줄 고르고 벗을 기다리던 선비들의 풍류가 부러울 따름이다.

    이번 종점 기행은 바스락거리는 계절의 끝자락을 밟으며 거문고 소리가 들려올 듯한 개실 마을로 향했다.

    옹천행 354번 버스가 하루 세 번 개실을 거쳐 간다. 안개 자욱한 늦가을에 5시 50분 첫차는 무리였다. 주말이라 느긋하게 12시 20분차를 탔다. 돌아오는 막차가 5시 20분이다. 해는 짧아졌고 길 떠나는 마음에 조바심이 인다. 안동 교보생명 건너편에서 출발한 버스는 신시장, 안기동을 거쳐 음전한 이천동 석불상을 지났다. 제비원 교차로에서 5번 국도에 올라서는가 했더니 이내 오산교차로에서 내려왔다. 영명학교 앞에서 옹천 방향으로 구도로를 달렸다.

개실을 거쳐 옹천으로 가는 354번 버스

저전 삼거리에서 봉정사 방향으로 꺾어 저전교를 건넜다. 모내기 철이면 저전 논매기소리 한 자락쯤 들려옴 직한 마을이다. 조광조 후손들이 마을 주변에 모시를 재배해서 모시밭이라고 불리던 곳이다.

폐교가 된 학남초등학교를 지나자 개목사 표지판이 나왔다. 조붓한 개목사 길을 몇 구비 돌아가니 노송이 늘어선 마을 어귀에 '경敬의 마을'이란 표지판이 보인다.

가야지에서 바라본 개실마을

목적지인 광평 2리 개실이다. 너븐 들의 서쪽 골짜기 천등산 기슭에 자리 잡은 마을이다. 조선 초기에 맹사성이 이곳을 지나가면서 천등산 자락에 펼쳐져 있는 들을 보고 '아름다운 들이구나'하고 크게 감탄하여 가야佳野라 불렀다고 전해온다. 개실도 같은 맥락이다.

조선 후기에는 가야곡촌佳野谷村이라 했다. 안동 향토지 『영가지』에 의하면 '부의 서쪽 25리 옥산의 남쪽에 있다. 마을이 그윽하고 깊으며 산골짝 흐르는 물이 맑다. 절충 강희철이 터 잡아 살면서 연못 정자를 세웠다. 부사 권응정이 방문하여 술잔을 잡고 옛날을 얘기하고 인하여 편액에 이름 짓기를 청하니 암은 "서은棲隱"이라 하고 당은 "함경涵鏡"이라 하였다. 퇴도 선생이 와서 구경하시고 남긴 시가 누정조에 보인다.'고 전한다.

가야교회 쪽으로 넘어가는 길목에 '가야'란 표석이 서 있다. 길을 가다가 아름다울 가佳 자가 들어간 지명을 만나면 가인을 만난 듯 반갑다.

마을 입구에 길을 사이에 두고 솔숲과 저수지가 마주하고 있다. 저수지는 해방되던 해 만든 가야지다. 저수지 한쪽 비탈에 계절을 망각한 유채꽃이, 다른 쪽에는 억새꽃이 목을 빼고 수면을 거울삼아 매무새를 다듬었다. 버스는 마을회관 앞 종점에 우리 부부를 내려주고 바로 돌아 나갔다. 출발지에서 30분 정도 걸렸다.

지극한 정성이 담긴 경의 마을 텃밭

농사에도 철학이 필요하다. 안동농협은 2010년부터 퇴계선생의 경敬 사상을 도입하여 '경의 농업', '경의 경영'을 실천하고 있다. 사람 공경, 자연 존중을 내세운 '경의 농업'은 '지극한 정성이 담긴 농업'으로 규정하고, 농협이 추진하는 다양한 사업 전반으로 확대해 전국 최우수조합으로 성과를 인정받았다.

개실 마을에는 함벽당 주변에 경敬의 마을 텃밭을 조성해 놓았다. 안동농협에서 유휴지를 활용하여 2016년부터 분양했다. 미영이네 텃밭, 쌍둥이네 텃밭 등 작은 밭마다 팻말을 꽂아놓았다. 이미 추수를 끝낸 곳이 많고, 아직 푸성귀가 자라는 밭도 더러 보인다. 마침 은이네 텃밭 주인(김정례 씨)이 친구와 밭을 둘러보러 왔다. 태화동에 사는 그녀는 올해 처음 텃밭을 시작했다.

태화동에 사는 김정례씨가 경의 마을 텃밭에서 쌈배추를 수확하는 중이다.

"시내에서 좀 떨어져 있어 놀기 삼아 오니 좋아요. 여름에는 상추, 고추, 옥수수 등을 심어 수확하고, 이제는 김장 무와 배추만 남았어요. 배추를 좀 늦게 심어 아직 속이 덜 차서 조금 더 추워지면 뽑아야죠."

시원시원한 그녀는 속이 덜 찬 배추를 몇 포기 툭툭 쳤다. 겉잎을 말끔히 손질한 후 쌈배추나 하라며 한 포기 건네주었다. 잎사귀가 알맞은 크기에 풋풋한 배추가 고소할 것 같다. 무가 맛있게 생겼다며 즉석에서 무도 뽑아 맛을 보였다. 그리 크지는 않아도 가을무라 아삭하면서 달큰했다.

마당가 헛간에서 혼자 마 씨앗을 손질하는 할머니(임화지, 80세)도 만났다. 바깥어른은 지난해 앞세웠다.

"아직 영감님 생각이 많이 나시겠네요?"

"난들 어예고 안 난들 어엘 수가 없니더."

"두 분이 몇 살 차이였나요?"

"한 살 많은데 요새로는 안죽 살아도 되는데 갈라이 안되디더."

"할머니 친정은 어디세요?"

"이송천."

(좌) 마 씨앗을 다듬는 개실 임화지 할머니
(우) 일일이 구멍을 파서 마늘을 심는 개실 할머니

"가까이서 오셨네요."
"가까이 이키 잘 왔잖아. 옛날에는 보나 뭐, 열여섯에 말해 가주고 약혼해놓고 아올라고 나대이께네 열여덟에 왔어. 구남매 맏이한테 왔으이 숱한 고상하고 이래 사지 뭐."

부부가 해로하다가 함께 가기는 어려우니 남은 자는 외로움을 감내해야 한다. 산 사람은 어떻게든 산다지만, 어쩌면 먼저 가는 사람이 운이 좋은 건지도 모른다.

할머니는 마실 온 이웃 아주머니와 이런저런 이야기를 하면서 익숙한 솜씨로 연신 키질을 했다. 오종종한 마 씨앗이 키 속에서 달가닥거린다. 가을이면 마 씨앗을 먼저 따고 마 뿌리를 뽑는단다.

"사람마다 입맛이 다르겠지만 몸에 좋다니까 가져가서 맛이나 보소."

이렇듯 시골 인심은 아직도 넉넉하다.

언덕배기 밭에서 모자를 눌러쓴 할머니는 일일이 막대기로 구멍을 파서 마늘 파종을 했다. 마늘은 땅속에서 겨울을 보내고 내년 봄이면 새싹을 밀어 올릴 것이다. 삼월에 비닐을 뚫어주고, 비료도 주고 잎에 병충해가 오면 약도 쳐야 한다. 유월 십일 경이면 마늘쫑을 빼야 굵어지는데 무조건 다 빼면 안 된다고 한다. 온전한 마늘로 밥상에 오르기까지 품이 많이 들어야 한다. 알고 보면 농사도 복잡하고 전문적인 지식을 요한다.

안동시 북후면 물한리에서 스물하나에 시집와서 칠십둘이 되도록 농사를 지었으니 할머니는 농사전문가인 셈이다.

세 번이나 주인이 바뀐 함벽당

함벽당 종손 류기운(족보에는 류건기)옹과 성자에 올랐다. 중절모에 두루마기 차림이었다. 온화한 얼굴에 선비다운 풍모를 지닌 그가 선대의 치적을 차근차근 들려주었다.

함벽당 현재 건물은 1862년(철종 13)에 고쳐지있다. 보기 드문 정丁자 형이다. 높은 언덕에 3면이 트였으니 여름나기엔 그만이겠다. 정면 3칸, 측면 3칸의 홑처마 맞배지붕이다. 품위있게 늙은 노신사처럼 빛바랜 풍판이 세월의 흔적을 대변한다. 그동안 정자 주인은 몇 차례 바뀌었다. 그 뒤 다른 곳으로 가면서 도촌에 살았던 외손 옥봉 권위權暐(1552~1630) 선생에게 넘어갔다. 숙종 때 과거에 합격하고 지방관으로 선정을 베풀어 청백리에 뽑힌 류경시柳敬時(1666~1747)선생이 말년에 고향으로 돌아와 조를 주고 바꾸었다는 이야기가 전해온다. 함벽당 류경시 선생이 주인이 된 후 정자 이름도 함벽당涵碧堂으로 바뀌었다.

전주류씨가 서후 광평리에 자리 잡게 된 것은 함벽당 류경시 때부터이다. 그는 전주 류씨 임동 수곡 입향조 류성의 6대손으로 수곡에서 태어났으나 만년에 광평리로 이거하여 그 후손들이 살게 되었다.

함벽당 내부

거문고의 맑은 바람과 서늘한 운치는 부사님과 같아

순천부사를 지낸 류경시 선생은 다섯 고을을 거느리며 내 외직을 두루 거쳤다. 양양에서는 관이 아닌 주민들이 선정비를 세워줄 정도로 신임을 얻었다. 양양에서 임기를 마치고 돌아올 때 어느 노인이 거문고를 들고 와서 "이 거문고의 맑은 바람과 서늘한 운치는 청백리인 부사님과 같아서 드리는 것이니 가

류경시가 양양에서 돌아올 때 선물로 받은 양양금은 손자 류홍원이 사용했다.

져가셔도 됩니다."하고 청하기에 웃으면서 선물을 수락했다고 한다.

이 거문고에는 낙산사 이화정에 서 있던 오래된 오동나무가 바람에 쓰러진 것을 취하여 1762년에 만들었다는 제작 경위가 기록되어 있다. 양사언이 쓴 시도 음각으로 새겨놓았다. 앞판은 오동나무, 뒤판은 밤나무로 만들어졌으며 오랜 세월에도 16괘와 현은 온전하다. 안족 한 개를 보수했지만 원형을 비교적 잘 간직하고 있다. 이러한 연유로 양양금襄陽琴이라 명명했다.

전주 류씨 함벽당 종손 류기운 옹

거문고는 류경시의 손자 류홍원이 사용했다고 한다. 1779년 류홍원이 손수 필사한 거문고 악보인 창랑보滄浪譜도 남아있다. 영산회상과 여민락 등 조선 후기 양반들이 즐겨 타던 악곡들이 수록되어 있다. 필사한 악보를 책으로 만든 것은 희귀본으로 후대에 가치를 인정받아 경상북

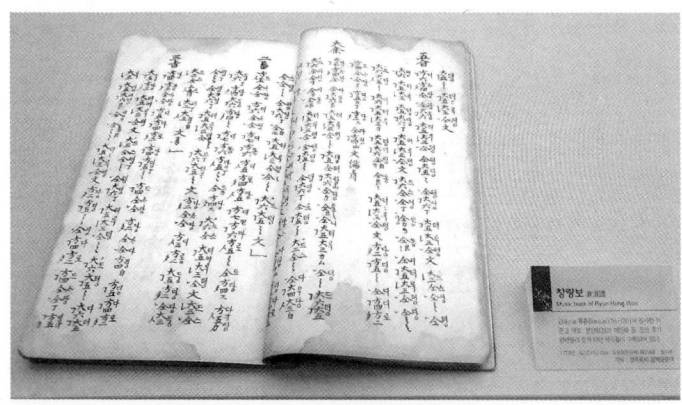

1779년 강포 류홍원이 손수 필사한 거문고 악보인 창랑보,
두 점 모두 한국국학진흥원에 위탁 보관하여 유교박물관에 전시 중이다.

주말에 고향으로 돌아와 일손을 돕는 종손 류기운 씨의 아들과 손자

도 유형문화재 314호로 지정받게 되었다. 자자손손 가보로 애장했던 함벽당의 거문고와 악보는 한국국학진흥원에 기탁 관리 중이다. 현재 한국국학진흥원 유교박물관 육예 코너에서 볼 수 있다.

함벽이란 당호는 류경시의 외사촌인 조덕린이 편지를 보낼 때 '함벽당 주인'이라고 한 데서 유래한다.

정자를 호위하는 우람한 노송 한그루가 마을을 굽어본다. 노송은 종손의 삼촌(류희철)이 100여 년 전에 심었다. 예전엔 노송 앞에 연못이 있었고 향나무와 라일락 고목도 주변에 있었다고 한다. 지금이라도 연못을 복원하면 수면에 드리워지는 풍광이 그윽할 것 같다.

들녘엔 가을걷이도 거의 끝나고 마지막으로 콩을 거두는 시기였다. 손수레에 콩단을 수북하게 싣고 가는 부자의 모습이 정겹다. 종가에 다니러 온 어린 손주가 앞에서 끌고 아비가 뒤에서 밀었다. 종손은 함벽당 마당에 서서 흐뭇한 눈빛으로 바라보았다.

종손은 빈 입으로 보낼 수 없다며 나그네를 댁으로 초대했다. 집은 곧 그 사람이라 했던가. 종택은 소박하지만 단아하다. 기둥마다 써 붙인 주련과 함벽당 고택이란 당호가 여염집과는 차별화된다. 사랑방에 걸린 서화와 서책에서 개결한 선비의 삶을 엿보았다.

종손 역시 한시를 짓고 경전 암송을 즐기는 우리 시대의 마지막 선비다. 여름에는 함벽당에서 아이들을 모아 예절교육도 시킨다. 오전에 음력 시월 묘사를 지냈다며 친정에 온 따님이 시루떡과 다과를 내어왔다. 어릴 적 묘소에 소분 떡 얻으러 다니던 풍경이 잠깐 스쳤다.

개실은 60가구 정도 되는 마을이지만 빈집이 많아 주민 수는 50여명 밖에 안 된다. 지금은 떠나 있지만 언젠가는 고향에 돌아오기 위해 처분할 수 없는 집들이 많다.

마을을 가로질러 개목사로 오가는 길이 나 있다. 가파른 언덕에 커브가 심해 초보운전자는 쉽지 않은 길이다. 포장도로라 등산하는 셈 치면 걸을만하

전주류씨 함벽당 고택 사랑채

다. 봉정사 쪽에서 천등산에 오른 한 무리의 등산객이 개목사를 거쳐 개실로 내려왔다. 시간이 여의치 않아 개목사는 신년 해맞이를 위해 남겨 두었다.

개실 주변에는 유난히 바위가 많다. 옛사람들은 삼라만상에 의미를 부여하

전주류씨 함벽당 고택 다과상

고 그에 걸맞은 이름을 지었다. 손명무 할아버지가 바위 이야기를 들려주었다. 개목사로 가는 길 첫 모퉁이에는 마당바위, 돌아가면 기둥 세울 때 쓰던 주치 바위, 그 위에 소나무에 가려 잘 보이지 않지만, 산비탈에 펼쳐진 너른 바위는 내리석 바위라 했다. 하늘에 닿는 산꼭대기에 갓 모양의 바위는 문바우다. 시계가 귀하던 시절, 마을 사람들은 바위에 드리워진 그늘이 중간쯤 내려오면 점심시간인 줄 알았다. 옛 저전 초등학교에서 마을로 오는 길목에도 귀젖 바위, 용바위 등 바위가 남아있다.

다섯 시가 되자 벌써 어둠살이 내리기 시작했다. 감나무에 따지 않은 감이 알전구처럼 환하다. 굴뚝에서 피어오르는 저녁연기가 훈훈하다. 밖으로 나갔던 식구들을 따뜻한 아랫목으로 불러들이는 신호 같다.

개실 종점에는 지극한 정성으로 씨 뿌리고 거두는 순박한 사람들이 산다. 마을 사람들은 여름이면 함벽당 정자에 올라 맞바람에 더위를 식힐 것이다. 개실을 떠나며 또 하나의 바람이 생겼다. 소소한 가을바람 부는 날 삼면이 트인 함벽당에서 깊고도 서늘한 거문고 소리에 취할 수 있었으면. 동네방네 귀명창들과 함께하면 흥도 배가하리라. 호방한 거문고 가락을 떠올리는 것만으로도 황소걸음이 된다.

대곡1리 바드래 마을에는
우는 나무가 있다.

겨울

안동루에서 내려다본 안동댐 보조댐

종점 기행
19

시내버스 3번 시내순환

안동민속박물관은 살아있다

 숨 가쁘게 달려왔다. 올해 마지막 달이다. 천천히 호흡을 고르고 지난 한 해를 돌아보며 매듭을 지어야 할 때이다. 온전히 자신과 마주하기엔 혼자 떠나는 여행이 제격이다. 멀리 가지 않아도 된다. '어디를 가느냐' 보다는 '어떻게' 가 중요하니까. 짧은 겨울 해를 고려해 가까운 안동댐으로 여정을 잡았다. 가깝다고 만만하게 볼 곳은 아니다. 너무나 잘 안다고 생각한 그곳에 의외로 숨은 명소와 볼거리가 산재해 있다. 요즘 안동댐 주변이 많이 변했다. 안동 민속박물관에서 제구 기획전을 둘러보고 안동호 주변을 산책하기로 했다.

 지난 1일, 교보생명 앞에서 11시에 출발하는 3번 버스를 탔다. 안동댐 관광지로 가는 버스건만 유일한 승객이었다. 시내버스를 전세 낸 기분이다. 기사분이 한 말씀 하셨다.

 "그래도 방학 때면 학생들이 북적거리고 주말엔 손님이 좀 있니더. 손님들이 잘 몰래서 글치, 택시 타나 버스 타나 시간은 별 차이가 없는데……." 한때 안

안동댐과 시내를 오가는 3번 순환버스

동댐 선착장이 종점이던 3번 버스는 순환버스로 바뀌었다. 시내에서 출발해 월영교, 박물관, 선착장, 유교랜드, 용상동, 탈춤공원, 신시장을 돌아오게 된다. 안동댐에 문화관광단지가 들어서면서 범위가 넓어졌다. 이번 여정에서는 박물관을 중심으로 아래쪽만 둘러보기로 했다. 임청각을 지나자 물비늘이 반짝이는 보조호수가 눈에 들어온다.

흑백영화 속의 한 장면처럼

안동댐이 준공되기 전만해도 낙동강 백사장이 드넓었다. 그늘도 없는 그곳이 안동시내 각 학교의 소풍장소로 애용되었다. 당연히 걸어서 갔다. 당시에는 시내버스가 보편화되기 전이라 시내에서 웬만한 거리는 걸어 다닐 때였다.

안동댐에 오면 그날이 생각난다. 1976년 10월 27일, 안동다목적댐 준공식에 학생들이 동원되었다. 하얀 깃의 교복을 입고 안동댐 도로변에 도열하여 준공식에 참여하는 박정희 대통령을 환영하기 위해 태극기를 흔들었다. 희미한 흑백영화 속의 한 장면처럼 남아 있다.

안동댐은 낙동강 하구로부터 상류 쪽으로 34km, 안동시 북동쪽 4km 지점에 있다. 소양강 다목적 댐 다음으로 대규모 댐이며 국내 최초로 양수발전시설을 갖추었다. 댐 건설로 조성된 안동호는 안동시 와룡면·도산면·예안면·임동면·임하면에 걸쳐 있다. 정든 집과 고샅길과 문전옥답이 수장되었다. 돌아갈 고향이 사라진 이주민의 아픔은 무엇으로도 보상되지 않는다. 쓸 만한 문화재는 몇 배의 비용을 들여 이건하는 과정에서 원근 각지로 흩어졌다. 낙동강 상류지역의 잦은 안개로 인한 폐해도 만만치 않다. 잃은 것이 있으면 얻은 것도 있

민속박물관 마당의 야외박물관

는 법이다.

　낙동강 유역의 홍수와 가뭄이 크게 줄고 풍부한 공업용수와 관개용수를 사용하게 되었다. 또한 전력을 생산하여 영남과 중부지역 일대에 공급하고 있다. 안동민속박물관이 들어섰고 최근엔 댐 수변 지역을 정비하여 관광자원으로 활용하기에 이르렀다.

　댐이 준공된 후에는 청춘들의 단골 데이트 장소가 되었다. 호수 근처 산 벚꽃이 산등성이를 뒤덮을 때면 상춘객이 절정을 이루었다. 여름밤이면 호수를 건너오는 시원한 바람을 찾아 온 가족이 돗자리 하나씩 들고 몰려갔다. 가을이면 고운 단풍을 배경으로 사진 찍기 바빴다. 비 온 뒤의 물안개와 겨울 아침의 상고대도 보기에는 좋았다. 눈꽃이 피면 더 좋았다. 운 좋게도 눈 내린 휴일 아침이면 눈길을 걸어서 댐까지 갔다. 민속촌에서 음식을 팔던 시절이라 다례원에서 아침을 먹고 오기도 했다. 언덕 위의 초가집 마당에는 평상을 펴고 휘장을 쳤다. 잔칫집처럼 시끌벅적한 곳에서 파전에 동동주는 공식 메뉴였다. 분위기에 취해서인지 칼국수며 헛제삿밥도 민속촌에서 먹으면 더 맛있었다. 평소에도 갈 곳이 마땅치 않으면 또 안동댐을 찾았다. 그렇게 가고 또 가는 질리지 않은 곳이었다.

　지금도 안동댐은 여전히 시민들의 휴식처이자 부지런한 사람들의 운동장소이다. 사계절 전국에서 몰려오는 관광버스가 끊이지 않는다. 자전거전용도로까지 마련되어 있다. 관광객을 맞이하기 위해 월영교 주차장 주변에는 민속음식점을 비롯한 커피숍, 게스트하우스 등 상권이 제법 형성되었다. 잠깐 상념에 잠겨 있다 보니 벌써 내릴 곳이다. 출발지에서 안동민속박물관까지 딱 10분 걸렸다.

안동민속박물관 제구 기획전

　'봉제사 접빈객', 제사를 받들고 손님을 맞이하는 것은 종부의 소명이었다.

안동민속박물관 전시실

제사는 돌아가신 조상께 살아계신 때와 마찬가지로 효도를 해야 한다는 데서 비롯된 의례다. 보통사람들조차도 유교문화를 올곧게 계승하려는 의식이 뿌리 깊은 곳이 안동이 아니던가.

안동은 전국에서 가장 많은 불천위 제사를 모신다. 일반적으로 제사는 고조할아버지까지 4대 봉사를 하지만 불천위는 세대를 초월하여 조상과 더불어 살 수 있게 한 제도이다. 명문가의 불천위 제사에는 몇 백 명씩 전국에서 제관이 모여들기도 한다. 후손들은 불천위제사를 통하여 정체성을 확립하고 동질감을 느끼며 공동체적 삶을 되돌아보게 된다. 비단 불천위 종가가 아니어도 종가를 중심으로 형성된 동성의 전통마을에서는 제례를 중요시한다. 이런 안동에 걸맞은 기획전시회가 안동민속박물관에서 열리고 있다.

박물관 마당에 들어서자 훤칠한 소나무 한 그루가 우뚝하다. 곁가지도 없이 치솟은 소나무가 꼿꼿한 안동 선비의 기상을 보는 듯하다. 예로부터 안동에는 선정비나 공적비를 세워 치적을 알리는 것을 예스럽지 않다고 여겨 세우지 않아 '안동 무비安東 無碑'란 말이 전한다. 박물관 잔디밭에는 안동에서는 보기 드문 영세불망비를 볼 수 있다. 목이 떨어져 나간 불상 등 여러 가지 석조유물이 전시되어 있다.

　매표소를 거쳐 박물관 안으로 들어갔다. 해설사에게 해설을 청했더니 상설전시관을 먼저 안내한다. 지역의 관혼상제에 대하여 친절하게 들려주었다. 이전에도 몇 차례 둘러 본 적이 있지만 볼 때마다 느낌이 새롭다.

제구, 그리움을 담아 정성으로 갖추다

　기대했던 제구 기획전시관으로 들어섰다. 다소 무겁게 느껴지는 제사의 복잡한 의례는 피했다. 제사는 가가 예문이란 말이 있듯이 자칫 말썽의 소지가 있을 수 있기 때문이다. 쉽게 다가갈 수 있는 제구를 통해 제사에 관심을 갖게 한 기획의도가 신선해 보였다. 아담한 전시장은 '정성을 담다, 조상을 받들다, 간절히 그리워하다' 세 구역으로 나뉘어 있다. 전시품은 안동대학교 박물관과 향교에서 지원을 받기도 했다.

　1부에서는 민가에서 흔히 보았던 놋 제기와 목제기는 물론이고 백자로 된 제기도 선보였다. 제기는 대부분 굽이 달려 있다. 조상이나 모시는 신을 높이 받든다는 뜻을 나타내기 위해서다. 왕가, 종묘, 서원이나 향교 등 공공 제사에서 쓰이는 제기는 지배계급의 권위를 나타내기 위해 까다로운 절차만큼이나 제기의 형태가 다양하고 가지 수도 많다. 제기 하나에도 의미를 부여하고 담는 음식과 놓이는 위치 그리고 규모에 따른 법도가 정해져 있었다.

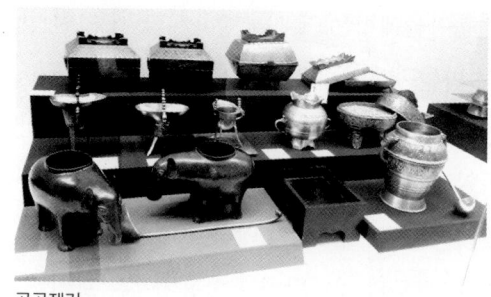
공공제기

　2부에서는 신주를 모시는 데 필요한 제구를 전시했다. 사당을 따로 지을 형편이 못될 때는 적당한 곳에 감실을 마련하여 신주를 모셨다. 어떤 가구보다 정성껏 제작된 각기 다

감모여재感慕如在 병풍

른 모양의 감실이 전시되었다. 민속박물관에 보유중인 '감모여재도' 병풍에는 감실 그림이 그려져 있어 눈길을 끈다. 사모하는 조상의 혼이 이 제단 앞에 와 계신다는 의미다.

   3부에서는 제문에 필요한 도구와 제사에 관한 기록이다. 조상을 추모하는 제사는 예법과 축문을 남기고 고인에 대한 간절한 그리움은 절절한 제문으로 남았다. 조선시대에는 고인의 문집에 지인들이 쓴 제문을 수록했다.

   이희승 학예실장과 함께 전시장을 둘러보았다. 전문가의 설명을 곁들이니 더욱 흥미롭게 다가온다. 제사는 정성이요 소통이다. 하나부터 열까지 고인을 그리며 격식에 맞게 제물을 준비하는 과정에서 마음을 가다듬게 된다. 산자와 죽은 자가 소통하고 모인 가족들끼리 소통할 기회를 가진다.

   안동민속박물관은 요즘 살아있는 느낌이다. 꾸준히 알찬 기획전이 열린다. 연중 성인들을 위한 교육 프로그램과 청소년을 위한 체험 프로그램도 다양하다. 매월 마지막 주 수요일 문화의 날에는 이벤트도 마련한다. 그러나 아무리 좋은 기획을 해도 이용자가 없으면 무용지물이다. 박물관을 학생들이나 이용하는 공간쯤으로만 생각한다면 편견이다. 누구나 이용할 수 있는 평생교육기관이 아니던가. 어느 지역에 여행을 간다면 가장 먼저 박물관을 가보라고 권하고 싶다. 그 지역의 과거와 현재에 대해 개괄적으로 알 수 있기 때문이다. 박물관을 나와 개목나루로 향했다.

황포돛배가 정박한 개목나루

쉼 없이 물이랑을 만드는 호수 가장자리엔 물소리가 찰랑인다. 개목나루엔 황포돛배 월영누리호가 대기한다. 예전에 구포에서 낙동강을 오르내리던 황포돛배를 재현한 것이다. 당시에는 견항진犬項津(임청각 앞)에서 닻을 내렸다고 한다. 오래 전 부산에서 소금을 가득 싣고 낙동강을 거슬러 오던 배가 전복되어 선대의 가세가 기울었다는 말씀이 되살아난다. 소금이 귀하던 시절이었다. 소금배가 올라온다는 소문만 들어도 내륙 산골 백성들이 곡식과 피륙을 들고 나루터로 달려가서 빼앗듯이 흥정을 했다는 얘기가 소설『객주』에도 나온다. 날씨가 추워서인지 뱃사공도 보이지 않는다. 나루터에는 보부상이나 길손들이 한 잔 술로 속을 달래고 언 발을 녹이며 유숙했을 허름한 주막대신에 그윽한 기와집이 한 채 보인다.

한옥 카페 '안단테安端態'의 문을 두드렸다. 식사하는 공간은 분리되어 있지만 난방비를 절약하기 위해 동절기엔 다실에서 식사도 겸한다. 초석이 깔린 정갈한 다실이다. 기다란 다탁엔 국화 한 송이가 다소곳하다. 햇살에 비치는 창호문살이 정겹다. 이중문을 열면 호수가 한눈에 들어온다. 맛깔스럽게 고명

안동댐 개목나루의 황포돛배

을 올린 잔치국수로 허기를 면했다.

한옥카페는 인근에 전통 활쏘기, 떡 만들기, 대장간 등 체험동과 함께 포드림이란 사회적 기업이 위탁 운영하는 곳이다. 포드림 고문인 김정숙 씨에 의하면 황포돛배는 겨울에는 쉬고 봄부터 가을까지 운행한다. 개목나루에서 보조댐까지 한 바퀴 돌아오는데 20분정도 소요된다. 배 삯에 포함된 차를 마시며 느긋하게 뱃놀이를 즐길 수 있다. 잔잔한 음악이 민속촌에 생기를 불어넣었다.

민속촌 그리고 야외박물관

민족시인 이육사의 '광야' 시비를 보고 직진하면 조선 판 사랑과 영혼 '원이엄마 테마길'이 조성되어 있다. 이곳을 찾는 사람들이 서로의 사랑을 확인하고 다지는 곳이다. 상사병이란 작은 병에 사랑의 언약을 담을 수 있도록 했다. 알록달록한 상사병이 철망에 매달려있다. 지금 이 순간의 간절한 마음들이 영원하길 빌어본다.

곧장 가면 호반나들이길이다. 안동시 승격 50주년을 기념해 2013년에 조성된 이 길은 힐링 코스로 인기다. 숲과 호수를 양쪽에 끼고 걷는 길이다. 결빙 기간엔 조심해야 한다. 호반나들이길을 포기하고 왼쪽 돌계단을 따라 석빙고로 올라갔다.

보물로 지정된 석빙고는 원래 도산면(구 예안면) 동부리 산기슭에 있었다. 조선 영조 13년에 선성현 현감 이매신이 사재를 털어 축조한 것이다. 낙동강에서 많이 잡히는 은어를 국왕에게 진상하기 위해서라고 한다. 멀리서 바라보면 산비탈의 고분처럼 보인다.

석빙고를 지나면 조금 위쪽으로 선성현 객사가 모습을 드러낸다. 조선 숙종 때 예안현감 김성유金聖遊가 개수한 '一' 자형 객사이다. 조선시대 객사의 전형적인 모습이라고 한다. 중앙 건물에는 궐패를 모시고 초하루와 보름에 궁궐을 향해 절을 하였으며, 양쪽에 있는 건물에는 사신이나 귀한 손님의 숙소로 제

(좌) 안동석빙고 / (우) 기와 가마

공되었다. 양쪽의 방 앞에는 툇마루가 나 있고 옆으로 육간대청이 대칭을 이룬다. 벽도 없이 주칠한 기둥만 서 있는 너른 대청에서는 객고를 달래줄 연회가 벌어졌음직하다.

 객사에서 산모퉁이를 돌면 골짜기에 초가집들이 몇 채 보인다. 초가 도토마리집은 원래 도산서원 남쪽을 흐르는 낙천 건너편 의인 섬마을에 있던 건물이다. 집의 평면구조가 베틀의 도토마리와 유사하다고 하여 붙여진 이름이다. 경북지방에만 남아있는 주거 형식으로 귀중한 자료이다. 툇마루가 있는 초가 삼간을 노래하는 나에겐 덩그러니 비어있는 초가집들이 아깝기만 하다.

 남반고택에서 언덕길을 내려오면 기와 가마이다. 1998년 정하동 낙동강변 택지개발공사 때 발견되어 안동대학교 박물관에서 발굴하였다. 총 11기의 가마 가운데 제4호 가마를 2000년에 현 위치로 이전 복원하였다. 통일신라 말기에서 고려 전기에 걸쳐 안동일대의 관청이나 사찰 등에서 사용되는 기와를 생산하였던 것으로 보인다. 북부지역에서 대규모의 기와 가마 집단이 조사된 것은 유일하다. 기와 가마를 보니 에티오피아의 악숨에서 만난 왕가의 고분터가 생각난다. 돌로 축조한 공터를 앞에 두고 검정 양복에 빨간 넥타이를 맨 현지 해설사는 고대왕국에 대한 자긍심으로 충만했다. 어쩌면 안동은 너무나 많은 문화재를 보유한 탓에 귀한 문화재를 소홀히 취급하고 있는 건 아닌지 염려된다.

관풍정 위쪽 언덕에 이천 서씨 열녀비가 서 있다. 예전에 고을마다 서 있던 열녀비는 오늘의 관점에서 보면 여인들의 일방적인 희생을 강요하는 악습일 수도 있어 씁쓸하다. 산비탈에 기와집·돌담집·까치구멍집·통나무집 등 다양한 형태의 집들을 보는 재미가 쏠쏠하다.

언덕길을 조금 더 올라가면 높다란 성곽과 문루가 나온다. 성문으로 들어서면 저만치 정자와 연못이 보이고 계남고택, 팔회당재사, 우향각 등 수몰 지구에서 이건한 고택들이 마을을 이루고 있다. 바로 구름에 고택 리조트다. 내부를 리모델링하여 고택의 불편한 점을 개선했다고 한다. 지배인 김상철씨는 고택에 걸맞게 개량한복 차림이었다. 반가의 격조가 느껴지는 공간에서 구름을 벗 삼아 유유자적하고 싶어진다.

도로를 사이에 두고 오른 편에는 새뜻한 기와집이 즐비하다. 예움터 마을이다. 한자를 근간으로 한 인성 교육과 전통문화 체험으로 우리문화를 계승 발전시키고자 만든 시설이 개관 준비 중이다. 뒤로는 영양천씨 중시조 천만리 선생의 위패와 영정을 모신 동산서원이 자리한다. 언덕길을 따라 계속 올라가면 안동문화관광단지 정문과 연결된다.

안동댐 숨은 명소 비밀의 숲

민속박물관 앞에서 영락교를 건넜다. 안동댐의 숨은 명소로 가기 위해서다. 오른쪽으로 직진하면 수자원공사 진입로이다. 해마다 늦가을이면 은행나무 가로수 길이 장관이다. 지금은 모든 잎을 떨구고 나목이다. 나무의 진면목을 볼 수 있는 계절이다. 겨울나무 앞에서는 가면을 벗어도 좋으리라. 선승처럼 침묵하는 나무에게서 말 수를 줄이는 법을 배우고 싶다. 안동댐의 숨은 명소는 잘 보이지만 실제 잘 보기는 힘든 것이니, 숨은 명인의 도움이 필요했다. 한국수자원공사 안동권관리단 운영팀 권영목 조경과장의 안내를 받게 되었다. 그는 안동댐의 산증인이다. 안동댐 주변의 무수한 꽃과 나무가 그의 손길

안동댐 숨은 명소를 안내한 한국수자원공사
안동권관리단 권영목 과장

을 거쳤다. 그 또한 수몰민이다. 성곡동이 고향인 그는 개발의 논리에 밀려 안동댐 인근에서 세 번이나 이주했다. 사진작가로도 활동하며 남다른 애정으로 안동댐 주변의 사계를 담아낸다.

수자원공사 정문에서 왼쪽 암벽 아래는 폭포공원이다. 구름다리도 놓여있다. 저만치 다리 아래 무리지은 갈꽃이 눈부시다. 메타세콰이아 숲 아래 벽돌색 양탄자를 깔아놓은 듯하다. 낙엽에 둘러싸인 연못 안에 푸른 하늘과 흰 구름이 내려앉았다. 연못 위쪽으로 산책길이 나있다. 단풍나무와 참나무 숲길이다. 인적이 드문 산책로에는 낙엽 이불이 펼쳐져 있다. 낙엽이불은 겨우내 또 다른 생명을 키울 것이다. 초겨울 낙엽 밟는 소리가 고요한 숲을 흔든다. 아래에서 올려다보면 언덕 위에 안동루가 우뚝하다. 오솔길이 끝났다. 마지막 힘을 다해 철제 계단을 거쳐 누각에 올랐다. 안동댐 보조호수가 한눈에 들어온다. 확 트인 전망이 답답한 가슴을 뚫어준다. 왕복 삼십 분 정도면 닿을 수 있는 숲길이 호젓하다.

돌아 나오는 길에 안동공예문화전시관에도 들러보았다. 안동에서 활동하는 예술가들의 작품만 취급하는 매장이다. 생활도자기, 하회탈, 천연염색 작품 등 품격 있는 여행 기념품을 마련할 수 있는 곳이다. 넓은 전시관엔 갖가지 작품들이 눈을 즐겁게 했다. 별관에서는 천연염색 체험까지 할 수 있다고 한다.

노루 꼬리처럼 짧아진 겨울 해가 넘어가고 어둠살이 내렸다. 마지막 여정인 월영공원이다. 정부인 장씨 시비, 일송 김동삼 선생 어록비, 안동 3.1 운동 기념비가 서있는 공원을 느릿느릿 걸었다. 가로등에 불이 켜졌다. 월영교 야경

안동댐 숨은 명소 폭포공원

을 가장 잘 볼 수 있는 물문화관 전망 데크에 섰다. 빛 무리를 거느린 월영교가 호수에 어린다. 달그림자가 물에 비친다는 월영교는 우리나라에서 가장 긴 목조 다리다. 원이 엄마의 짚신 두 짝을 형상화한 모습이라고 한다. 한여름 밤에 다리 난간 좌우로 분수가 쏟아지는 풍경도 이채롭다. 다리 한 가운데 마련된 월영정에서는 사방을 조망할 수 있다. 월영교에 보름달이 뜨면 한 폭의 그림이 완성된다.

짧은 여행, 긴 하루였다. 제구 전시회를 통해 제사의 의미를 되새겼다. 군자는 가난해도 제기를 팔지 않는다는 말이 귓가에 맴돈다. 민속박물관 구석구석을 돌아보며 우리네 삶의 흔적을 엿보았다. 아직도 숨 가쁘게 헉헉대는 나에게 겨울 숲이 넌지시 일러주었다. 때가 되면 내려놓을 줄도 알아야 한다고. 시내버스 타고, 길을 걸으면서 더 자세하게 볼 수 있었다. 나도 주변의 풍경도. 지난 한 해는 그렇게 흘러갔다. 남은 날을 아껴가며 새로운 여행을 준비하리라.

안동문화관광단지에 들어선 유교랜드

종점 기행
20

시내버스 3-1번 시내순환

놀면서 배우는 안동문화관광단지

　어쩌다가 이 지경이 되었을까. 부모가 자녀에게 재산을 상속하면서 효도계약서를 작성해야만 하고, 자식은 보험금을 타기 위해 늙은 부모를 교묘하게 살해한다. 친부모가 어린 자녀를 폭행하여 죽음에까지 이르게 하는 게 지금 우리의 현실이다. 씁쓸한 소식을 접할 때마다 인성교육을 들먹이게 된다. 밥상머리에서부터 사람의 도리를 먼저 가르치고, 예의와 염치를 알며, 이웃과 더불어 살던 공동체에서는 도저히 상상할 수 없는 일이다. 자본과 자유를 앞세운 거대한 물결에 휩쓸리면서 고요한 아침의 나라 동방예의지국의 미명은 흔들리기 시작했다. 물질만능주의와 개인주의가 팽배해지고 생명 경시와 공동체가 무시되면서 가정의 해체가 다반사가 되었다. 이러한 시대적 위기가 철학의 부재 때문이라는 것을 인식한 안동에서는 오래된 진리에서 그 해법을 찾게 되었다. 바로 유교이다. 한국국학진흥원을 필두로 도산서원선비문화수련원, 유교문화박물관이 차례로 들어섰다. 2013년 유교랜드가 개장된 것도 같은 맥락으로 볼 수 있다. 이번 종점 기행은 안동시 성곡동에 위치한 안동문화관광단지로 떠났다. 유교랜드를 중심으로 주변을 둘러보았다.

한 다리 건너면 다 아는 사람

'안동에서는 험담도 함부로 하지 말고, 행동거지 조심하라.'고 한다. 속된 말로 한 다리 건너면 다 아는 사람이기 때문이다. 인구 17만의 중소도시다 보니 그럴 법도 하다. 안동댐 문화관광단지로 가는 3-1번 시내버스 안에서 또 한 번 실감했다. 물론 3번을 타고 영락교를 지나 안동민속박물관 쪽으로 올라갈 수도 있지만 이번에는 평소에 가지 않던 반대 방향을 선택했다.

교보생명 건너편에서 10시 30분에 출발한 3-1번 버스가 신시장에 도착했다. 한 겨울에도 장날은 장날인가 보다. 시내버스 승강장엔 잔뜩 웅크린 촌로들이 빼곡하다. 첫차로 장 보러 왔던 장꾼들이 일찌감치 장거리를 팔고 집으로 돌아가려나 보다.

한쪽 눈에 안대를 한 할머니(김숙자, 68세)와 여자 아이가 버스에 올랐다. 할머니는 42년째 황새골에 산다고 했다. 낯선 지명이라 했더니 박물관 뒤라고 고쳐준다. 그곳은 엄달골로 불리기도 하고 행정명은 성곡동이다. 백내장 수술을 해서 병원 다녀오는 길이었다.

"수술하고 뒤처리가 얼마나 힘드는지, 4일 동안 계속 주사 맞고 한 달간 안경 끼고 다녀야 되고 세수도 못하고. 수술할 때는 쉬워요. 별로 안 아파요. 따끔시리 한 번 해뿌만 끝인데. 하루만 똑바로 둘러 자고 그냥 고 다음부터는 일상생활해도 괜찮아요."

양쪽 눈을 교대로 치료받는 중이라니 얼마나 불편하실까. 그래도 환한 세상을 볼 수 있다는 희망으로 얼마간의 불편함 쯤이

숙자 할머니와 외손녀를 태운 3-1번 버스가 엄달골(황새골)로 향한다

야 기꺼이 감수하신다.

"시내 있는데도 댐에 놀러 가요?"

"댐에 뭐 볼 거 있나? 지금 가면."

"그래도 볼거리가 있을 것 같아 왔어요."

"몸 성할 때 많이 다니고, 구경 많이 하고, 맛있는 거 많이 먹고 해야 된다는 거 절실히 느꼈다. 다리도 많이 아프고 하니까 놀러도 마음대로 못 가고, 70이 다 되어가니까 많이 느꼈다고, 젊을 때 몸 애껴야 된다는 거."

할머니 친정은 남후면 검암이다. 내 고향 이웃 동네다. 알고 보니 막내 고모 친구이자 나의 초등학교 선배였다.

"옥수이(옥순이) 마음 역시 좋데이."

모처럼 탄 시내버스 안에서 이렇게 고향 선배를 만나 고모 칭찬을 듣기도 하는 곳이 안동이다.

강변도로를 거쳐 용상 터널을 벗어났다. 시원하게 새로 뚫린 관광단지로를 따라 안동문화관광단지에 들어섰다. 벌판 한 가운데 커다란 정자관 모양의 건물이 시선을 붙잡는다. 첫 번째 목적지인 안동 유교랜드다. 출발지에서 시내버스로도 20분밖에 걸리지 않았다.

버스에서 내리니 아침 공기가 명징하다. 겨울은 겨울다워야 한다고 노래를 했더니 오지게 걸렸다. 추위를 피하려고 미루다가 잡은 날이 올 들어 가장 추운 날이라니. 유교랜드가 개관한 지 1년 반이 지났건만 이제야 첫 방문이다. 누가 뭐라 해도 내 눈으로 확인하고 싶었다. 찬바람을 피해 후딱 유교랜드 안으로 빨려 들었다.

유교랜드에서 선비 따라 하기

유교랜드는 안동문화관광단지의 핵심시설이다. 한국 정신문화의 뿌리인 유교문화를 아이들 눈높이에 맞추어 스토리텔링한 테마파크형 전시체험센터이다. 단순한 전시장이 아니기에 몸소 체험해봐야 제대로 알 수 있는 법, 호기심 많은 아이처럼 안내를 맡은 유교랜드 홍보팀 김유진씨를 열심히 쫓아 다녔다.

지하 1층 매표소를 지나 입장하면 타임머신을 타고 과거로 시간여행을 떠난다. 지나간 날들에 고개 끄덕이며 에스컬레이터를 타고 1층으로 올라가면 선비 정원이다. 인공폭포와 노송이 어우러진 조선시대 산수화 정원을 재현했다. 체험관의 메인 로비이자 군자정에서 자유로운 휴식을 취할 수 있는 곳이다. 선비 정원에서 발자국을 따라가면 인의예지신仁義禮智信을 중시하는 유교마을이다. 큰 도가 행해지던 시대, 천하가 모든 사람의 것이었으며 만인이 어우러지는 대동마을을 먼저 만나게 된다. 유가에서 추구하는 이상 사회를 디오라마 모형 영상으로 관람하는 곳이다. 이어지는 마을에서는 선비의 일생을 시기별로 체험할 수 있다. 각 마을을 지날 때마다 스탬프 확인을 받을 수 있다.

소년 선비촌에서는 뿌리를 알기 위해 가족의 족보를 만들어보고, 촌수와 호칭을 배울 수 있다. 인당수에 간 심청의 마음을 헤아리며 배를 타면 출렁이는 망망대해로 착각이 든다. 천자문을 배우고 책거리의 의미를 알아본다. 삼강오륜을 익히고 나면 성인식을 하게 된다. 관례, 계례에 필요한 절차를 준비된 의복을 입어보면서 직접 체험할 수 있다. 색동 저고리 다홍치마를 입고 족두리까지 쓰며 신기한 듯이 셀카봉으로 사진을 찍고 있는 대학생을 만났다. 인천에서 온 김민선 씨였다. 옆에 있던 김은지 씨도 거들었다.

"신기해요. 사진만 찍고 마는 줄 알았는데 와서 보니 다양한 체험을 할 수 있어 참 좋아요. 예전에 외우기만 했던 것을 체험을 통해 배우니 이해하기 쉽고 재미있어요. 초등학생이나 중학생

인천에서 온 대학생 김민선, 김은지 씨

들이 오면 좋을 것 같아요. 대학생들이 와도 괜찮긴해요."

이들은 인터넷 블로그에서 정보를 알게 되어 안동에 도착하자마자 유교랜드로 달려왔다고 한다.

청년 선비촌에는 혼례를 치르고 난 선비가 천문을 익히고, 자신의 체질이 어떤 유형인지 파악해 본다. 선비의 벗인 책의 의미도 새겨본다. 퇴계 이황이 어린 선조에게 올린 성학십도는 퍼즐을 맞추어야 문을 열고 들어갈 수 있어 색다른 재미를 준다. 퇴계가 주목한 말 중에 '구인성성求人成聖'이라는 것이 있다. 공자가 '자기를 비우고 예로 돌아가는 일이 인仁이라고 했다면, 성학십도를 통해 어떻게 하면 참된 인간성의 경지, 성인의 경지에 도달할 수 있을까를 일생동안 고민하면서 다시 그 인仁에 주목했다.'고 한다. 단순히 재미로만 그치지 말고 이면에 담긴 깊은 뜻도 새길 수 있으면 좋으련만. 과거시험에 참여하고 급제하면 삼일 간 휴가를 받아 집안 어른과 선배들께 인사를 하기 위해 삼일유가를 얻게 된다.

중년 선비촌에는 임진왜란 당시의 진주성을 재현해 놓았다. 갑옷을 입고 작전회의에 참여해보고, 말을 타고 왜적을 향해 총을 쏘는 재미가 쏠쏠하다. 노년 선비촌에서는 낙향한 선비가 향촌에서 생활하는 모습을 보여준다. 향촌 재판과 신명나는 하회 탈춤을 배우고, 차전놀이를 하며 공동체의 의미를 깨달을 수 있다. 전통악기 소리를 구분해보고 선유줄불놀이의 풍류를 감상한다. 참 선비촌에서는 퇴계 이황, 율곡 이이, 다산 정약용 등 큰 선비들과 마주한다. 이승의 다리를 건너 죽음에 이르는 과정에서 바람직한 선비의 삶

유교랜드 관람객에게 프로그램을 설명하는 김혜림씨

선비정원, 과거시험보기, 성학십도 퍼즐 맞추기 등 유교랜드의 다양한 체험공간

을 그려본다. 상례와 제사 상차림도 보고 배운다. 역사 속 인물들의 묘비명을 통해 자신의 묘비명을 짓거나, 가족끼리 가훈 짓기도 해봄직하다. 마지막 5D 원형 입체영상관은 국내 최대를 자랑하는 원통형 스크린에 특수효과까지 더해 아이들에게 인기라고 한다.

　유교랜드에서 두 시간 가량을 보냈지만 시간 가는 줄 몰랐다. 동심으로 돌아간 듯 발걸음이 한결 가벼워졌다. 놀이공원이 아이들만 가는 곳이 아니듯이 유교랜드 또한 누구나 가도 좋겠다. 기억 속에 저장된 경험인 스키마(schema)에 따라 같은 것을 보고도 받아들이는 것은 각자 다를 테니까.

안동문화관광단지 랜드마크, 안동타워

　드디어 뱃속에서 신호가 온다. 마음에 점을 찍을 시간이라고. 걸어서 갈만한 인근에는 호텔을 제외하면 마땅한 식당이 보이지 않는다. 유교랜드 안의 카페테리아도 아직 이용객이 많지 않아서인지 개점을 하지 않았다. 권태호음악관 아래나 물포럼기념센터까지 내려가면 식사할 곳이 더러 있긴 하다. 시간을 절약할 겸 바로 뒤의 안동타워로 갔다.

안동타워

　언덕 위에 높이 솟은 안동타워는 안동문화관광 단지의 랜드마크이자 또 다른 명소이다. 안동호 경관이 한 눈에 내려다보이는 전망 좋은 곳이다. 이탈리안 레스토랑에서 해물 리조또로 점심을 해결했다. 특별한 날 가끔은 이런 곳에서 기분전환을 하는 것도 괜찮을 것 같다. 에펠탑에 올라가기 위해 추위에 떨며 몇 시간씩 줄을 서고, 남산 타워 레스토랑에서 식사를 하는 것도 만만치 않음을 생각하면 이 곳은 얼마나 여유로운가.

온 뜰에 꽃이 핀다

민생고를 해결했으니 다시 유람할 차례다. 유교랜드 바로 옆에 자리한 온뜨레피움으로 향했다. 온뜨레피움 또한 입장은 처음이다. 늘 멀리만 바라보고 가까운 곳은 언제든지 갈 수 있다고 생각해서이다. 온뜨레피움은 온 뜰에 꽃이 핀다는 뜻이다. 허브테마공원으로 휴식과 식물 체험을 할 수 있는 곳이다. 유교문화재단과 함께 경북개발공사에서 운영하기에 유교랜드와 입장티켓을 묶어서 판매하기도 한다. 안동시민들에겐 할인 혜택을 준다.

안내판을 보니 허브가든, 온실, 파머스 랜드, 바위정원, 토피어리 정원, 분수광장, 놀이광장 등으로 구성되어 있다. 임준혁 운영팀장은 "안동이 추운 지방이라 허브가 살기에 부적합해서 앞으로는 야생화로 바꿔볼 생각"이라고 했다. 농작물을 재배하여 꽃이 피고 열매 맺는 과정을 직접 체험하는 파머스 랜드에는 소, 돼지 등 커다란 동물 조형물이 보였다. 뜰 중턱쯤 가장자리에 파향정播香亭이란 정자도 사리했다. 파종을 하고 꽃향기를 맡으며 쉬기에 좋은 곳이리라. 정원 곳곳에 깜찍한 조형물로 포토존도 마련해 놓았다. 바위정원 옆에는 풍차와 풍력발전기가 이국적인 풍경을 자아낸다. 겨울이라 야외 정원의 식물들은 대부분 동면에 들어가고 황량하다. 마른 수세미 넝쿨이 남아있는 진입로 주 계단을 따라 열대온실을 찾아갔다.

유리로 된 온실 안으로 들어서자 바깥과는 딴 세상이다. 초록 식물과 꽃들이 처음 보는 나그네에게 눈맞춤을 한다. 한껏 사랑을 받으며 자라서일까. 건네는 눈길이 안온하다. 온실 실무를 맡고 있는 박영숙(61세)씨는 시종일관 환한 얼굴이다. 늘 싱그러운 식물과 꽃 속에서 생활해서 일게다. 온뜨레피움 조경을 책임지고 있는 최경수 관리과장 또한 미

온뜨레피움 최경수 관리과장

허브테마공원과 식물원으로 꾸며진 온뜨레피움

소년처럼 맑은 표정이다. "조경학을 전공했지만 막상 실무에 부딪히니 뜻대로 안 되는 것이 많다."며 이론과 실제의 간극을 토로했다. 열대식물, 다육식물, 관엽식물 등 260여 종의 식물이 식재되어 남국의 정취가 풍긴다. 한쪽에는 폭포가 설치되어 있고 아래 연못에는 왕골 등 수생식물이 자란다. 이곳 식물들은 대부분 제주도에서 가져왔고 외국에서 직송해 온 것도 더러 있다.

관리과장은 온실을 한 바퀴 돌면서 갖가지 식물에 얽힌 사연을 들려주었다. 꽃분홍색 여우꼬리풀은 이름처럼 그럴듯했다. 희귀식물인 파초일엽은 파초의 축소판처럼 작으면서 해초를 닮았다. 파키스타키스는 우리말로는 새우풀꽃이다. 마치 새우 등껍질처럼 생긴 발그레한 잎이 꽃처럼 어여쁘다. 잎 아래로 하얀 새우 속살이 벌어지듯이 다소곳이 꽃이 핀다. 병솔나무는 여름에 붉은 꽃이 피는데 젖병 씻는 솔과 거의 흡사하다고 한다. 직접 파종해서 심은 커피나

천수관음보살의 손처럼 생긴 희귀식물 '불수감'

무와 파파이어도 보인다. 온도가 20도 이상 되어야 정상적으로 자라는데 온도가 내려가면 성장이 멈추게 된다. 열대 식물에 적절한 온도를 유지하기 위해 온풍기까지 가동하느라 난방비가 엄청 많이 든다고 한다. 온실에서 가장 인상적인 것은 불수감이다. 손가락이 여럿인 천수관음보살의 손처럼 생겨 얻은 이름이다. 인도 지방에서 온 것으로 희귀식물로 분류되어 있다. 향이 좋아 말려서 차로 마실 수도 있다. 여러 가지 초목과 꽃들이 향기를 내뿜는 온실은 계절을 잊은 듯 아늑했다.

  기대하고 갔던 바오밥나무는 이미 자취를 감추어서 아쉬웠지만, 갈 때마다 새로운 꽃을 볼 수 있다니 언제든 다시 찾아도 좋겠다. 온실 밖으로 나온 관리과장이 정원 가운데 커다란 돌덩이를 가리켰다. 지구 분수다. 1.2톤 무게의 둥근돌이 밑에서 물을 뿜으면 돌게 되는데 여름에는 장관이겠다. 바위 정원엔 한겨울에도 베고니아 잎이 생생하다. 다육 식물이 많이 심겨있다고 한다. 땅속에서 봄을 기다리는 씨앗들은 봄이 되면 또다시 자연의 신비를 보여 줄 것이다.

  "5월 말경엔 정원 곳곳에 그늘막도 설치하고 시간이 지나면서 허술해진 부분을 하나하나 보완할 계획입니다."

  관리과장의 말을 들으니 다가올 계절이 사뭇 기대가 된다. 일부러 원예치료를 받는 시대이다. 온 뜰에 핀 식물들이 더 많은 사람들과 사랑을 주고받는 사이가 되었으면 하는 바람이다.

여기가 이래될 줄 아무도 몰랐지요

아직 주변 상권이 활성화되지는 않았다. 유교랜드 앞 도로변의 매점이 그나마 영업 중이라 다행이다. 밖에서 보기와는 달리 매점 안은 꽤 근사하다. 벽마다 돌아가며 참나무 장작과 초록 식물을 곁들여 목가적인 카페 분위기가 난다. 활활 타는 화목난로 위에서 끓이는 꼬치어묵이 반갑다. 뜨끈한 국물 한 컵으로 추위를 달래본다. 커피를 비롯한 차 종류도 몇 가지나 된다. 매점 아저씨께 커피와 어묵 안내표지를 밖에다 써 붙이면 좋겠다고 했지만 시큰둥하다. 들어오면 다 알게 된다는 거다. 무뚝뚝하지만 속정이 깊은 안동 사람의 장사 방식이다.

날마다 문화관광단지로 산책 온다는 백태식 씨(75세)를 매점에서 만났다. 그는 문화관광단지 인근 석동에 살다가 안동댐으로 인해 1971년에 이주한 실향민이다. "자다가 물이 들어와서 마을의 맨 위에 집 마당으로 피했다가 곡식 두 바리와 농 그릇 한 차까지 세 차를 싣고 성곡동으로 이사를 했어요. 석동에는 한 삼십호 정도 살았지요. 조상 산소가 있어서 8월 추석에는 한 번씩 예전 살던 마을에 갔는데, 삼 년 전에 와룡 가구리 산으로 이장을 했어요. 성곡동 하상구골에 올 때 내 나이가 마흔 둘이었어요. 그때 나는 시내서

매일 성곡동으로 산책을 나온다는 실향민 백태식 씨

밀, 설탕 도매상을 하고 집 식구가 농사를 지었지요. 여기 와서 마을 통장을 해 가주고 사정을 잘 압니다. 예전에 시내서 자전거 타고 험한 산길로 집에 오다 보면 부엉이 소리도 들렸어요. 골프장이 생기면서 다시 용상동으로 거처를 옮겼어요. 이제 안동문화관광단지 주변에는 왕건 촬영지였던 감성골에 안동 김씨 일곱 집, 단양 우씨 네 집, 모두 열한 집이 남아있어요. 파크 골프장이 생기면서 민속박물관 뒤 엄달골에 이십 여 가구가 다지요."

백씨는 가만가만 이야기를 이어갔다.

"여기가 이래될 줄 아무도 몰랬지요. 권태호음악관 아래쪽으로는 몇 년 전만 해도 거의 논밭이랬어요. 안동문화관광단지 개발로 골프장이 들어서면서 60호 가량의 이주민이 또 생겼지요. 그중 안동 권씨가 삼십호 정도 돼요."

마을 사람들은 안동시내와 풍산 등지로 옮겨가는가 하면, 경주, 대구 등지로 멀리 떠나기도 했다. 부인들은 계모임을 해서 가끔씩 만나 옛정을 나누기도 하지만 바깥 분들은 거의 만나지 못한다. 길흉사 때나 한 번씩 볼 따름이다. 인구 유입정책을 펴느라 안간힘을 쓰는 마당에 오히려 있던 사람마저 떠나게 한 격이라 안타깝다. 인근 지역에 이주민들이 정착할 수 있는 마을이라도 만들어주었더라면 하는 아쉬움이 든다. 그가 날마다 이곳으로 산책을 오는 것도 어쩌면 안동호에 수몰된 고향이 그리워서인지도 모른다.

해맞이 해넘이 달맞이 명소 영가정

마지막 코스인 세계물포럼센터에 도착했다. 작년 대구경북에서 열린 세계물포럼을 기념하고 물의 소중함을 알리기 위해 개관한 곳이다. 영가정에 오르니 해가 서산을 막 넘어가려는 찰나였다. 호숫가 높은 언덕이라 바람이 매서웠다. 카메라를 잡은 손이 얼얼했지만 저녁놀에 취해 자리를 뜨지 못하고 연신 셔터를 눌러대었다. 안동댐 동쪽의 최고지대라 해맞이, 해넘이 그리고 달맞이까지 가능하다. 영가정에서 호수 쪽으로 건너다보이는 높은 산이 용점산

세계물포럼센터 맞은편 영가정에서 지는 해를 감상한다.

이다. 대동, 미질, 지사가 그 너머로 이어진다. 대동의 호계섬 주변은 제비갈매기 서식지다. 주변을 손금처럼 훤히 꿰고 있는 한국수자원공사 권영목 과장이 알려주었다. 지난가을부터 가보고 싶었던 절강도 이 물길을 따라가면 만나게 된다니 벌써 봄이 기다려진다. 영가정에서 계단을 내려오니 노을빛을 머금은 배 한 척이 호수로 나아갈 태세다. 온통 유리로 된 배 모양 카페. 호수가 보이는 이색 카페에서 따뜻한 레몬차 한 잔에 생기를 되찾았다.

내려오는 길, 안동문화관광단지 일대의 야경은 보너스다. 물포럼센터와 조각공원, 안동타워와 유교랜드 주변에도 경관 조명이 들어와 더욱 환상적인 분위기를 자아낸다.

칼바람이 몰아치는 겨울에, 또 봄방학에 갈 곳이 마땅치 않다면 안동문화관광단지를 적극 추천한다. 시간이 허락하면 인근 소천 권태호음악관도 돌아 볼 만하다.

유교는 구시대의 박제된 유물이 아니다. 지금 이 순간에도 우리의 일상을 비추는 거울이 되어준다. 현실에 맞지 않는 부분은 오늘에 맞게 재해석하면 될 것이다. 오래된 미래에 쉽게 다가가는 곳, 바로 유교랜드다.

오백년 된 임동면 굴참나무(천연기념물 제288호)

종점 기행
21

시내버스 33번 종점, 임동·대곡

오래된 참나무가 지키는 마을

 가짜가 판을 쳐서일까. 참교육, 참조기, 참우…등, '참'이란 접두사를 붙여야 안심이 되는 세상이다. 참나무는 나무 중에 나무, 진짜 나무란 뜻이다. 그러나 학명상 참나무과는 있지만 참나무란 이름의 나무는 없다. 갈참나무, 굴참나무, 떡갈나무, 상수리나무, 신갈나무, 졸참나무를 통틀어 '참나무'라고 부르기 때문이다. 2011년 산림청 통계에 의하면 우리나라 전체에 자라는 약 80억 그루의 나무 중 참나무가 21억6천만 그루로 가장 많은 비중을 차지한다. 우리 주변에서 쉽게 볼 수 있어 친근한 나무이다. 국적 또한 순수한 토종이다.
 이번 종점 기행은 33번 버스를 타고 오래된 참나무가 건재한 임동면 대곡리로 떠났다. 대곡리는 임동면의 동북쪽에 있는 마을이다. 이 마을은 1리와 2리로 구성되었으며 임동면 위리와 예안면과 접하여 있다. 대곡리는 원래 임하현의 지역이었으나 고종 32년(1895)에 안동군 임동면에 편입되고 1914년 행정 구역 변경에 따라 복수천, 해천, 신평, 고토, 금수천, 고사, 갈마곡과 위리 일

부를 병합하여 대곡동(리)이라고 하면서 현재에 이르고 있다.[1]

일월 초순, 안동시 임동면 대곡리 한실 마을에 첫발을 디뎠다. 33번 버스 종점이다. 겹겹이 산으로 둘러싸인 마을 가운데로 흐르는 개울물 소리가 해동기처럼 경쾌하다. 대곡천이다. 대곡천은 위동을 지나 임하호로 스며든다. 개울을 자락에 끼고 도로가 이어진다.

민가 사이로 먹빛 정자 한 채가 덩실하게 떠 있다. 가까이 다가서니 대문이 잠겼다. 담너머로

만산재

만산재晩山齋 현판이 보인다. 안동 김씨 재사이다. 한 때 안동 김씨 집성촌임을 대변한다. 세 칸 규모의 재사가 단아하다. 버스에서 만난 김국진(80세) 할아버지는 재사를 건축한 지 40여 년 되었다고 했다. 한 때는 사오십 가구 정도 되던 마을이 지금은 열두 집 밖에 남지 않았다.

흙집 앞에서 외발 손수레를 끌고 가는 권영학 씨(41세)를 만났다. 수레엔 콩비지가 큰 대야에 가득 실려 있었다. 내일이 부친 기일이라 손두부를 만들고 남은 비지를 이웃집 닭에게 주려고 가는 길이었다. 비지에 김이 오르는 걸 보니 방금 만든 모양이다. 그 시간에 마을에 있으면서도 두부 만드는 걸 못 봐서 아쉬워하니 옆집 할머니와 두부 먹으러 오라고 했다.

---

1) 안동시청 www.andong.go.kr/지명유래

김영수 할머니(권영학 씨 모친,78세)는 일 년에 한 번은 두부를 만든다. 아래채 가마솥 옆에는 물동이 안에 두툼하게 모를 낸 손두부가 잠겨 있었다. 손도 크다. 직접 농사지은 흰콩 여섯 대를 불려서 맷돌 기계에 갈았다. 가마솥에 참나무로 서너 시간 불을 때야 맛있다고 비결을 알려주었다. 따끈하면서 부드러운 순두부 한 그릇씩 손에 들고 이웃 간에 정을 나누었다. 주인 할머니가 손바닥에 두부모를 올려놓고 식칼로 듬성듬성 썰어서 김장김치와 곁들인 맛도 일품이었다.

두부로 정을 나누는 한실 마을 사람들

목수, 무이골 주인이 되다

한실과 간촌 중간지점 골짜기로 들어섰다. 승용차 한 대가 겨우 지나갈만한 좁은 길 위로 개울물이 넘쳐흘렀다. 우북한 갈대숲 옆에 징검다리가 놓여 있었다. 두 번째 돌멩이가 위태해 보여 상태를 확인하려고 발을 올리는 순간 중심을 잃고 옆으로 고꾸라졌다. 방수 외투를 입었으니 망정이지 물에 빠진 생쥐가 될 뻔했다. 흠뻑 젖은 운동화를 신은 채 걸을 수밖에 없었다.

골짜기 초입을 지나자 황톳길이다. 인적이 거의 없는 길 위에 참나무 이파리가 그대로 쌓여 있었다. 무려 네 개의 실개울을 건너서야 연기가 올라가는 이층 황토집이 모습을 드러냈다. 바람벽에 주렁주렁 매달린 곶감이 산골의 여유를 느끼게 했다. 길손을 기다리며 목수 김석한(41세)씨는 군불을 때고 있었다. 활활 타는 장작 아궁이 앞에서 젖은 운동화와 발을 말렸다. 본격적인 집 구경에 나섰다. 황토와 목재가 주재료인 집은 재활용한 한옥 문짝이 돋보였다. 이층에 단 네 폭 장지문 너머로 햇살이 집안을 환하게 비추었다. 부드러운

(좌) 정월대보름에 고사지내는 한실 마을 숲
(우) 목수 김석한 씨가 손수 지은 황토집

달빛 또한 그 문에 비칠 것을 상상하니 그만이겠다. 전기도 들어오지 않는다. 세상과 소통하는 노트북과 휴대전화에 필요한 최소한의 전기는 태양열로 해결한다고.

목수의 집답게 연장이 가지런하다. 외벽과 기둥 모서리까지 각종 톱이며 삼각자, 스패너 등 다양한 연장이 나름 질서를 가지고 걸려 있었다. 심지어 청소용구와 삽까지도.

커다란 초록색 유리 용기에서 그는 손수 빚은 청주 두 잔을 내놓았다. 분명 혼자 마시려고 술을 그렇게 많이 빚지는 않았으리라. 술 익기를 기다리고 또 누군가 찾아오기를 기다릴 것이다. 청주도 한 잔 했겠다, 대뜸 통기타 연주와 애창곡을 청했다. 그는 다소 어색해하면서도 한 명의 청중을 위해 기꺼이 기타를 잡았다. 눈을 지그시 감고 열창을 했다. '모란 동백'이었다.

가파른 사다리를 밟고 다락방으로 올라갔다. 통유리 창 너머로 펼쳐진 산과 들이 그의 정원이었다. 선반에는 서점 주인이 되고 싶었던 그답게 책이 제법 많이 꽂혀있었다. 뒷마당에는 유실수 묘목 몇 그루가 자라고, 응달진 개울에는 빙폭 흔적이 남았다. 집 옆의 너른 공터에서 특별한 캠프를 계획 중이라니 기대된다.

결국 그는 골짜기 주인이 되었다. 골짜기 이름을 '무이골'이라 짓고 은자의 삶을 선택한 셈이다. 주자의 무이 구곡이 연상된다 했더니 죽음에 대하여 사유하는 곳, 아무 생각 없는 곳이란다. '묘'를 뜻하는 순수한 우리 방언 '뮈'에서 따왔다고. 월든 호숫가 숲에서 살았던 소로처럼 대곡저수지에서 멀지 않은 골짜기에서 꿈꾸던 삶을 실천하는 중이었다. 그렇다고 그가 세상과 담을 쌓은 것은 아니다. 토요일마다 안동 시내까지 촛불집회에 빠지지 않고 나가는 행동파이기도 하다.

새해 계획을 묻자 "○ 같은 세상에 무슨 희망이 있어 계획을 짜겠어요. 그냥 되는 대로 사는 거지. 성장을 포기하지 않으면 희망을 얘기할 수 없지요."라고 한다.

한 때 그는 구미공단에서 근무했다. 20여 년 전 귀향했다. 실상사 귀촌학교에서 집짓는 법을 배운 계기로 목수가 되었다. 주로 귀촌인들 황토집을 지었다. 소로는 자신의 집을 손수 짓는 목수를 본적이 없다고 했지만 그는 해냈다. 요즘은 먹을 만큼 농사를 짓는다. 남는 시간은 자신을 돌보며 있는 그대로의 자연을 누린다. 음악을 좋아하는 만큼 소규모 축제가 활성화되길 바란다고.

그 집에서 나올 때는 다른 길을 택했다. 개울물이 넘칠 때를 대비해 산비탈에 그가 만든 토끼길이다. 임동에 볼일 보러 나가는 그를 따라 좁다란 산길을 내려왔다. 골짜기 중간 즈음에 세워 둔 그의 트럭을 타고 아랫마을인 간촌에 내렸다.

목수 김석한 씨

오백 년 된 굴참나무

도로변에 '임동면 굴참나무 천연기념물 제288호' 표지판이 눈에 들어왔다. 개울 건너 언덕 중턱에 고목 한 그루가 우뚝하다. 잎을 다 떨구어 낸 나목이라 노거수의 진면목을 볼 수 있다. 달려가 안기고 싶을 만큼 품이 넉넉하다. 쇠파이프로 한 쪽 가지를 받쳐 놓았다. 속이 단단하고 잘 부러지지 않는 참나무여서일까. 한 오백년 한 곳에 뿌리를 내리고 모진 풍파 다 겪었으나 노익장을 과시하는 어르신처럼 굳건하다.

우람하게 잘 생긴 굴참나무를 보며 레오나르도 다빈치의 소묘 작품 인체 해부도(비트루비우스적 인간)가 떠올랐다. 비례 중에 가장 아름다운 황금비율을 설명했던 그림이다. 비탈에 선 굴참나무 곁에 다가갔다. 망루처럼 마을이 한눈에 들어온다. 억센 농군의 손이 이럴까. 우둘투둘 골이 파진 나무의 표피가 두툼하다. 듬직한 나무를 가만히 안아보았다. 신비한 기운이 전해지는 듯하다.

굴참나무는 쓰임새도 다양하다. 껍질은 코르크로 쓰이고, 비가 새지 않아 굴피집 지붕을 덮는 재료가 되기도 한다. "고려 충숙왕 16년(1329) 정월, 왕은 지난해 8월부터 황해도 평주의 천신산 아래 가옥을 짓고 사냥을 즐기고 있었다. 한겨울 지붕에서 물이 새어 부리는 사람들에게 '지붕을 덮는데 어떤 것이 좋으냐'라고 묻자, 사람들이 '박목樸木 껍질이 가장 좋습니다'라고 했다. 여기서 말하는 박목이 굴참나무다."[2] 라는 이야기도 전해온다. 굴참나무 열매는 2년 만에 익는다. 구황작물로 허기 진 배를 채워주었고 추억의 맛을 못 잊어 요즘도 떨어지기 바쁘게 누군가 주워간다. 나무 아래엔 빈 깍정이만 뒹굴었다. 그뿐이 아니다. 나무토막은 기구재로 쓰이고 썩음 바리(썩은 나무)는 어느 집 구들장을 데우기도 한다. 타고 남은 숯까지 대접을 받으니 버릴 게 없다.

경로당에서 만난 권영우(77세) 할아버지는 "어릴 적 여름이면 굴참나무 아래

---

2) 역사와 문화로 읽는 나무사전/강판권, 2010지명유래

서 천자문을 배웠다."고 한다. "마을에서는 칠월 좋은 날을 택해 농로를 보수하고 잡초를 베는 풋굿을 하였다. 이 날에는 주민들이 모두 이 나무 아래로 모여서 집집마다 정성껏 준비한 술, 국수, 감자 따위로 마을의 안녕을 비는 제사를 올리고 흥겹게 하루를 보냈다. 요즘도 매년 양력 8월15일에 마을에서는 성대하게 고사를 지낸다. 봄에 이 나무에 소쩍새가 와서 울면 풍년이 든다고 믿었다."

간촌 마을 건너편에는 멀리 두름산이 보인다. 간촌 권재식 씨에 의하면 "두루미가 날개를 펴고 마을을 향해 들어오는 형상이다. 옛날에 대곡에 임씨와 여씨가 살았는데 여씨네가 두름산에 묘를 써서인지 세력이 더 좋았다. 두름산 중턱에 동암사란 사찰이 있다. 대곡 1동 동장도 오래 하고 유지였던 이유섭이란 분이 글도 좋고 신을 받아서 절을 지어 운영하다가 작고했다. 지금은 부인이 동암사 보살인데 굿하러 오는 사람들이 많다." 라고 했다.

두름산

폐교가 된 대곡분교

폐교가 된 임동초등 대곡분교(훗날 대성초등으로 승격) 건물이 남아있어 반가웠다. 아동 문학가이자 우리말 바로 쓰기 운동을 벌였던 이오덕 선생이 열정을 쏟았던 학교이다. 젊은 시절엔 교사로 훗날엔 교장으로 근무했다. 이오덕 선생은 생식을 즐겨하고 카메라를 들고 다니며 사진을 찍었던 모양이다. 시골 사람들이 간첩으로 여길 정도로 어두운 시절이었다. 오래전 동시로 만났던 〈일하는 아이들〉의 필자이자 주인공들이 바로 이 마을에서 자랐다니 감회가 새롭다.

폐교가 된 건물은 경기도 시흥 목회에서 공부하던 이수룡 목사님이 인수했다. "기독교 신앙생활에 어려움을 겪는 분을 만나 복음을 전하고 영육 간의 지친 사람들이 재충전할 수 있는 쉼터를 계획하고 있다."며 올 겨울 처음 이곳에서 나는 중이라고. 도서관도 만들 계획이라며 모아놓은 책을 보여주었다. 마을 문화센터 역할을 할 수 있었으면 하는 바람이다.

장작을 운반하던 배삼봉(76세) 할아버지도 만났다. 정갈한 마당 한쪽에는 장작을 차곡차곡 쌓아놓았다. 옥수수도 주렁주렁 엮어놓아 겨울나기에 문제가 없어 보였다. 다섯 시경인데 일찌감치 저녁식사를 마쳤단다. 할머니(천춘화 73세)는 막차 타고 가려면 멀었는데 배고프겠다며 저녁식사를 권했다. 찬이라야

폐교가 된 대곡분교

깻잎김치와 고추장뿐이지만 사골곰탕으로 끓인 미역국과 한 술 뜨라고 차려 준다. 길손에게 따뜻한 밥 한 그릇 선뜻 건네는 마음이 고마웠다. 날씨가 포근하다지만 겨울은 겨울인가 보다. 사진 찍느라 맨손으로 다녔더니 손이 곱아서 젓가락질이 되지 않았다.

  식사를 끝내자 군불을 때어 놓았으니 안방으로 건너오란다. 방안에는 구들 온기가 식을세라 이불을 두 채나 펴 놓았다. 따뜻한 이불속에 발을 묻고 앉아 내외분이 살아온 이야기를 들었다. 도계 탄광에서 일하다가 재해를 입고 대곡에 정착하기까지 신산한 삶의 여정이었다.

  할머니는 막차 시간이 가까워오자 행여 내가 버스를 놓칠세라 미리 밖에 나가 계셨다. 할머니 배웅을 받으며 막차의 유일한 손님이 되었다. 처음 찾아간 대곡이건만 돌아오는 길은 마치 친척집에 다녀오는 기분이었다.

나무가 운다는데

  "대곡1리 바드래 마을에는 우는 나무가 있다."고 간촌 권재식 씨가 알려줬다. "예전 어른들 말씀이 비가 올라하면 커다란 떡갈나무가 운다는 소리를 들었어요. 얼마 전에 방송국에서 취재 갔을 때는 울지 않았다 그러던데…." 호기심이 동할 수밖에 없다. 내 눈으로 내 귀로 들어봐야 속이 후련할 것 같았다. 주로 해 뜰 무렵에 운다기에 새소리가 아닐까 하는 생각이 들었다. 한편 시골 분들이 새소리를 구분 못할까 싶어 궁금증은 더해갔다.

  설 무렵 이른 아침이었다. 임하호의 환상적인 물안개를 뒤로하고 문제의 떡갈나무를 찾아 다시 대곡으로 갔다. 간촌 조금 못 미쳐 동암사 표지판 따라 13킬로 정도 언덕길을 올라가니 바드래(해천)마을이다. 사방이 산으로 둘러 싼 산중턱에 스물 댓 가구가 옹기종기 모여 앉았다. 나그네 발소리에 개들이 마구 짖어대었다. 해는 이미 떠올랐지만 겨울아침이라 나무 위치를 물어볼 사람은 보이지 않았다. 차도에는 눈이 치워져 있었으나 인적이 드문 밭두렁 옆이나

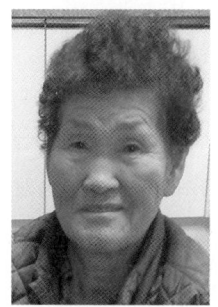   

(왼쪽부터) 한실 김영수 씨, 간촌 천춘화 씨, 바드래 김세열 씨, 간촌 권재식 씨

마을 뒷길엔 눈이 그대로 쌓여 있었다. 골목을 거닐다 마주친 파란 컨테이너에 주르르 매달린 수정 고드름이 동심을 일깨웠다.

날렵한 기와지붕이 발길을 재촉했다. 순천 김씨 정자 〈관가정觀稼亭〉이었다. 정자 가까이 이르자 "뜨르륵~뜨르륵~" 소리가 크게 들렸다. 정자 뒤 개울가 느티나무 숲에서 나는 소리였다. 고개를 돌려보니 멀리 밭둑 위에 커다란 떡갈나무가 서 있었다. 가슴이 뛰었다. 잠시 후 아래쪽에서 "뜨르륵~ 뜨르륵~"하자 위쪽에서 화답하듯 "드르륵~ 드르륵~" 둔탁한 소리가 들렸다. '바로 이 소리였구나.' 몇 번을 반복하던 소리가 떡갈나무 가까이 다가가 녹음을 하려 하자 더 이상 들리지 않았다. 관가정에서 100미터가량 떨어져 있었다. 검은 빛이 도는 떡갈나무 주변에는 묘지도 여러 기 있고 나무가 운다니 으스스했다. 묘소 주인도 화를 입을까 두려워 함부로 나무를 벨 수가 없다는 말이 실감났다.

새들이 등신이라

내려오는 길에 만난 김세열(67세)씨가 그간 정황을 알려주었다. "2009년 당시 나무 주변에 쓰레기가 방치돼 있어서 나무가 우는 건 아닌가 해서 주민들이 쓰레기를 치우고 고사도 지냈어요. 그 후에도 해 뜰 무렵이면 나무가 우는지 새가 우는지 소리가 가끔 들려요." 라고 한다. 안동시에서는 2009년에 보호수로 지정했다. 한편 세간의 주목을 끌면서 새 전문가 윤무부 교수가 다녀

바드래 마을 오백 년 된 떡갈나무

가기도 했다고. "윤 교수가 왔을 때도 나무 아래에 텐트를 치고 새벽 다섯 시부터 녹음 준비를 하고 기다렸지만 아무 소리도 못 들었어요. 새들이 등신이라, 예민해서 오지 않은 거겠지."

다만 주민들이 녹음한 소리를 듣고 딱따구리로 판정을 내렸다고. 이유인 즉 "사람들이 다니는 도로 쪽의 가지는 멀쩡한 반면에 밭 쪽의 가지는 새들이 쪼아서 빈틈이 없다. 딱따구리가 여섯 종류나 되는데 그 중에 하나일 것이다." 그제야 마을 사람들은 재앙이 덮칠까 걱정했던 가슴을 쓸어내리고 안심하게 되었다고 한다.

한편 임동면 수곡리 700년 된 용계은행나무도 국가적 변고가 있으면 운다고 한다. 임하댐 수몰 전에도 한 차례 울었다는 이야기가 전해진다. 말 못 하는 나무도 울음으로써 감정을 표현하고 소통하는데 하물며 인간들끼리 불통이어서야 되겠는가.

임동면 대곡리는 골짜기가 깊어서인지 유난히 오래된 나무가 많다. 고목의 굴참나무, 떡갈나무가 수호신처럼 지키고 있으니 마을의 액운을 막아줄 것만 같다. 하나둘씩 객지에 나갔던 젊은이들이 돌아오는 마을이라 희망이 보인다. 세상이 각박할수록 길 위에서 만난 순박한 사람들이 그립다. 넉넉한 참나무처럼 아낌없이 베푸는 인정이 살아 있기에. 대곡 사람들의 참살이를 엿보며 진짜의 삶을 꿈꾼다.

선성현 수상길

종점 기행 22

시내버스 67번 종점, 서부리

선성현 예끼마을, 예술의 옷을 입다

    서부리에 새 바람이 분다. 안동시 도산면 서부리는 1976년 안동댐으로 인해 수몰 지구에서 이주한 사람들이 모여 사는 마을이다. 지난날 예안면에 살던 사람이 대부분이고, 인근 지역에서 온 사람들도 더러 있다. 도시도 아니면서 농사짓는 사람이 거의 없는 어정쩡한 마을이다. 실은 농사를 짓고 싶어도 지을 땅이 없다. 날마다 호수만 바라보며 한숨짓던 마을 사람들이 침체의 늪에서 깨어나 예끼마을로 거듭났다. 이백 가구 남짓한 시골에 갤러리가 몇 개나 들어서고, 물 위를 걷는 선성수상길이 생겼다기에 찾아가 보았다.

    "예끼 놈!"
    예전에 어르신들이 마땅치 않은 아랫사람을 질책할 때 쓰던 말이다. 서부리 예끼마을은 그것과는 거리가 멀다. 예술에 끼가 있는 사람들이 사는 마을이라니 예끼란 말이 들을수록 살갑다.

올해 소한은 비교적 온순했다. 그래도 물위를 걸을 생각에 말아 놓은 김밥처럼 껴입고 길을 나섰다. 67번 버스 출발지인 안동 교보생명 앞에서 서부리까지는 30분가량 걸렸다. 승강장에 내리자 예끼마을 주민서예전을 알리는 펼침막이 눈길을 끌었다.

바로 옆, 도시 한복판에 있어도 손색없을 세련된 건물인 예끼 마을 인포메이션센터에서 전시회가 열린다고 했다. 이른 아침이라 문이 닫혀 있었다.

"예전에 버스정류소로 쓰던 건물을 리모델링했어요. 녹전, 온혜로 가는 경유지였으니 버스가 들어와서 잠시 정차했다가 돌아나갔지요. 더 오래전에는 대구에서 버스가 와서 우리 집 앞에 〈경인여인숙〉에서 기사가 하룻밤 묵고 아침 일찍 출발했고요."

길 건너 예안이발관 강석수 씨(69세)가 소상하게 기억했다. 버스가 쉬어가던 자리는 마을 주차장으로 바뀌었고, 장날(1일, 6일)이면 명맥만 이어갈 정도로 장이 선다. 옷이며, 식품, 잡화를 파는 장사꾼 세 분이 잊지 않고 찾아온다.

그곳에서 마을 길잡이가 되어 줄 서부 2리 권태선(60세) 이장을 만났다. 권이장은 "어릴 적 예안장은 허연 두루마기를 헤치고 다녀야 할 정도였어요. 그

버스정류소를 리모델링한 예끼마을 인포메이션센터

당시에 유통된 금액이 하루 2억 정도 되었답니다. 어마어마했어요. 소전도 꽝장히 컸고. 재산, 신남, 상계, 태자, 가송, 명호, 녹전, 춘양에서 다 농산물을 이고 지고 왔으니까." 라며 생생하게 일러 주었다.

저기가 누나 자리야

인포메이션센터 옆에는 선성문화단지안내소로 사용할 멋들어진 한옥이 들어섰다. 저만치 건물 모퉁이에 기이한 모습이 포착되었다. 모자를 눌러쓰고 넥워머로 얼굴을 가린 사람이 고개 숙인 채 무언가에 열중하고 있었다. 긴 목도리를 따로 두르긴 했지만, 외투가 얇아 보였다. 넉넉한 상체를 보아하니 노파인데 도무지 인상을 짐작할 수 없다.

그녀는 차가운 콘크리트 위에 좌식 의자를 놓고 그나마 방석은 깔고 앉았다. 두 다리는 최대한 편한 자세로 자가용 유모차 위로 올려놓았다. 무릎 위에 책과 스케치북을 펼치고 오른손에 펜을 잡았다. 가까이 가보니 뜻밖에도 한자 공부 중이었다. 겉표지가 떨어져 나간 실용옥편은 얼마나 봤는지 종이가 나달거릴 정도다. 스케치북에 검정 펜으로 칸을 치고 빼곡하게 옮겨 적은 글씨가 제법 가지런하다. 엄동설한에 길가에 앉아서 공부하는 사연이 궁금할 수밖에.

"우리 엄마가 칠십 아홉에 돌아가시면서 천자문을 써놓고 다 외우고 가잖아. 엄마는 초등학교 1학년 댕기다 치우고, 나는 오 육학년 댕기다가 육학년 억지로 졸업 맞고 이랬는데. 한글도 잘 몰래. 그런데 천자문을 떴어. 우리 오빠가 그때 천자문 천 원짜리 사조띠. 나는 깜짝 놀래부랬어. 우리 엄마가 돌아간 지 십 오륙 년 되

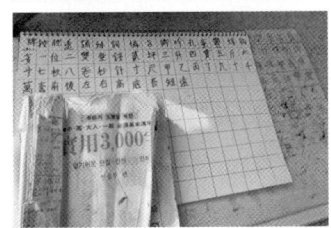

실용한자 3,000자에 도전 중인 79세 권인순 씨, 그녀가 한 칸씩 채워가는 한자 스케치북이다.

었어. 그 길로부터 했으께네."

"바(방에) 들어가면 하마 잠이 와. 쪼매 들다볼라 그마 금방 잠이 와 안 돼. 배께(밖에) 앉아 있어도 내 손이 이꾸 뜨스애."

목소리가 걸걸한 그녀의 손을 잡아보니 내 손보다 따뜻하다.

"기양 자꾸 쓰고 읽어볼라꼬 그는데 전에 거치 그래 안 일게(읽혀). 이게 치매 약이래. 하루 네 시간, 아침에 열 시에 나와 열두시쯤 돼 드가고, 세 시에 나와 다섯 시쯤 드가고 네 시 반에도 들어가."

알고 보면 그녀에게도 가슴 아픈 사연이 있었다. 권 이장이 거들었다.

"저기가 누나 자리야. 적어도 나는 그렇게 생각해. 지금 이 건물(인포메이션센터)이 있기 전에 건물 한 동이 있었는데 계단 하나 올라간 자리가 누나 자리였어요. 건물이 없어지고 새 건물이 들어서면서 이쪽으로 옮겼어요."

"이 분은 예전에 예안초등학교 앞에서 오렝도 팔고 요즘으로 말하면 분식집을 했어요. 그러다가 수볼되고 위로 올라와서 여기 버스 정류소 앞에서 또 가게를 했지요. 그런데 자본의 논리로 건물이 다른 사람에게 넘어가고 갈 곳이 없어져 버렸어요. 그래서 이곳을 못 떠나고 날마다 여기를 찾는지도 몰라요."

이장님 이야기를 들으며 노파는 그저 웃기만 했다.

"기름바(방) 새댁이가 길에 가는 걸, 불러봐라 하고 700자 외웠는데 이젠 하이 안 되잖아. 그 때가 한창이래."

못다 한 공부에 한이 맺혀서일까. 79세인 그녀는 지금 3,000자에 도전 중이다. "권인순 할머니 멋져요." 했더니 옆에 있던 마을 분이 시집 한 번도 안간 아가씨라고 바로잡아 주었다. 퇴계 이황, 농암 이현보 등 이름 높은 선비가 출입하던 선성현답다고나 할까.

서부리는 예안읍의 서쪽

선성현은 예안면의 조선 시대 지명이다. 안동시의 행정구역은 조선 시대 예

선성현 한옥체험관

안현과 안동부를 합친 지역이다. 안동댐으로 인해 예전의 예안은 도산면으로 흡수되었다. 서부리는 과거 예안읍의 서쪽이란 뜻이다. 향학열에 불타는 그녀를 뒤로하고 마을 구경에 나섰다.

　주차장에서 남쪽으로 이어지는 골목으로 접어들었다. 예안 이발관을 지나 골목이 끝나는 곳에 서면 계단 아래 공원이 펼쳐진다. 그 너머로 수상 보트가 정박한 호수가 보인다. 공원에서 왼쪽 산책로를 따라 한옥체험관 옆길로 나올 수도 있다. 우리는 곧장 선성한옥체험관으로 갔다. 그리 길지는 않지만, 궁궐의 회랑처럼 위용을 갖춘 ㅁ자 한옥이 멋스럽다. 주말엔 제법 이용자가 많다는데 평일이라 고즈넉했다.

물위를 걷는 선성수상길

　보건소 앞에서 '선성수상길' 화살표를 따라 발길을 재촉했다. 데크가 시작되는 언덕에 서자 겹겹이 산 그림자를 드리운 호수가 눈앞에 펼쳐졌다. 호수를 가로지르는 부양교가 왼쪽에 튀어나온 선성산을 휘돌아 간다. 2017년 11월에 개방한 선성수상길은 길이 1km, 폭 2.75m이다. 수상 데크는 수위 변화에도 물에 잠기지 않는 부교 형식이다.

선성수상길 가운데 예안국민학교를 모티브로 만든 설치물은 포토 존으로 인기를 끈다.

와룡면 오천유적지에서 청량산까지 이어지는 선비순례길 아홉 개 코스 중에서 최근에 가장 주목받는 구간이다. 안동호에 반짝이는 윤슬을 바라보며 탁 트인 물 위를 걷는 기분이 그만이다. 완전무장을 하면 짱짱한 겨울 바람도 문제없다. 단, 일몰 후에는 안전에 신경을 써야겠다.

선성산 바로 아래 학교

선성수상길 중간 지점 선성산 앞에 쉼터가 마련되었다. 수몰되기 전 예안국민학교를 모티브로 설치물과 쉼터를 만들어 포토 존으로 인기를 끈다. 칠판 모양의 직사각형 프레임엔 시시때때로 그림이 바뀔 터이다. 칠판 왼쪽에 놓인 풍금의 건반을 누르면 아련한 추억 속의 그 시절로 돌아갈 것만 같다.

우측엔 선생님이 쓰던 책상과 의자가 놓였다. 게시판에 학교 행사 사진들이 여러 장 보인다. 빛바랜 사진 속에서 행여 낯익은 얼굴이 있을까 더듬어 봐도 분간이 어렵다. 원예에 관심이 많았던 아버지는 학교에서 아이들 가르치고, 방과 후에는 꽃을 가꾸며 한 동안 홀로 사택에서 지냈다. 혼인한 지 1년밖에 안된 각시는 시부모 봉양하느라 본가에 남겨둔 채. 내가 태어나기도 전인 1950년대 후반이었다. 지역에선 처음으로 예안국민학교에 유리 온실을 만들었다. 당신이 연구발표회를 하고 교육 잡지에도 게재되었다며 작고하기 얼마 전에야 예안시절을 회고했다.

"선성산 아래 일제 강점기에 지은 목조교사가 길게 서있었고, 그 옆에 사택이 있고, 유리온실은 사택 옆에 있었어요."

권이장님이 옛 기억을 되살렸다. 오후에 카페에서 만난 마을 대표(손기석)님은 유리온실 위에 올라가서 청소도 했다고 한다. 그렇게 청춘을 바쳤던 공간들이 고스란히 수궁으로 사라졌다.

"강이 흐르고, 영락정 정자가 있고, 우리 예안이 진짜 좋은 동네였는데, 정부 정책에 의해 이렇게 되니 가슴이 아프죠. 마을에 중학교, 고등학교, 극장까지 있었어요. 수몰이 안 되었으면 풍산보다 예안이 먼저 읍이 되었을 수도 있어요."

옛 고향을 떠올리는 이발사와 권 이장의 표정에 애석함이 묻어났다. 강마을 사람들이 여름이면 올라가 놀았다는 정자는 마을 뒷산 위로 옮겨져 용암정으로 바뀌었다.

쉼터에서 만난 신노미 할머니는 수몰된 예안 이구섬에 살던 분이었다. 날마다 산책 나온다는 할머니는 쉼터에 홀로 선체 물끄러미 고향 쪽을 바라보았다.

수상길이 끝나는 곳에서 조금 오르면 사방댐 앞에서 갈림길이 나온다. 직진하면 안동호반 자연휴양림 생태공원과 숙박시설이 연결된다. 우측 수변·수림 탐방로에 올랐다. 참나무 숲길 모퉁이를 돌아가니 인기척에 놀란 고라니가 숲 속으로 도망갔다. 먹이를 구하러 왔을텐데 공연히 훼방꾼이 되었다.

산기슭 구렁에는 석빙고 옛터만 쓸쓸히 남아 과거의 영화를 추억한다. 조선 영조 13년(1737), 낙동강에서 많이 잡히는 은어를 국왕에게 올리기 위해 만들어졌다. 보물로 지정된 석빙고는 수몰되면서 안동댐 월영교 건너편으로 옮겨졌다. 안동에서는 그곳에 얼음을 채우는 장빙고 행사를 가끔 재현한다. 석빙고 옛터 안내판이라도 만들면 좋으련만.

수변 탐방로를 따라 계속 가면 월천서당이 있는 다래가 나오지만, 석빙고 옛터에서 갔던 길을 돌아 나왔다. 선성산 아래 옛터에 마음을 빼앗겨 갈 때는 보이지 않던 공사장이 눈에 들어왔다. 선성수상길 입구 왼쪽 언덕 위로 선성현 문화단지를 조성 중이다. 동헌, 객사, 관심루, 군 관청 등 21동의 전통체험관이 들어설 예정이다. 각종 부대시설과 편의시설까지 마무리되면 선성현은 모름지기 3대 문화권 대표브랜드로 부상할 것이다.

  오후에 다시 마을 인포메이션센터를 찾았다. 서부리의 내력을 알려주는 2층 역사관을 먼저 둘러보았다. 수몰 전 서부리 모둠 살이를 짐작케 하는 곳이다. 아래층은 마을 사람들이 직접 운영하는 카페다. 마을회관에서 배운 솜씨로 주민들의 서예작품을 전시하는 중이었다. 외지에서 온 듯한 단체 손님, 친구와 마실 와서 정담을 나누는 아주머니들, 혼자서 우아하게 차를 드시는 멋쟁이 할머니도 계셨다.

수상길 건너 수변 탐방로 옆에 석빙고 옛터가 보인다.

긴 시간 안내해준 권 이장은 수몰 전 예안 서부리에 살았다. 고1 때 마을에 물이 들어서 올라왔다. 고교 졸업 후 객지에 나갔다가 8년 전에 낙향했다. 테니스코치를 할 만큼 수준급인 그는 연극에서도 끼를 발휘한 모양이다.

지난해 마을 사람들과 경상북도 마을 이야기 박람회를 휩쓸었다. 마을 스토리 공연부문에서 수몰민의 애환을 그린 〈내 사랑 예안장터〉란 연극으로 우수상을 받았다. 그야말로 아마추어 8명이 쾌거를 올린 셈이다.

우수마을 이야기 부문에서는 버금상을, 마을 먹거리 부문에서는 시래기밥과 안동식혜, 참마막걸리로 웰빙상을 받았다. 덕분에 2017 마을이야기박람회 우수마을로 지정되었다. 조만간 마을에서 시래기밥을 맛볼 수 있을 것 같다.

예술이 우리 곁으로 다가오다

예끼마을은 '도산 서부리 이야기가 있는 마을 조성사업'으로 인해 탄생했다. 갤러리 세 곳과 작가 레지던시 한 곳을 이미 조성했으며 경관 사업까지 올해 마무리할 계획이다. 지난해 11월 17일 "가을과 봄 사이"라는 주제로 가을 감성을 자극하는 갤러리 개관전 1부를 열었다.

개관전은 갤러리 대표 김경숙 씨가 기획했다. 갤러리 대표는 마을 대표인 손기석 님의 눈빛에서 진정성을 읽고 이곳에 닻을 내렸다. 그녀는 예끼마을을 최고의 예술촌으로 만들겠다는 포부를 밝혔다.

내가 찾아간 날은 2부(12.22.~1.21.) 전시가 열리는 중이었다. 인포메이션센터 건너편 GGI(YEGGI GALLERY)에서는 도예가 석창원의 자화상(self-portrait)을 전시하고 있었다. 한 작가의 다양한 경험과 사유가 표정에 몸짓에 녹아 나왔다.

우체국 건물을 고친 〈갤러리藝〉는 2층에 자리한다. 안동에서 활동하는 임지락 작가의 유화 작품으로 채워졌다. 2층 갤러리는 두 벽에 가로로 긴 창을 내어 주변 풍광을 끌어들였다. 좁고 긴 네모난 창틀을 넘어온 빛이 작품과 잘 어우러졌다.

레지던시 예끼화실에서 작업하는 배수봉 작가

아래층 구석에는 예전 우체국 금고 공간이 그대로 남아있었다. 선성 관아를 활용한 근민당 갤러리는 한옥이라 고전적인 분위기가 느껴진다. '응시하다'는 타이틀로 혜원 권갑칠의 한국화를 선보였다. 계절에 걸맞은 설경 연작이 고요한 설국으로 안내했다.

마을 회관을 고친 레지던시 예끼화실에서 배수봉 작가를 만났다. 그는 단순한 캔버스를 이용하기 보다는 바탕 작업에 공을 많이 들였다. 재료 또한 자연에서 구한 것이 다수였다. 수 천 년 동안 시냇물이 스쳐 간 거대한 바위를 한지에 탁본해서 활용하는가 하면, 바람이 쓰다듬고 간 모래를 곱게 채로 쳐서 쓰기도 했다. 그 위에 꽃과 램프, 새의 사체 등 이미지를 그렸다.

시간의 영원성에 천착한 그는 자기만의 방식으로 시간의 결을 표현했다. 예스러운 안동의 색채가 묻어나는 작업이었다. 초등시절부터 그림만 그리라는 말을 들을 정도로 타고난 화가이다.

호국 인물 이일영 공군 중위

2009년 1월 '이달의 호국인물'로 선정된 이일영(1928.8.26.~1952.1.9.)은 (구) 안동군 예안면 선양리에서 출생했다. 그는 F-51 무스탕으로 총 45회 출격하여 100여개의 적 벙커를 파괴하는 등 전공을 세웠다. 1952년 1월 9일 강원도 금성 북쪽 창도리 상공에서 24세의 젊은 나이로 산화했다. 그를 기리는 현양 행사도 해마다 갖는다. 기념관은 고인의 형님인 이태영 옹이 사재로 마련했다. 현재 관리는 이 옹의 처조카인 권태선 이장이 맡고 있다.

서부리는 과거 예안 땅임을 대변하듯 예안슈퍼, 예안물고기, 예안설비 등 예안을 앞세운 간판이 즐비하다. 칙칙하던 골목은 고운 색을 입히고 벽화로 단장 중이다.

"한때 열악한 환경이라 날품팔이하면서도 아이들 학교 시키고 어렵게 지냈던 사람들이 많아요. 앞으로 마을 주민의 소득이 늘어났으면 좋겠지요."

박찬일 이장(서부1리)은 솔직한 바람을 전했다.

전형적인 안동 선비의 아우라를 지닌 권오진(87세) 예안향교 전교님도 찾아뵈었다. 예안향교는 농암, 송재, 퇴계 선생이 지대한 관심을 가진 곳이라 더욱 의미를 부여했다. 제례는 성의가 깃들어야 하며 후세교육 차원에서도 필요하다고. 전교님은 장차 향교가 인성교육의 장이 되기를 꿈꾼다.

이렇듯 서부리 예끼마을에는 다양한 볼거리와 이야기가 풍성하다. 전통과 현대가 공존한다. 선성현의 흔적을 볼 수 있는 선성아문宣城衙門, 19세기 중엽에 건립된 평산 신씨 송곡파의 종택인 송곡고택松谷古宅, 조선 시대중등교육기관인 예안향교도 둘러볼 만하다. 국학진흥원 유교박물관도 빼놓을 수 없는 코스이다.

지방소멸이란 말이 화두가 되는 즈음이다. 마을 가꾸기 사업을 통해 주민들이 희망을 얘기하고 생기를 찾아가는 모습이 반갑다. 전문큐레이터를 갤러리 대표로 영입하고, 지역 작가를 지원하는 레지던시를 도입한 점이 신선하다.

작가 또한 마을에서 그에 상응한 역할을 하리라 기대된다.

　이제 마을 분들은 날마다 선성수상길을 산책하고, 오며 가며 갤러리에 들르기도 한다. 산골 마을에서도 문화 향수권을 마음껏 누릴 수 있게 되었으니 예술의 대중화에도 성공한 셈이다. 주민들 바람처럼 그들 삶이 더 윤택해지고 젊은이들이 찾아와 정착하는 마을이 되었으면. 골목마다 옛 정취와 예술의 끼가 넘치는 예끼마을은 안동 문화관광의 새로운 장을 열게 될 것이다.

1	2	3	4
5	6	7	8
9	10	11	12

1. GGI(YEGGI GALLERY)　2. GALLERY 藝　3. 레지던시(예끼화실)　4. 근민당 갤러리　5. 예안향교 권오진 전교님
6. 이구섬에 살다가 서부리로 온 신노미 님　7. 서부 1리 이장 박찬일 님　8. 마을대표 손기석 님
9. 예안이발관 강석수 님　10. 서부2리 이장 권태선 님　11. 갤러리 대표 김경숙 씨　12. 선성현아문

퇴계선생 태실

종점 기행
23

시내버스 67번 종점, 온혜

퇴계의 뿌리를 찾다

"태산은 평평해질 수 있고 돌은 닳아 없어질 수 있지만
선생의 이름은 천지와 더불어 영원할 것을 내가 안다."

학문적으로 견해가 달랐지만 인격적으로 깊이 존경했던 스승 퇴계가 세상을 떠난 후 고봉이 남긴 말이다. 지금도 외국인들이 한국사상의 근원을 탐색할 때 퇴계학을 그 중심에 놓는다고 한다.

안동이 '한국정신문화의 수도'라고 자부하는 것도 퇴계에게 기대는 바가 크다. 이번 종점 기행은 퇴계의 뿌리를 찾아 '해동추로'라 불리는 도산면 온혜 2리로 떠났다. 마을을 지키는 할매당, 퇴계 태실이 있는 노송정 종택, 의병대장 이인화의 생가인 삼백당, 만 권 도서를 소장했던 칩와당 고택, 그리고 수곡암까지 둘러보았다.

온혜에서 돌아나가는 67번 버스

온혜 2리 정성순 이장

전통문화가 살아있는 온혜 2리

　샤갈의 마을처럼 삼월에도 눈이 내리고, 봄비가 잦았다. 삼월 중순이 넘어서야 67번 버스를 탔다. 간간이 늘어선 실버들에 연한 봄빛이 번졌다. 멈칫거리면서도 봄은 가까이 와 있었다. 오천 군자리를 지나 도산에 접어들자 오른쪽 창 너머로 호수가 보이기 시작했다. 지난겨울 혹한에 쩡쩡 소리를 내며 얼었던 호수가 나른하게 풀렸다. 눈에 익은 서부리를 지나 온혜 종점에 당도하니 출발지에서 40분가량 걸렸다. 나를 내려준 버스는 할머니 한 분을 태우고 이내 돌아나갔다.

　온혜는 옛날부터 온천이 나오는 곳이다. 이로 인해 여러 사람에게 은혜를 베풀게 되었다는 뜻으로 '온혜'라고 칭하게 되었다. 마을 앞으로 용두산에서 발원한 온혜천이 흐른다. 물이 따뜻하여 겨울에도 얼음이 얼지 않으므로 '온계'라고도 불렀다. 온혜천은 북쪽 태자리에서 내려오는 물과 합류하여 큰 내를 이루고, 큰 내는 다시 동남쪽으로 흘러가 토계리에 이르러서 퇴계가 되어 낙동강으로 흘러든다.

- 진성이씨 노송정 종택 / 한국국학진흥원

　온혜 정류소에서 온혜 2리 정성순(58세) 이장을 만났다. 요즘 세상에 여성이장이 놀랄 일은 아니지만 아직도 흔치는 않다. 5년 차 이장인 그녀는 마을일

(위) 칩와당 이장형 고택
(아래) 정원대보름에 동제를 지내는 온혜 2리 할매당 당목에 금줄을 쳐놓았다.

이라면 발 벗고 나섰다.

온혜 2리는 노송정 이계양(1424~1488)이 1454년에 처음 터전을 마련하여 거처했던 곳이다. 이후 오백 년이 넘는 동안 진성 이씨 온혜파가 세거지를 형성하여 오늘에 이르렀다. 백여 가구나 되는 민가들이 한 곳에 모여 있지 않고 여기저기 흩어져 있다. 마을 방송이 닿지 않는 곳도 있어 이장이 부지런히 움직여야 한다.

종점에서 청계교를 건너면 왼쪽에 느티나무가 숲을 이룬다. 그 가운데 180년 가량 된 나무를 당목으로 모신다. 느티나무는 1982년에 보호수로 지정되었다.

마을의 안녕과 풍년을 기원하는 동제는 보통 열나흘 밤에 지내지만, 이곳은 할매당이라 정월 대보름 밤 11시에 지낸다. 예전엔 유사가 제물을 마련하던 것을 올해부터는 부녀회원

칩와당 안채에 있는 성주와 용단지

들이 맡았다. 정초에 문상을 가거나 험한 일을 보지 않고, 스스로 몸이 깨끗하다고 생각하는 부녀회원들이 마을회관에 모여 제물을 마련했다. 당목에 걸린 금줄이 새뜻하다. 마을 숲 전체를 신성시하여 주변에도 돌아가며 금줄을 쳐 놓았다.

그 많던 책들은 어디로 갔을까

마을 앞 도로 건너 저만치 칩와당 이장형(1597~1761)의 고택이 서 있다. 칩와당은 퇴계의 형 이징李澄의 둘째 아들 건鶱의 증손이다. 만 권 도서를 소장하고 처사의 삶을 살았던 그는 문장과 글씨에 능하여 〈동간세고〉를 남겼다. 〈칩와당 문집〉은 아직 번역을 못했다고 한다. 그 많던 책들은 다 어디로 갔는지 행방이 묘연하다니 안타깝기 그지없다.

약 200여 년 된 고택은 100년 전에 중수를 거쳤다. 반가에서 흔히 볼 수 있는 ㅁ자형 고택이다. 디딜방아가 남아 있는 별채는 산뜻한 초가지붕이 정겹다. 안채 대청 벽에는 성주가 걸려있고, 한쪽 구석에 큼직한 용단지를 모신다. 현재 칩와당을 관리하는 이재익(49세)씨는 작은 집 후손의 3남이다.

"지금도 추수하고 나면 용단지에 나락을 갈아 넣는데, 묵은 나락은 예전 풍습대로 장남인 형님에게 주지요."

퇴계선대 묘소를 관리하는 수곡암

칩와당을 돌아 나오는 길목에 산수유가 폭죽처럼 꽃망울을 터트렸다. 공터에서 풋내음이 밀려왔다. 이제는 봄이라고 시위하듯이. 양지엔 어느새 냉이꽃이 피고 꽃다지도 피었다. 달래도 바늘 같은 줄기를 빼곡하게 밀어 올렸다.

쪼그리고 앉아 봄나물이나 캐고 싶은 마음을 접고 발길을 재촉했다.

〈수곡암〉은 퇴계 선대 묘소를 관리하기 위해 지은 재사이다. 노송정과 삼백당 사이 골짜기 안에 자리한다. 이름만 들으면 사찰의 암자인 줄 오해하기 십상이다. 퇴계가 50세 되던 해 용수사의 설희 스님에게 부탁해 지었다고 전한다. '동당엔 유생이, 서당은 설희 스님이 거처한다.'는 내용이 적힌 '수곡암기'에 나오는 옛 건물 그대로 중건했다.

'묘소 앞에서 지내는 제사의 법도는 원래 종가의 의례였으나, 지파의 후손이 참석하는 것을 정리상 나무라지 못하듯, 나라의 억불정책에도 몸과 마음으로 체득된 불교와의 인연을 무자비하게 끊어내는 것은 선비의 처신에 어울리지 않는다고 여긴 퇴계의 '불교 수용관'으로(안동 이야기 50선/최성달) 후학들은 해석한다.

삼백당 사랑채와 사당

오백 년 밤나무가 지켜준 삼백당

오백 년 넘은 밤나무가 너른 품을 벌려 맞이하는 〈온계종택〉을 찾았다. 온계종택의 당호는 〈삼백당三栢堂〉이다. 삼백三栢은 잣나무 세 그루처럼 선비의 의리를 지키라는 조상들의 가르침이다.

온계 이해(李瀣·1496~1550)는 이식李埴의 넷째 아들로 퇴계의 중형仲兄이다.

퇴계가 26세 되던 해에 온계가 서울 성균관에 유학하러 떠났다. 어머니 춘천 박씨를 모시기 위해 퇴계는 〈삼백당〉에 몇 년 머물렀다. 당시 삼백당에는 아버지 때부터 모아놓은 책이 많았기 때문에 퇴계는 물고기가 물을 얻은 것과 같이 기뻐서, "푸른 산 옆구리에 덩그런 집이 맑고 깨끗한데, 만 권 도서가 가득하구나. (중략) 산 살림에는 할 일이 없다 하지 마오. 내 평생 하고픈 일 얼마인지, 누구보다 헤아리기 어렵네."

- 퇴계선생에게서 배우는 인생의 지혜 / 이윤희

라고 시를 읊는다.

1895년 을미의병 때 현재 종손의 5대조인 지암芝庵 이인화(李仁和·1858~1929)가 의병장이었다. 삼백당이 의병 활동의 거점 역할을 했다. 그 보복으로 1896년에 일본군에 의해 전소된 지 115년 만에야 복원되었다.

단을 높이 쌓은 사랑채에 삼백당 편액이 걸려있다. 사랑채 뒤로 불천위 사당이 이어진다. 담장 너머 잘 생긴 소나무가 집안을 호위하듯 운치를 더한다.

안채는 ㅁ자형이다. 대청에 '출이충 입이효出而忠 入而孝'(나가서는 나라에 충성하고 집에 와서는 효도하라.)라고 적은 가훈 족자가 걸려있다. 한지 공예로 만든 대작들도 눈에 들어왔다.

한옥체험 투숙객들은 한지공예와 찻잔주머니 만들기 체험도 할 수 있다. 다양한 체험을 통해 안동문화를 알릴 수 있어 종부(류명석)는 보람을 느낀다고 했다.

살림집이라 대략 집 구경을 마치고 툇마루가 있는 방으로 들었다. 다실로 쓰

오백 년 넘은 삼백당 밤나무

면 딱 좋을 운치 있는 방이다. 그곳에서 문을 열면 아름드리 밤나무가 보인다.

종손(이목)은 옛 집터를 지날 때마다 새겼던 귀거래의 꿈을 이룬 셈이다. 중학교 졸업 후 서울에서 지내다가 2011년 삼백당이 복원되면서 낙향했다. 밤나무가 그동안 집터를 지켜준 것 같다고 한다. 수령 500년이 넘은 삼백당 밤나무는 2012년에 보호수로 지정되었다. 지금도 토종밤이 제법 열리는가 하면 영험하기까지 한 모양이다. 삼백당에 묵었던 젊은 부부가 밤나무의 기를 받고 가서 쌍둥이를 낳았다고 한다. 출산율 저하로 고심하는 시대에 귀 기울여 봄 직하다.

종부는 박실 전주 류씨로 한때 국가대표 정구선수였다. 하얀 운동복을 입고 정구치는 모습에 반했다는 종손은 서른 세 번째 선을 봐서 간택한 종부라고 털어놓았다. 운동을 해서인지 승

삼백당 종손 내외

부욕이 있어 종손이 하는 일에 내조를 잘 해왔다니 부창부수다.
 종부가 내온 다과상에는 빛깔 고운 오미자차와 유과, 과일을 곁들였다. 겨울에는 주로 대추차를, 봄부터 가을까지는 오미자차를 만든다고 했다. 해마다 30킬로 정도 오미자를 준비한다니 종가의 봉제사 접빈객이 실감 나는 대목이다.
 성인도 시속을 따른다는데 온계종택의 제사가 궁금했다. 불천위 제사가 추석 전날이라 제관들의 참여율을 높이기 위해 9월 둘째 토요일 오전 11시로 변경했다. 나머지 기제사는 5월 가정의 달 셋째 토요일 오전 11시에 4대조를 한꺼번에 지낼 만큼 간소화시켜 의외였다.
 알고 보니 종손은 혁신의 선구자였다. 낙향 후 자신의 안위만을 생각하며 편안한 노후를 보내도 그만이겠지만 그렇지 않았다.
 의병대장 후손답게 낙후된 온혜 지역 발전을 위해 동분서주했다. 마을 사람들과 힘을 합쳐 웅부중학교를 온혜에 유치하는데 앞장섰다. 그 뿐이 아니다. 2017년엔 일반농산어촌 개발사업의 일환으로 온혜 2리에 '농촌 중심지 활성화 사업'을 유치하는 쾌거를 올렸다. 온혜가 앞으로 어떻게 바뀔지 자못 기대가 된다.
 종손 내외의 이야기를 듣다 보니 시간 가는 줄 몰랐다. 마당에는 긴 담장을 따라 쌓아 놓은 장작이 눈길을 끌었다. 뜨끈한 구들장이 그리울 때 삼백당을 다시 찾고 싶어졌다.

진성 이씨 온혜파 대종가 노송정

 멀리서 봐도 위엄이 느껴지는 먹빛 기와집을 찾았다. 마지막 여정인 노송정 종택이다. 최근 영화 〈브라더〉와 〈알쓸신잡〉이란 TV프로그램에 소개되면서 더 유명세를 치르는 중이다.
 노송정 종택은 퇴계의 조부인 노송정 이계양이 단종 2년(1454)에 지은 집이다. 이계양은 원래 부라촌에 살았는데, 온계를 지나다가 인연을 맺게 된 스님

(좌) 노송정 종택의 성림문
(우) 혼자 방 구석진 곳에 앉아 있더라도 부끄러움이 없게 하라는 노송정 가훈 옥루무괴 현판

이 "귀한 자손을 얻을 터"라며 알려준 곳에 집터를 잡았다고 한다. 이계양은 임금(단종)을 향한 변치 않는 마음을 담아 자신의 호와 당호를 '노송정'이라 했다.(도산구곡 예던길/이동수)

솟을 대문에 궁궐에나 있을 법한 현판이 걸려있다. 성림문聖臨門이다. 춘천 박씨인 퇴계 모친이 공자가 여러 제자들을 거느리고 대문으로 들어오는 꿈을 꾼 후 퇴계를 낳았다고 하여 붙여진 이름이다. 퇴계의 수제자 학봉 김성일이 짓고 썼다.

마당에 들어서자 정면에 〈노송정〉현판이 걸린 반듯한 별채가 맞이한다. 방 앞 작은 마루에 계자 난간을 두르고, 육간대청이 시원스러운 정자다. 대학자가 탄생한 고택답게 기둥마다 학문을 권하는 주련이 붙어있다. 대청에는 몇 개의 현판과 시판이 보인다. 그 중 '옥루무괴'는 노송정의 가훈이다. 혼자 방 구석진 곳에 앉아 있더라도 부끄러움이 없게 하라는 '신독愼獨'의 뜻이다.

퇴계어머니 춘천 박씨

노송정은 1501년 음력 11월 25일, 퇴계가 태어나면서 퇴계 태실로 불린다. 여느 한옥에서 찾아보기 힘든 구조인 태실은 ㅁ자형 정침에서 돌출된 온돌방이다. 3면 바깥에 툇마루를 내고 계자 난간을 둘렀다. 한지를 통해 빛이 스며드는 방이 아늑하다. 오직 나무 등잔 하나만 들인 방에서 '이마가 넓은 아이'로 불렸던 어린 시절 퇴계를 떠올려본다.

산과 물이 어우러진 마을, 일곱 줄기 좋은 기가 모여 명당 중의 명당으로 주목받는 노송정이다. 그중에서도 가장 좋은 위치의 방에서 퇴계가 태어났다. 아버지(이식)는 뜻이 돈독하고 옛것을 좋아하며 경사經史에 탐닉하는 선비였다. 어머니 춘천박씨는 타고난 자질이 곱고 용기와 지혜를 겸비한 분이었다. 33세 과부가 농사, 누에치기, 길쌈을 하며 7남매를 꿋꿋하게 키웠다.

"문예에만 치중하지 말고 몸가짐과 행실을 삼가는 것에 주의를 기울이거라."

- 퇴계처럼 / 김병일

하며 가르치던 어머니였다.

퇴계는 생후 7개월 만에 아비를 잃고 편모슬하에서 자랐지만, 독서를 통해 스스로 성찰하며 반듯하게 성장했다. 책이 귀하던 시절에 아버지가 장인으로부터 물려받은 서책이 집안에 많이 있었던 덕분이리라.

여섯 살 때 이웃집 노인을 찾아가 〈천자문〉을 배우고, 열두 살에는 작은 아버지(이우)로부터 〈논어〉를 배웠다. 이때 참다운 학문의 길을 가르침 받고 사람의 도리에 대하여 많은 것을 깨달았으며 깊이 있는 사색을 시작하였다.

스물한 살에 의령 허씨 허묵재의 맏딸과 결혼했다가 스물일곱에 사별했다. 삼년상을 치른 후, 서른에 권 씨 부인과 재혼했다. 온혜 남쪽 양곡에 달팽이집 같은 〈지산와사〉를 세워 신접살림을 꾸렸다. 서른넷에 과거에 급제하여 벼슬길에 나가기 전까지 아침저녁으로 어머니 댁을 찾아 문안을 드렸다.

- 퇴계 선생에게서 배우는 인생의 지혜 / 이윤희

지금도 젊은 부부들이 오면 퇴계 태실에 꼭 들어와 보고 간다. 한옥스테이에서도 태실은 대여하지 않는다. 예전부터 정침이 있었고, 태실은 한 번도 변형 없이 그대로 보전되었다고 한다.

이 집의 또 다른 특징은 방 두 개마다 마루를 두었다. 주방에서 계단을 오르면 다락이 연결된다. 안방 위 다락까지 마루로 된 점이 독특하다. 큰 사랑과 퇴계가 공부하던 작은 사랑 사이에도 마루가 놓였다. 사랑마루 접이문을

(위) 퇴계태실 내부
(아래) 큰 사랑과 작은 사랑 사이에 있는 마루

들어 올리면 시원한 바람과 주변 풍광이 집안에 넘나들 터이다.

안채 대청 판문 너머로 뒤란 장독이 가지런하다. 기와를 얹어 담을 두른 너른 장독대가 살림의 규모를 대변한다.

노송정의 18대손인 종손(이창건. 73)은 전직 역사학 교수 출신이다. 대구에서 직장을 다니느라 오가며 종가를 돌보다가 퇴직 후 낙향했다. 영천 최씨인 종부(최정숙. 71)는 성주 〈죽헌고택〉의 육남매 중 셋째 딸이다. 스물다섯에 숟가락이 300개가 넘는 노송정 종가로 시집왔다.

친정 모친처럼 종부의 길을 걷게 된 것 또한 운명으로 받아들인다. 혼인 후에도 14년간 공무원으로 일하며 종부의 소임을 다했다. 층층시하 대가족이라

노송정 종택 안채와 사랑채

  슬하에는 단출하게 형제를 두었다. 십 오년 전만 해도 아들 장가 못 보낼까 걱정했는데 착한 며느리가 들어와 다행이라고 한다.
  종부는 종가의 큰살림을 살면서 사회활동도 열심이다. 유학 문화를 연구·계승·보급하며 실천하는 여성 박약회 활동을 한다. 한편 문학소녀였던 그녀는 내방가사 보존회원으로 틈틈이 내방가사를 짓기도 한다.
  현재 종택은 90여 년 전에 중수했으며, 조선 사대부가의 면모를 보여주는 명품 고택이다. 그 넓은 집을 두 분이 관리하느라 힘에 부칠 것 같다.

종손은 문중 일도 보고 각종 모임에 참석하느라 분주하다. 그날도 약속이 있다며 서둘러 출타했다. 종부로서의 보람을 묻자, "지금은 종가문화를 인정해주는 시대가 되어서 좋다."라고 했다. 종가에서 구전된 이야기가 기록되어 전통문화로 정립되어가는 분위기다. 몇 년 전부터 경북에서는 해마다 종가포럼이 열린다.

종가의 내림음식은 어떤 것이 있는지 궁금했다.

"시조부님 계실 때 시집 와서 감주와 집장을 배웠어요. 가을이면 가마솥에 메주가루와 가지, 박 등 야채를 넣고 무심하게 불을 때요. 하루 반 정도 발효시켜 만든 집장이 기본 반찬이 되지요. 좁쌀술도 담그고, 청주를 떠서 제주로 활용하지요."

종부로 살아오면서 가장 기억에 남는 일을 여쭈었더니, 한 번도 털어놓은 적 없다는 이야기를 조근 조근 들려주었다.

"시집오던 해 겨울이었어요. 동짓달(음력 11월)에 시집와서 정월 초이튿날이었지요. 이른 저녁을 먹고 설거지를 했어요. 펌프 물이 얼 것에 대비해 가마솥 가득히 물을 받아 퍼놓고 펌프는 이미 물을 내린 뒤였지요. 방에 들어가 앞치마 벗고 있는데, 하루 두 번 들어오는 막차 버스를 타고 시고모 다섯 분이 세배를 왔어요. 겨울인데 전기도 들어오지 않는 시골이라 저녁 6시 반이 넘으니 깜깜했어요. 갑자기 손님이 왔으니 가마솥의 물을 다시 퍼내어 옮겨두고 밥을 지어야 했지요. 시어머니는 인심도 좋고 글도 좋은데, 며느리를 본 후엔 일임하고 도와주지 않았어요. 혼자 어찌해야 할지 몰라 부엌에서 울었어요. 5인분 밥을 했는데 가마솥에 다 붙어버렸고. 다른 식구들은 손님 맞이하느라 밖에서 내가 우는 줄도 몰랐지요."

그랬던 종부가 이제는 일을 겁내지 않는다. 다과 상차림을 보니 음식 솜씨 또한 범상치 않다. 단호박 식혜와 박, 금귤, 방울토마토, 호박씨 정과와 곶감으로 만든 다식을 유기 접시에 곁들였다. 언제 닥칠지 모르는 손님을 위해 제철에 만들어 갈무리한 것이다. 정과는 손이 많이 가는 다식인데 한껏 모양을 내어 먹기 아까울 정도이다. 돈만 주면 편리하게 대체할 수 있는 세상이지만, 종가음식의 자존심을 지키며

18대 종손 이창건 씨와 종부 최정숙 씨(사진제공: 최정숙)

알뜰하게 살림 꾸리는 종부 마음이 엿보인다.

종가에서는 식기며 다기마다 노송정 문장을 넣어 뿌리에 대한 긍지 또한 느껴졌다.

일체유심조라 했던가. 접빈객을 소홀히 하지 않는

노송정 문장이 새겨진 찻잔과 다과상

종부는 이력이 나서인지 봉제사는 힘들어하지도 않는다.

"제사가 아무리 많아도 일 년에 열다섯 번이 넘지는 않거든. 365일 중에 350일은 제사가 아니잖아. 요즘은 생신잔치도 밖에서 하고 제사 때라야 형제도 모일 수 있지."

노송정 동쪽 담 너머에 입향조 신위를 모신 사당이 있다. 노송정에서도 지금은 불천위를 제외한 기제사는 내외분을 합설로 모신다.

성림문 앞에서 오래도록 손을 흔드는 종부를 뒤로하고 노송정을 나섰다. 무수한 손님이 찾아드는 대종가, 싫은 내색 않고 일일이 맞이하기가 쉬운 일은 아닐 터이다. '종부는 하늘이 내린다.'는 말이 허언이 아니었다.

'봄의 소리'처럼 경쾌한 온혜천 물소리를 들으며 마을길을 걸어 나왔다. 아직도 주민이 합심하여 동제를 지내고, 성주와 용단지를 모시며 전통문화를 아끼는 마을이다. 그에 못지않게 선조에 대한 자긍심 또한 대단한 온혜였다.

학문적으로나 인품면에서도 시대와 지역을 초월해 존경받는 학자, 퇴계의 뿌리를 찾아간 길 위에서 새삼 깨닫게 된다. 위대한 인물은 저절로 되는 게 아니란 걸. 본인의 확고한 신념과 실천은 물론이요, 가족과 이웃과 온 우주가 그를 도와야 가능하리라.

임하동 오층석탑 옆에 있는 석불좌상과 연화대좌

종점 기행 24

시내버스 11번 종점, 임하

석탑이 산재한 임하

불교에서 탑은 석가모니의 진신 사리를 봉안하기 위한 축조물로 출발하였다. 지금은 석가모니의 덕을 기리기 위해 세운 조형물을 포함한 개념으로 불교의 예배 대상이다. 중국은 전탑, 일본은 목탑, 한국은 석탑이 많다고들 한다. 안동은 예외적으로 전탑이 우뚝한 고장이다. 하지만 오래된 석탑 또한 남아 있다. 이번 종점 기행은 한 마을에 석탑 네 기가 산재한 안동시 임하 1리를 찾았다.

미세먼지로 흐릿한 1월 중순이다. 종점 기행을 더는 미룰 수 없어 11번 버스를 탔다. 토요일 오후, 1시 15분 버스는 빈자리가 거의 없다. 방학이지만 학교에 가는 대학생도 타고, 설을 앞두고 일찌감치 장보러 온 장꾼들이 돌아가는 길이다. 커다란 보따리 두 개를 옆자리에 포개 놓은 초로의 할아버지(임하리 김동환 씨)는 푸근해 보인다. 여민 보자기 사이로 먹음직한 쌀강정이 드러난다.

직접 농사지은 쌀 두 되를 가져가서 강정을 만들어 오는 참이다. 설날에 올 손주들을 위한 할아버지의 설 준비다.

교보생명 앞에서 출발한 버스는 용상을 지나 반변천을 끼고 달린다. 안동대 캠퍼스에 들렀다가 34번 국도를 따라간다.

천전리 도로변에 나직하게 엎드린 집은 아직도 〈종점슈퍼〉란 간판을 달고 있다. 빛바랜 간판이 예전에 이곳이 종점이었음을 알려준다. 천전을 지나면 임하댐 쪽으로 방향을 튼다. 하루에 일곱 번, 11번 버스는 임하대교 건너 마을 가운데 있는 종점을 돌아 나온다. 출발지에서 임하 종점까지 30분가량 걸렸다.

임하리는 임하현 관아가 있었던 곳으로 현내라고도 한다. 반변천이 흐르는 강가에 있다고 하여 임하라 하였다. 동쪽 끝에서 서쪽 끝까지 십 리나 되는 큰 마을이다. 해방 무렵에는 300가구 이상이었다. 산업사회가 되면서 도시로 떠나고 빈집이 늘었다. 안동댐, 임하댐에서 많은 사람들이 이주해왔지만 160가구로 줄었다. 의성 김씨, 안동 권씨, 단양 우씨가 수백 년 동안 세거한다.

가까운 노인정을 먼저 찾았다. 바깥어른들만 방안 가득이다. 농한기여서 날마다 열댓 명은 모인다. 김광식 씨(82세)가 마을에 전해오는 이야기 한 자락을 선뜻 들려주었다.

"꽃밭 나들 건너편 마을에 박 총각이 살았어. 이 아래 현태 마을에는 성이 두 씨인 두 영감 딸이 있었거든. 얼굴이 이뻤는데 해필 박 총각하고 연애를 했어. 그때는 택도 없거든. 클 나지. 상놈이니까. 서로 좋아하는 사이란 걸 알고 영감이 박 총각을 데려다가 곤장을 쳐서 죽여버렸어. 사랑하는 사람이 죽으니까 너무 억울하고 보고 싶어 두랑이도 그만 따라 죽어뿌랬어. 두랑이 애달픈 넋을 위로하기 위해 두랑당이 있었는데 지금은 없어져 버렸어."

문화재는 제자리에 있을 때 가장 빛난다

노인회 총무님(홍승표 씨)을 길잡이로 모시고 마을의 석탑을 차례로 만나보았

(좌) 임하동 오층석탑
(우) 임하동 중앙삼층석탑

다. 마을회관 앞으로 난 들길을 십분 가량 걸었다. 마침내 오층석탑이 전신을 드러냈다.

 논두렁 따라 탑 가까이 다가갔다. 〈임하동 오층석탑〉은 높이가 5.5m이다. 신라 시대 사찰인 원림사에 속했던 탑이라는 설이 있으나, 고려 시대 석탑 양식을 따르고 있어 조성연대는 고려 중기 이후로 추정된다. 석탑의 초층 탑신에는 양각으로 감실 문을 새겨놓았다. 초층 탑신부터 5층 탑신까지 체감률이 균형미가 떨어져 신라 석탑과는 차이를 보인다. 상륜부는 없어졌다.

 이 탑의 북편에는 불상이 안치되었던 연화대좌가 자리한다. 목이 떨어져 나간 원림사지 불상을 모셔 놓았다. 임하동 오층석탑에서 갔던 길을 돌아 나왔다. 〈와룡정사〉 뒤 갈림길에서 왼쪽으로 가면 〈임하동 중앙삼층석탑〉이 보인다. 2층 기단 위에 올려진 삼층석탑으로 높이는 약 5m이다. 신라 양식을 간직한 초기탑으로 추정된다. 이 탑은 형태상 2기 이상의 탑재들을 모아서 후대에 조합한 것으로 추정된다. 복원되기 전에 현재의 위치보다 남쪽으로 약 5m 떨어진 논둑에 있었다고 한다.

 〈임하동 십이지 삼층석탑〉은 신라 말에서 고려 초 사이에 만들어진 것으로 추정된다. 높이는 2.74m이다. 임하동 마을 앞에서 보이는 탑 중 서쪽에 위치

(좌) 임하동 십이지 삼층석탑
(우) 임하동 동삼층석탑

한 작은 탑이다. 2층 지붕돌까지만 남아 있고 나머지는 모두 사라졌다.

하층 기단 면석에는 모서리 기둥과 안 기둥 2주가 새겨져 있고, 안 기둥 사이의 감실에는 춤추는 십이지상을 새겨놓았다. 상층 기단 면석에는 각 면에 팔부중상을 돋을새김해 놓았다. 1구의 신장상을 조각한 판석은 2매씩으로 되어 있다.

소탑이면서 조각과 장식이 아름답고 각부의 비례가 정제된 탑이다. 1965년 해체 복원 당시 사리장치가 발견되어 국립중앙박물관에 수장되어 있다. 같은 해에 주변 민가 내에서 동제 여래입상 1구가 발견되기도 했다. 다시 마을에서 가장 가까운 석탑으로 발길을 옮겼다.

〈임하동 동삼층석탑〉은 고려 시대에 조성된 것으로 추정되며 높이는 4.21m이다. 이중 기단 위에 세워진 삼층석탑이다. 하층 기단의 중석 면마다 모서리 기둥과 안 기둥이 새겨져 있다.

남쪽 면 복판에 방형의 문비와 정교한 자물쇠 모양을 새겨 이채롭다. 전각은 거의 파손되었으나 수평 처마에 경미한 반전을 보인 흔적이 있으며 3층 지붕돌 위에 보주형을 얹었다. 도굴로 인하여 기단부가 심히 교란되어 전체가 약 13~15도 가량 기울어져 있었던 것을 1979년 12월 해체 복원했다.

문화재는 제 자리에 있을 때 가장 빛이 난다. 연감생심 사리사욕을 위해 거래할 물건이 아니다. 여기저기서 짜 맞춘 탑을 바라보는 마음이 짠하다. 너른 들판에 먹빛 가람이 즐비했던 시절을 그려본다. 향내음이 번지고 어디선가 목탁소리 독경소리가 들릴 듯하다.

"우리 마을엔 문화재가 장기판처럼 박혀 있어서 집도 함부로 짓지 못해요."

유서 깊은 마을 홍승표 씨의 말씀이다. 몇 년 전까지 그는 임하동 동삼층석탑을 맡아서 관리했다.

네 기의 탑은 모두 논 가운데 서 있다. 하루 전에 내린 눈이 녹아 논바닥은 질펀하다. 사진 찍느라 신발에 진흙이 달라붙어 걸음을 옮길수록 무거워진다. 동삼층석탑을 돌아 나오니 어르신이 안 보인다. 길잡이 소임은 끝났다고 말없이 가신 모양이다. 고맙다는 인사도 제대로 못 드렸는데, 혼자서 마을길을 천천히 걸었다. 고택 담너머로 이우당 현판이 보인다. 높다란 솟을대문은 굳게 잠겨있다. 안내판에 의하면 안동 권 씨 부정공파 임하지파 이우당 권환權寏의 종택이다. 조선 인조 18년(1640)에 건립했다.

안동 권씨 이우당 권환의 종택

보호수로 지정된 임하리 회화나무

임하리 회화나무

산뜻한 개량식 한옥 입구에 기품 있는 나목 한 그루가 궁금하다. 가까이 다가가 보니 보호수로 지정된 회화나무다. 수령 280년이 넘었다. 학자수로도 불리는 나무가 아니던가.

중국이 고향인 회화나무는 상서로운 나무로 생각하여 중국인들도 매우 귀하게 여겼다. 회화나무를 문 앞에 심어두면 잡귀신의 접근을 막아 그 집안이 내내 평안할 수 있다고 알려져 있다.

옛날 중국 궁궐에는 회화나무 세 그루를 심는 것을 원칙으로 했다. 즉 궁궐의 외조는 왕이 삼공과 고경 대부 및 여러 관료와 귀족들을 만나는 장소인데, 이 중 영의정, 좌의정, 우의정의 삼공 자리에는 회화나무를 심어 특석임을 나타내는 표지로 삼았다. 창덕궁 돈화문 안에 있는 세 그루 회화나무는 바로 외조에 해당하는 곳이다.

회화나무는 꼭 외조의 장소만이 아니라 궁궐 안에 흔히 심었고, 고위 관직의 품위를 나타내는 뜻으로 사용되기도 했다. 벼슬을 그만두고 낙향하여 만년을 보내는 고향 땅에도 회화나무 심기를 즐겨했다. 어쨌든 옛 선비들이 이사를 가면 마을 입구에 먼저 회화나무를 심어 '학문을 게을리하지 않는 선비가 사는 곳' 임을 만천하에 천명했다.

- 우리 나무의 세계2 / 박상진, 김영사 참조

길을 가다가 회화나무를 만나면 절로 기분이 좋아진다. 고궁은 물론이요. 북촌 골목에서도 그랬고, 소호헌에서도 그랬다. 그곳에 올곧은 선비가 살았음을 입증하는 셈이니까. 임하리에서 또 회화나무를 만나다니.

안동 오류헌 고택

임하리에는 곳곳에 현판을 단 그윽한 고택이 남아 있다. 그중에서 국가 민속문화재로 지정된 오류헌 표지판을 따라갔다. 그곳은 예전에 큰 절이 있어서 한절골이라 불린다. 종손(김상돈 씨) 내외는 사전 연락도 없이 무작정 찾은 나그네를 흔쾌히 맞아 주었다. 오류헌은 조선 후기 가옥이다. 숙종조에 대사성을 지낸 지촌 선생의 셋째 아들로 좌승지에 증직된 목와 김원중이 임동면 지례에 살림 날 때 지었다. 1990년 임하댐 건설로 지례가 수몰되면서 지금 자리로 옮겼다.

궁금한 집 구경부터 했다. 행랑채 솟을대문에 들어서면 헌함을 두른 사랑채와 마주하게 된다. 석등이 서 있는 바깥마당을 지나 안마당으로 들어섰다. 겨울이라 대청에 커튼을 쳐놓았다. 안채 대청 위 선반에 줄지어 올려놓은 상들이 종가의 살림 규모를 말해주는 듯하다. 안채와 사랑채, 중문간이 튼 ㅁ자이다. 후에 방앗간채, 담 밖에 사당채, 그리고 외양간이 있는 아래채를 더 지었다. 사랑채는 1920년경에 개축하였다. 사랑채에 '오류헌' 당호가 걸려 있다. 종손의 고조부인 김정환의 아호에서 따온 것이다.

오류헌은 공을 많이 들인 전통가옥으로 거대한 건축 작품이다. 조선 시대 내외 공간 분리 전통을 이행한 좋은 예다. 주택사 연구에도 중요한 자료가 될

국가 민속문화재로 지정된 안동 오류헌 고택의 사랑채에서 내다 본 마당

만한 집이라 한다.

　방의 문고리 하나도 평범하지 않다. 바깥쪽으로 돌아가며 각을 잡아 모양을 내었다. 사랑채의 감실은 문이 상하로 오르내리는 독특한 형식을 취했다. 무엇보다 눈길을 끈 것은 사랑채 문살이다. 벽마다 문양을 달리한 문살이 한옥의 멋을 한껏 살려준다.

벽마다 문양을 달리한 오류헌 사랑방 문살이 멋스럽다.

14대째 집을 지키는 종손은 이사 오면서 원래 집의 3분의 1은 포기하고 왔다고 한다. 수몰 당시에 용인 민속촌과 한양대학교에서 오류헌을 사겠다고 나섰지만, 후손들이 종가를 지키겠다고 결심한 덕분에 오늘에 이르렀다.

종부는 대한항공 스튜어디스 출신답게 여전히 곱다. 객지 생활을 하다가 낙향한 지 몇 년 안 되어 적응 기간이 필요하다고 한다.

권리는 없고 의무만 남은 종손 내외는 고택 관리의 어려움을 토로했다. 하지만 주손으로서 받은 사랑에 보답하는 책임감으로 집을 지킨다고 한다.

왕대밭에 왕대 나고 쑥대밭에 쑥대 난다

"오류헌은 의성 김씨 학봉 종손의 생가 큰집입니다. 양자를 간 김시인金時寅이 저의 종증조부예요. 학봉종가는 손이 귀해요. '왕대밭에 왕대나고 쑥대밭에 쑥대난다.'며 학봉파에서 사촌을 마다하고 승지공파에 양자를 달라고 왔어요. 증조부가 동생 잃어버린다며 못 주겠다고 버티었지요. 학봉 종가에 종손을 세워야 한다며 문중 어른들이 오류헌 마당에서 돌아가며 8개월간 석고대죄를 했어요. 결국 총각이 아니라 이미 결혼해서 살림사는 아이까지 통으로 데려갔으니 양대 양자를 한 셈이지요."

오류헌에 얽힌 숨은 이야기도 들었다. 당시 오류헌은 양조장을 두 군데나 할 정도로 가세가 대단했다. 사랑방 벽에 '진공수향 정중심眞工須向 靜中尋'이란 글이 적혀있다. 참된 장인은 모름지기 흔들리지 않고 고요함을 찾아간다는 뜻이다. 곧 기본에 충실해야 한다며 종손이 늘 마음에 새기는 구절이라고 한다.

종손은 경력이 화려하다. 신문사 정치부 기자, 국회의원 보좌관으로 15년가량 정계에서 일했다. 공기업 사기업 임원을 두루 거치고, 잠시 대학 강단에도 섰다. 이제는 고택을 지키며 고향을 위해 헌신할 때가 되었다. 올해는 안동시 '전통가옥 체험 프로그램' 사업에 선정되어 특별한 체험행사를 계획 중이다. 앞으로 격조 있는 오류헌에서 펼쳐질 체험행사가 기대된다.

첫 만남에 대화가 막힘없이 이어져 시간 가는 줄 몰랐다. 초승달을 보며 오류헌을 나섰다.

법룡사는 한절골에 있던 대사

마지막 여정인 임하리 서쪽 두들, 벽계에 자리한 고기와집을 찾았다. 마을 내력을 가장 잘 아는 분이라고 소개받은 김시일 옹 댁이다. 십 대째 300여 년간 지키는 의성 김씨 고택이다. 사랑채에 괴와구려愧窩舊廬란 당호가 보인다.

주손인 김옹은 시대를 잘못 만나 5년 가까이 군생활을 했다. 대구에서 10여 년 공직에 근무하다가 낙향했다. 70여 년 고향에 머문 셈이다. 올해 91세인 어르신은 아직 정정하다. 구십 평생 살아오면서 임하에서 가장 기억에 남는 이야기를 청했다.

"해방되고 좌우익 암투는 말로 다 못합니다. 이 마을에도 빨치산이 한 60명 있었어요. 보도연맹 가입한 사람도 많았고, 낮에는 대한민국 밤에는 인민공화국이었지요. 지하 운동할 때 거의가 임하, 길안, 월곡 등 인근 사람들이었죠. 서로 얼굴을 감추기 위해 이웃 마을로 바꾸어 갔어요. 빨치산이 낮에는 산에 가서 살고 밤에는 마을에 밥을 얻어먹으러 와요. 보도연맹 가입한 사람들은 사실상 경찰 정보원이라 밀고를 했어요. 덕분에 빨치산 세 명을 잡았어요. 당시만 해도 마을 장정이 100명이 넘었기에 빨치산을 몽둥이로 때려잡았어요."

"안동시내에 있는 법룡사가 한절골에 있던 대사입니다. 법룡사 절에 빈대가 너무 많아 도저히 스님이 살 형편이 못 되어 절에 불을

괴와구려 주손 김시일 옹

오류헌 종손 김상돈 씨

질렀어요. 그 후에 시내로 옮겨갔다는 이야기가 전해집니다."

"예전에 이 마을에 현이 있었어요. 당시에는 절이 여럿 있었던 것 같은데 불교를 배척했으니 기록이 전혀 남아있지 않아요. 그저 야사로만 전해지고 있습니다."

마을에 출중한 인물을 여쭈었더니 별로 없다고 했다.

"꼭 꼽으라면 2공화국 때 법제처 장관, 유정회 국회의원을 지내고 작고한 김도창이 저의 종숙입니다. 현직 행정법원 부장판사 김국현이 내 아들이고요. 현직 김정삼 검사도 진사가 난 집안 후손이지요."

그뿐이 아니다.

"내가 어릴 때는 배도 골아봤고, 해방되고 전쟁 통에 나라가 편할 때가 한 번도 없었어요. 사변이란 사변은 다 겪고, 빨치산 시절도 겪었으니. 나는 가장 못된 시대를 살아왔어요. 내 걸어온 길이 글 쓸 줄 알면 책을 써도 될 거예요."

어르신은 지난 가을 작고한 김서령 작가의 부친이기도 하다. 밤길이라 잘 가라는 소리도 못 하겠다며 어르신이 문밖까지 배웅했다. 주인을 닮아 겸손한 자세를 취하는 수수꽃다리 가지에 눈길을 주고 그 집을 나왔다.

사위가 고요한 임하리 고샅길이 익숙해졌다. 버스 종점을 기점으로 동쪽 반만 대략 돌아보았다. 인근에는 국탄댁, 사빈서원, 송석재사 등 둘러볼 문화재가 많다. '중앙슈퍼' 안주인이 손수 만든 메밀묵 두 모를 사 들고 7시 50분 버스에 올랐다.

뭔가를 새로 만들기도 어렵지만 지키기는 더 어렵다. 이끼 낀 임하리 석탑과 오래된 이야기가 스며든 고택도 그러하다. 문화재의 가치를 제대로 인식하고 잘 지켜졌으면 하는 바람이다. 조상 대대로 내려오는 옛집을 지키는 주손들, 중앙탑 앞에서 만난 동지가 반가웠다. 대구시 문화유산해설사로 활동하는 구본향 씨 부부는 추운 날씨에 오로지 임하리 석탑을 보려고 먼 걸음을 했다. 천년을 기다려온 석탑의 보람이 아닐까.

안동 시내버스 종점지도

안동 시내버스 신·구번호 변경내역

구분	노선번호	구. 노선번호	운수업체	비고
급행	급행1	급행11	안동버스	
	급행2	신설	안동버스	
	급행3	신설	경안여객	
순환	순환1	0	동춘여객	
	순환1-1	0-1	동춘여객	
	순환2	80	안동버스	
	순환2-1	81	안동버스	
	순환3	신설	안동버스	
	순환3-1	신설	안동버스	
일반	110	1	경안여객	
	111	2	동춘여객	
	112	3, 3-1	안동버스, 경안여객	
	113	신설	경안여객	
	212	11	안동버스	
읍면	210(하회)	246	안동버스	
	211(구담)	276	안동버스	
	풍산2(호명)	242	안동버스	210/211번타고 풍산환승
	풍산1(신양)	243	안동버스	210/211번타고 풍산환승
	풍산1(죽전)	272	안동버스	210/211번타고 풍산환승
	213(수동)	240	안동버스	
	310(봉정사)	351	안동버스	
	311(옹천)	354	경안여객	
	312(재품)	377	안동버스	
	313(마사)	신설	안동버스	
	410(일직)	438	안동버스	
	411(남후)	436	안동버스	
	412(남선)	421	안동버스	
	413(원림)	434	안동버스	
	510(예안)	559	경안여객	
	511(녹전)	560	경안여객	
	512(도산)	567	경안여객	
	513(장수골, 방잠)	558, 573	경안여객	
	514(자곡, 도곡)	557	경안여객	
	610(길안)	628	동춘여객	
	611(임동)	633	동춘여객	
	612(상추목)	624	동춘여객